# 古村落里的济南

钱欢青 著／摄影

山东文艺出版社

# 序

这本书的缘起，与冯骥才先生有关。

2012年6月5日，由中国民间文艺家协会、中国文学艺术基金会、山东省文联共同主办的"中国北方村落文化遗产保护工作论坛"在济南举办。来自全国历史学、民俗学、人类学、建筑学等不同专业领域的近二十位知名专家、学者出席论坛，共同讨论现代社会语境下中国北方村落文化遗产的保护问题。我作为记者采访了那次论坛，并和中央电视台等媒体一起采访了前来参加论坛的冯骥才先生。

冯先生人高马大，声音洪亮，性格爽朗。面对古村落的话题，他满脸焦灼和热切。他说的一番话令我印象深刻。他说，古村落已经处于最危急的状态：在2000年的时候，我国拥有360万个自然村，但到了2010年，这一数字变成了270万，也就是说，10年间就消失了90万个自然村。一个古村落就像一本大书，最恐怖的是，我们还来不及打开这本书，它就已经消失了。

因为版面限制，那次采访只刊发了一千多字的稿件，但冯先生说的古村落的危急状况却让我难以释怀。那段时间我心里老是隐隐地想要做点什么。酝酿许久，恰好我调任报社副刊部门，不用日日为一条短新闻奔波，终于想，何不在副刊上开设一个有关济南古村落的专栏。这个想法很快获得了报社领导的首肯，于是，持续两年半的济南古村落寻访就此开始。

当时专栏的题目，也就是现在的书名，定为"古村落里的济南"。之所以以此为题，其实源于我对这个专栏的"野心"：我想在每一个村子里住上几天，感受这个村子的气息，了解这个村子的所有古迹、非物质文化遗产、历史、现状，并尽可能多地对村民进行口述历史式的采访；我想把每一个村子都作为一个时代的切片，让它从历史一直映照到现在，让人看得见丰富的传统承载和文化断裂，看得见在时间流逝，在时代变迁中，人心与自然的涌动。

当然，我没有成功。报纸的性质和我工作的节奏清晰而坚硬地阻挡了我的"野心"。最后的情形是，我在一个村子里采访一天，然后再用一天时间写出一篇稿件，"学术调查"最终沦为"浮光掠影"。虽然如此，原本的"野心"还在，所以采访虽多简短，我还是希望尽量能最大限度贴近这个村子，尽量能在更久远和更广阔的意义上去理解、把握它们。

两年半的时间，85个村落的调查，越到后期，感受越发明显，其中最突出的一点是，历经"土改""文革"，以及20世纪90年代经济建设大潮，留存在乡村的老建筑已经相对较少，不少村落中的大家族，原本的高门宅院，不是被扒，就是被分割成不同的小单元，虽仍隐隐可见雍容气度，却掩不住颓败和衰老。

与此同时，勾连在建筑这一有形物质上的无形的精神传统，也在时代的凶猛浪潮中被冲击得七零八落。以我所调查的章丘普集镇杨官庄为例。村中有一处蔚为壮观的袭家大院，是袭家第十七代孙袭肇运于清朝嘉庆年间在杨官庄建造的宅院，至今已有近二百年的历史。五个组合式四合院雍容大气。但随着家道中落，除了袭肇运长子之后一直住在第二进院落，其他几个院落都被袭氏后人卖给了村里别的财主。

与老建筑的颓败同样命运的，是袭家祠堂延续数百年的"春秋之祭"。据袭氏后人保存的家谱记载，明嘉靖二十五年九月，一位身为济南府儒学生员的袭氏后人，不仅力图恢复春秋之祭，还写下了"行会条约"，规定了祭祀祖先的贡品、过程等等内容。其详细程度可以作为明代社会风俗的一份研究样本。"行会条约"的最后写道："圣谕族约内事理，不许分外生事，欺凌乡里，游惰失业，违者绝之，生不与祭，死不许入墓。"这份"条约"，形象说明了家族对其成员的道德约束力。如今，社会形态早已天翻地覆地改变，人伦秩序当然不能再指望族约这样的规定了，"春秋之祭"自然也早已荡然无存。

这是物质形态和传统精神的双重失落。因此，古村落的"危急形态"，绝不仅仅体现在一些老建筑、老手艺的消失，这是一种村落文化的整体性失落，它包括与自然的和谐，对传统的皈依，以及对族群的依靠和制约。

我的另一个颇为鲜明的感受，是现今村落民居在审美意义上的普遍粗鄙化。往往是，你来到一个古村，古意却早已荡然无存。村民们翻盖的房子，鲜有人会考虑审美意趣。在一幢老建筑或者一处老四合院里，你一定看得到木雕的门窗或者石刻的构件，一定看得到不以实用为主要目的而诉诸审美寄托的元素，但是放眼那些改建后的房子，一概实用而粗鄙。站在这些房子前，你看不到任何审美的需求。也正是这个原因，当我在柳埠镇岳阳村看到一幢清末碉楼式民居，看到如此精美的建筑矗立在一片废墟和更大的一片粗鄙的"现代民居"中时，脑子里涌出来的，只有"废墟里的尊严"几个字。后来我还一度很想把"废墟里的尊严"当作这本书的书名。

行走村落，进家串户，我也很难见到谁家里有书。审美和书籍的缺失，是文化断裂带来的细节呈现，也许我们习以为常，其实兹事体大。

当然，情况也在逐渐改变。近些年，与城镇化进程同步滋长起来的，还有众多乡村对接续"根性文化"的渴望。修撰村志的村落增多，不少断裂的家谱开始被重新修订。走访一个个古村落，你也总能在每个村子里找到一两个对本村历史如数家珍的"乡土专家"。

上文提到的章丘普集镇杨官庄袭家大院，也有新的故事发生。2002年，袭氏后人第八次续谱，至今依然有从北京、天津到袭家大院来寻根的人。一切都证明，族人之间依然有着家族向心力，家族的荣耀依然是村人心中默默涌动的需求。

与民间找寻"根"的荣光的自发行为几乎同时发生的，还有官方抢救古村落的行动。2012年4月16日，国家几个部委联手，已经开始对古村落进行地毯式普查，到2016年，第四批"中国传统村落名录"已经评定。评定之后，国家将会拨出大额保护经费。

这毫无疑问是一件好事。但我内心的忧虑依然还在。以我走访的85个古村落而言，空巢化的现象十分突出。年轻人纷纷外出打工，村里更多的是老人和孩子。如果空巢化的情势继续，如果一个村子不再有人居住，那么即使将这个村子像标本一样完整保留，其意义也会大打折扣。而更令人深思的是，农村空巢化的背后，其实勾连着包括城乡差距的长期存在、城乡户口的区别对待、城乡收入的严重不平衡、农村在经济迅猛发展中的红利缺失等等诸多社会问题。因此，真正意义的保护古村落，不在"名录"，不在投钱将它们修建成城里人的怀旧景观，而在为乡村提供更多的资源分配，让曾经为城市的发展付出巨大代价的农村获得城市的反哺，让生活在村里的人，能有尊严地安居乐业。

早在1931年到1937年，著名思想家、社会活动家梁漱溟就曾在山东邹平搞过乡村建设运动。邹平离胶济铁路不远，离济南也不远。梁漱溟的行动很明确，第一是让农民采用新技术，这同时需要进行平民教育；第二是组织合作社，比如成立棉花营销合作社，帮助农民创收；第三是组织治安自卫团。从1931年开始到1937年因为战争而离开，梁漱溟在邹平的乡村建设运动成了当地百姓在新中国成立前的一段切切实实的"好日子"。

事实上，梁漱溟的"野心"要大得多，乡村运动勾连着梁漱溟对"革命"的看法，他认为中国革命的关键是"上层动力与下层动力接气"，以乡间人磨砺知识分子，以知识分子变化乡间人。在梁漱溟的构想中，学校应该是村人的聚会场所，受信赖、能办事的乡村领袖和全村居民常常聚在这里商量本村的事。事办好了，团体生活的新习惯也养成了。同时要扩大农民的视野，使其从关心一家，扩大到关心一村，最后到关心一国。推广开来，全国都养成新的习惯，制度也依靠习惯建立起来。他试图让中国传统的伦理情谊也发挥作用。比如中国人有敬祖习俗，他就设想在村学里放上"民族祖先"牌位，增强村民的民族观念。此外，他还试着改造补充传统的"乡约"。

战争阻断了梁漱溟的乡村建设运动，村人念念不忘梁漱溟带来的经济效益。但是，在狂奔的现实中，梁漱溟想讲的"道理"，很多还是被忘记了。海内外第一部研究梁漱溟的专著《最后的儒家：梁漱溟与中国现代化的两难》的作者、美国芝加哥大学历史系教授艾恺，对梁漱溟的乡村建设运动曾经如此感慨："通常，一件事情做成了，人们会说那是对的；一件事没有做成，人们就说那是错的。但是并非任何事都宜于根据我们眼见的成败去认识和估量。多次去邹平后，我觉得他是对的。他提出的确实是建设中国的长期方案。"2014年3月21日晚，我坐在山东大学的一间教室，听远道而来的艾恺教授演讲，那一天他感冒严重，讲得很少，也很不流畅，但我依然听得十分感动，海内外研究梁漱溟的第一人，正是这个美国人。

最近几年，国内不少学者开始重新思考并践行新的乡村建设，越来越多的知识分子开始回归故乡，"抢救故乡"。在全球化背景下，传统文化和现代化之间的"两难"也许永远存在，但唯其难，对乡村建设、对中国出路持之以恒地思考、实践，并且坚守，也许才显得尤为珍贵。

最后再说一点事关我个人的感受。我从小在浙江的一个乡村长大，1998年上大学才离开故乡到了北方。久居城市，深夜失眠时，我常常想就此逃离，回到故乡，但以我在农村的成长经历和这些年目睹的老家变化，又觉得很难再回到村里生活。大约在十年前，网上就有人写过"故乡在沦陷"。这是漂泊的异乡客的感叹，也是一个不争的事实。当远离故乡的游子重回故乡，会发现，多少年来自己心心念念的故乡，早已不是想象中的那个模样，内心浓得化不开的乡愁，已经不知何处安放。

止庵先生《月札》诗，起首四句，"时针指向十二点半/没有什么不放心/在梦与梦之间就像在城市与城市之间/我们醒来就是流浪者"。

我多么希望，某一天醒来，不再是一个流浪者。

需要说明的是，本书的编排顺序，是以济南市区为中心，基本按照东、南、西、北的顺序排列。古村落的分布特点，山区为多，尤其集中于山区河流之上游，济南东部章丘山区，南部仲宫、柳埠、西营三镇，以及西南部长清、平阴山区，古村落最为集中，而北部黄河以北，济阳、商河等地，因地处黄河冲积平原，古村落相对较少。

整体而言，济南的古村落现状不容乐观，如我所见，很多村落的老房子都已所剩无几，因此，本书所及的不少村落，在物质形态上已非严格意义上的古村落，但我依然不忍舍弃——它们的历史足够悠久，它们的故事大多平凡，但足够动人，它们不应该被轰然向前的时代遗忘。

此外，本书每一篇中都注明了村落名、具体位置和关键词，以方便读者"按图索骥"。更要感谢吴振宇女士为本书精心绘制的手绘地图。但愿这本书能引起读者对济南古村落的兴趣，从而增强保护古村落的意识。

2016年6月1日

# 目 录

序 ……… 001

**朱家峪**：旧时光，新时光（章丘区官庄镇朱家峪村）……… 003
**东矾硫**：曾经风雅（章丘区官庄镇东矾硫村）……… 009
**西八井**：深山石屋藏春秋（章丘区官庄镇西八井村）……… 015
**三德范**：古意何蓬勃（章丘区文祖镇三德范村）……… 021
**大寨**：古村不寂寞（章丘区文祖镇大寨村）……… 027
**郭家庄**：深山，小村，有牌坊（章丘区文祖镇郭家庄村）……… 033
**梭庄**：且怀一腔诗意，去寻往日风流（章丘区相公庄镇梭庄村）……… 040
**寨子**：进士故居诉沧桑（章丘区相公庄镇寨子村）……… 045
**桑园**：古槐育进士，此处有传奇（章丘区相公庄镇桑园村）……… 050
**博平**：那时候可真威风（章丘区普集镇博平村）……… 055

杨官庄：颓然的浩气（章丘区普集镇杨官庄村）………060

茂李：祠堂深深锁春秋（章丘区绣惠镇茂李村）………065

柳塘口：唐槐石狮纪氏祠（章丘区辛寨镇柳塘口村）………070

东鹅庄：李开先老家有传奇（章丘区埠村街道办事处东鹅庄村）………075

三涧溪：地道幽深庄卧龙（章丘区双山街道办事处三涧溪村）………081

四风闸：稼轩故里，阳光炽烈（历城区临港街道办事处四风闸村）………089

章灵丘：废墟里的守望（历城区唐冶街道办事处章灵丘村）………095

黑龙峪：古意悠悠风起时（历城区港沟街道办事处黑龙峪村）………101

东泉：古树名泉，悠悠石板路（历城区彩石镇东泉村）………107

中泉：水潺潺，山深秀，撇石崖边故事多（历城区彩石镇中泉村）………112

玉河泉：泉涌成河绕古村（历城区彩石镇玉河泉村）………118

捎近：山谷里的小村，说不完的故事（历城区彩石镇捎近村）………124

斗母泉：泉涓涓而清流，云深深而触起（市中区兴隆街道办事处斗母泉村）………131

涝坡：碑刻零落庙孤寂，只有山色浓（市中区兴隆街道办事处涝坡村）………136

王家窝坡：古道、河沟、义合桥（市中区兴隆街道办事处王家窝坡村）………141

矿村：庙观映山色，古村眠高士（市中区兴隆街道办事处矿村）………146

凤凰：藏之群山，传之久远（历城区仲宫镇凤凰村）………152

邱家庄：何处可归田（历城区仲宫镇邱家庄村）………157

北道沟：古寺沧桑诉古今（历城区仲宫镇北道沟村）………162

槲疃：王家往事（历城区锦绣川办事处槲疃村）………169

北坡：群山群泉，果香满林（历城区锦绣川办事处北坡村）………174

藕池：云淡风也轻（历城区西营镇藕池村）………180

天晴峪：山秀天晴岁月长（历城区西营镇天晴峪村）……… 185

拔槊泉：山高有村，拔槊涌泉（历城区西营镇拔槊泉村）……… 191

石匣村：扑朔迷离"张良墓"（历城区柳埠镇石匣村）……… 196

岳阳：废墟里的尊严（历城区柳埠镇岳阳村）……… 202

亓城：山风清凉，吹落多少故事（历城区柳埠镇亓城村）……… 208

黄巢：在这里，听历史的回响（历城区柳埠镇黄巢村）……… 213

炒米店：湮灭的"辉煌"（长清区崮云湖街道办事处炒米店村）……… 221

大崮山：烟云真浩荡（长清区崮云湖街道办事处大崮山村）……… 226

皇姑井：涌出多少历史的碎片（长清区崮云湖街道办事处皇姑井村）……… 233

钟庄："高大门"里故事多（长清区崮云湖街道办事处钟庄村）……… 239

土屋：每个人都可以"悠然见南山"（长清区归德镇土屋村）……… 244

黄立泉：黄鹏何时再饮泉（长清区双泉镇黄立泉村）……… 249

五眼井：天齐庙里槐抱椿（长清区双泉镇五眼井村）……… 254

王庄：老戏台，听得见往事（长清区双泉镇王庄村）……… 260

尹庄：那座没有神像的关帝庙（长清区双泉镇尹庄村）……… 266

马岭：莫嫌孤叶淡，终久不凋零（长清区孝里镇马岭村）……… 271

南黄崖：名山怀抱见气势（长清区孝里镇南黄崖村）……… 276

小寺：那座消失了的神宝寺（长清区张夏镇小寺村）……… 282

润玉泉：泉如玉村古朴，悠悠岁月稠（长清区五峰山街道办事处润玉泉村）……… 288

贤子峪：一颗隐居的心（平阴县榆山街道办事处贤子峪村）……… 295

翟庄：在黄河岸边，听历史回响（平阴县榆山街道办事处翟庄村）……… 301

大李子顺：林密果香岁月长（平阴县锦水街道办事处大李子顺村）……… 307

**南泉**：石头房，安静的力量（平阴县玫瑰镇南泉村）········ 313

**南石硖**：分香岭下玫瑰香（平阴县玫瑰镇南石硖村）········ 318

**停山头**：群山止步望平川（平阴县玫瑰镇停山头村）········ 323

**孔子山**："杏坛遗响"何处寻（平阴县孔村镇孔子山村）········ 328

**前转湾**：廉氏故居访沧桑（平阴县孔村镇前转湾村）········ 334

**高路桥**：古桥老树，锁不住时光（平阴县孔村镇高路桥村）········ 339

**书院**：泉飞万壑音，谁听水龙吟（平阴县洪范池镇书院村）········ 344

**东峪南崖**：大村近城（平阴县洪范池镇东峪南崖村）········ 349

**小屯**：石门晚照"卖炭翁"（平阴县东阿镇小屯村）········ 354

**衙前**：古城繁盛，唯留记忆中（平阴县东阿镇衙前村）········ 359

**直东峪**：山谷里的隐秘传说（平阴县东阿镇直东峪村）········ 364

**兴隆镇**：一辙开三辙，古风今犹存（平阴县安城镇兴隆镇村）········ 369


**刘光照**：一个家族和一处老宅院（天桥区大桥镇刘光照村）········ 377

**举人王**：流风遗韵到今朝（济阳县回河镇举人王村）········ 382

**后楼**：一个人的守望（济阳县垛庄镇后楼村）········ 387

**宁家**：老人，古屋，村庄的故事（商河县沙河乡宁家村）········ 393


**后记** ········ 399

1. 村名：朱家峪
   位置：章丘区官庄镇
2. 村名：棗子
   位置：章丘区相公庄镇
3. 村名：杨官庄
   位置：章丘区普集镇
4. 村名：西八井
   位置：章丘区官庄镇
5. 村名：梭庄
   位置：章丘区相公庄镇
6. 村名：桑园
   位置：章丘区相公庄镇
7. 村名：三涧溪
   位置：章丘区双山街道办事处
8. 村名：三德范
   位置：章丘区文祖镇
9. 村名：茂李
   位置：章丘区绣惠镇
10. 村名：柳塘口
    位置：章丘区辛寨镇
11. 村名：郭家庄
    位置：章丘区文祖镇
12. 村名：东矾硫
    位置：章丘区官庄镇
13. 村名：东鹅庄
    位置：章丘区埠村街道办事处
14. 村名：大寨
    位置：章丘区文祖镇
15. 村名：博平
    位置：章丘区普集镇

# 朱家峪：

## 旧时光，新时光

村名：朱家峪<br>
位置：章丘区官庄镇<br>
关键词：文昌阁、山阴学校、康熙立交桥

到朱家峪时，村人说，这时候来，不是最美的时候，最美是在雨季，天高云淡，山水漫流，满眼的古建筑仿佛从历史中苏醒，要和人一起，来争睹满山的桃红柳绿。古村的灵性，就会挡不住地跃动起来。

但冬天的古村无疑也别有一番意趣。贯穿整个村子的水流虽然干涸，但天蓝到透彻，悠长、光洁的石板路和星罗棋布的古建筑，被冷风冻瘦，一个个凝神聚气，眼望岁月静好。

这静好，是从旧时光、新时光的缝隙之中遗落下来的美好。历经土地改革、"破四旧"、拆旧建新等等历史风潮，朱家峪却完整保留了下来，这不得不说是个奇迹，它仿佛被热闹的时代遗忘，但正是这种遗忘，让我们至今可以有一个地方，去捡拾从前，去触摸古村落的传统之美。

古村落里的济南

文昌阁

## "九山不露头,学子四海游"

朱家峪三面环山,南面胡山、东面白虎岭、西面雁落山,古村仿佛镶嵌在山峪之中,只在北面,留有一个进出村子的通道。

站在村北圩子墙"礼门"的瞭望台往南望去,便能看到整个村子的全貌,在东、南、西三座高山之下,村周围又有九个小山头,但都没超过三座高山,村民于是编出一句"九山不露头,学子四海游"的话来。

这不是一句空洞的吉祥语,而是朱家峪重视教育、人才辈出的历史总结。礼门南边的文昌阁和村南文峰山山顶的魁星楼遥相呼应,正是寄托了村人对培养人才的美好愿景。村中体量最大的一组老建筑——山阴学校,则正是朱家峪重视教育的一个明证。

占地6.6亩的山阴学校保存得十分完好,学校有四进院落,南北长、东西窄,校门是仿广州黄埔军校校门而建,以示"育世英才"之意。校门内一条笔直的中央甬道直达后院,四进院落布局中规中矩,和谐对称。学校的建筑结构全是青石根基、青瓦白墙,传递出一种宁静而有意蕴的美感。

山阴学校的建立,离不开教育先贤朱连厚,他十分重视文化教育,积极敦促颇有社会活动能力的朱连勋等人,募捐助学,多方筹措资金,终于山阴学校在民国三十年动工,民国三十三年九月竣工。后来地方武装又在这里营建改造,扩大了校舍。在进校门的影壁上,北侧写着山阴学校校歌,南侧写着校训。

今年27岁的朱立华就是在山阴学校上的学,1995年上小学一年级,

山阴学校，一条甬道连接四进院落

山阴学校内

山阴学校校训

2000年小学毕业。每天早上，朱立华和同学们都会肃立在影壁墙前升国旗，只不过彼时，墙上的校歌早已被一幅山水画覆盖。2000年朱立华那拨学生毕业，山阴学校也停止了使用，两年后被当作景点对外开放。兜兜转转，从小在村里长大的朱立华，如今已经成了村里的导游。

朱立华赶上了山阴学校被当作学校使用的最后时光，而已经74岁的老支书李家均则是在学校刚启用没多久时上的学。数十年时光倏忽而逝，宁静的学校见证了一代代人的成长。

村人说，早在山阴学校之前，村里的私塾就多达二十多家，重视教育，早已成为村里的传统。也正是因为这一传统，小小的朱家峪才能出进士、出举人，他们在"退休"之后，才会在老家建起宅子、家庙，才会让传统延续不断。

**62万字村史定稿**

仅就古建筑而言，山阴学校的历史其实并不长，朱家峪村的古建筑十分密集：文昌阁建于清道光十八年，朱氏家祠建于光绪八年，关帝庙建于明代，复修于清嘉庆十三年，村中立交桥则建于康熙年间。此外，村中上百年的老宅子更是数不胜数。

根据老支书李家均的说法，朱家峪原名城角村，后又曾改名富山峪。在明代以前，村中就有石、康等十大姓，明朝洪武二年，赵氏从河北枣强迁来，洪武四年，朱良盛也从河北枣强迁来，村中于是有了朱姓。如今，几乎近一半的村民都姓朱。

在李家均的印象里，朱家峪重视教育，也许和旧时土地贫瘠、灾害频仍、粮食产量低、生活艰苦有关。李家均认为，《闯关东》把朱开山老家放在朱家峪，是有历史根据的，在他印象里，旧时村中有大

女子学校

"立交桥"

约70%的人都曾闯过关东。

1960年,家里没啥吃的,李家均的父亲就闯关东去了,在齐齐哈尔给人打铁。家里的日子艰难无比,难的时候把原本用来喂驴的糠都吃了。1963年父亲回家后,李家均家的日子稍微好过了一点儿。改革开放之后,村民开山打石,也打铁,日子终于好过了。

特别幸运的是,在"文革"破四旧风潮中,朱家峪的众多古建筑都没被破坏。李家均说,这要得益于村人人性好,"各家各户,都很熟悉,没好意思搞破坏,'破四旧'时只把一些古书搜起来,连着祠堂里的一些牌位,给烧了。还有文昌阁前的两块碑,被用来修桥了。其他都没大破坏。两块石碑后来又被找出来立到了文昌阁前,可惜上面的文字,已经都基本看不清了"。

古村毕竟闭塞,从20世纪70年代开始,就陆续有村人搬到圩子墙北面不远的村外,20世纪80年代,越来越多村民搬了出来,形成了朱家峪新村,到如今,村子五百多户人家,留在老村居住的只有七十来户。自主性的搬迁也保证了村中原貌得以完好保存。

2014年1月11日,长达62万字的朱家峪村史正式定稿。在李家均看来,十几个人忙活了两年,能把朱家峪的荣光记录下来,真是一件令人欣慰的事情。

# 东矾硫：

## 曾经风雅

村名：东矾硫
位置：章丘区官庄镇
关键词：太和堂、宫氏始祖碑

2月13日，阴。

大雪还未融化，放眼望去，白，是田野的底色。它漫天漫地地扑入眼帘，在天地间织出一张沟壑纵横的网，偶尔裸露的泥土、房子，或是那孤零零的枯树，倔强地想在这白网上织出些许诗意。

雪覆盖了很多，却覆盖不住一切，就像岁月，努力想遮盖这偏于一隅的东矾硫村，但村子过往的风光和风雅，却总会沉淀在村人心中，并通过依然矗立的老建筑，倔强地诉说曾经的荣光。

有时候，你所看到的景色，和你去寻访的古村意蕴，竟能如此贴合。

### 被时代席卷而去的太和堂

东矾硫最有名的是李氏家族的太和堂。李家自乾隆初年开始，在以经营土地积聚原始资本的基础上，招揽人才，广开店铺，至清道光年间李方彩掌管太和堂时达到鼎盛时期，拥有土地五百多亩，酒店、

古村落里的济南

庭院深深,藏着多少曾经的故事

高墙门楼

老屋老街

但凡老院子,一进门总能看到精致的影壁

杂货铺、药店、钱庄多家,宅院厅房更是不计其数,成为富甲一方的豪门望族,货通百里之外的富商巨贾。

71岁的李昌芊,正是太和堂鼎盛时期的主人李方彩的第五世孙。东矾硫村永安街1号,是李氏故宅,也是李昌芊的家。为了进出方便,李昌芊在旧宅门楼的西侧又开了一道门,门东侧是客厅,西侧是自己家开的小商店。我们进门的时候,满满一屋子人正在李家客厅聊天。落座、倒茶,客人星散,李昌芊坐下来跟我们聊了起来。他口音极重,说话的时候一根接着一根地抽烟,有关祖先的记忆已经日渐模糊,有关自己的人生则烙印深刻,它们刻在心头,一如他脸上坚硬的皱纹。

李昌芊并不知道家族的详细历史，但他强调，祖上发家，其实很不容易，"没有当官的背景，全靠自己勤俭持家"。为了追寻祖上荣光，他曾对村西残存的圩子墙进行过测算，得出的结论是，修圩子墙工程浩大，仅材料一项就需大青石两万方。修圩子墙是为了抵挡土匪，主持工程的是李方彩的侄子，据说他为修圩子墙劳累过度，年仅42岁就吐血而亡。

李氏家族真正的没落始自土改，那时候李昌芊才六七岁，老一辈被定成了地主，小一辈也成了"黑五类"，用李昌芊的话说，此后二十多年，算是"遭了大罪"了。一开始，李昌芊一家还能住在老宅子的后院，但没过多久就被赶了出来，"在村子里搬来搬去，前后换了五个地方"，一直到有了两个孩子，还没有固定的住所。李昌芊说，父亲在村中为人挺好，但无论如何，都抵挡不住时代的风潮，"到地里参加劳动，别人能挣10个工分，我们家的人只能挣9个，到年终还不给结算。劳动完了还得挂着黑五类的牌子扫大街，家里来个人也得随时向村委汇报"。"文革"结束，落实政策，李昌芊一家回到了老宅子居住，老宅子的一部分一直被用来当作供销社，1987年供销社撤销，李昌芊就把它买了下来，自己开了商店，此后，一边种地一边开商店，"有酒喝有烟抽，算是享福了"，生活终于像平静的河水一样开始缓缓流淌。

大约五年前，李氏家族两位后人李继祯、李衡岱发起重修李氏族谱。李昌芊文化程度不高，但依然为此高兴，虽然自己的人生饱经苦难，但他的心里深处，却一直没有忘怀那祖先的荣光。

宫氏始祖碑和九世碑

影壁一角

村西圩子墙

## 村西头，立起宫氏始祖碑

除了李氏家族，宫氏家族也是东矾硫村的大家族，宫氏始祖宫思译于明朝洪武年间从河北枣强迁到东矾硫，到其十三世，宫家有五兄弟，盖了门楼几乎一样的五座宅院，于是就有了五福堂。到如今的东矾硫村支部委员宫利芳，已经是宫氏的十八世孙了。

对五福堂的五位"堂主"，宫利芳如数家珍：老大宫圣传，老二宫圣润，老三宫圣魁，老四宫圣悦，老五宫圣钦。五福堂所建的五座宅院的门楼，基本按照同一图纸施工，至今依然基本保存完好。宫利芳带着我一个门楼一个门楼看过去，边走边介绍情况，言辞间，有说不出的自豪。按照他的说法，宫氏家族的发达远比李氏家族要早，宫家慢慢没落后，李家不断购买宫家的田地，才逐渐起来。

宫利芳并未见到祖上的荣光，他的人生，早已是普通百姓的人生。但祖先的辉煌，一直回响在他的心中。2013年，宫氏后人在西矾硫发现了一块立于清嘉庆十三年宫氏第九世宫在郊的墓碑，宫利芳等宫氏后人于是把这块九世碑请了回来，立在村西地里，并在旁边又立了一块宫氏始祖碑。在这块始祖碑的背面，刻有如下文字："始祖讳思译，明洪武年间由河北枣强迁居章丘，距今六百余年矣。时事迁湮，墓碑均破坏遗失，躬思世系之源，倍感深痛。始祖之道，日月同辉，始祖之教，忠信为本，始祖之德，仁厚为爱，报本之典，罔敢不尊。伏思木本之源，先模远溯，荣枝成叶，均祖泽载成。宫氏后裔，报本情殷，感怀祖德，喻嗣不忘。瞻位伏愿，先祖常佑，福庇荫垂，承具德泽，继往开来，繁荣昌盛，振厥家声。"

对宫氏后人而言，立九世碑和始祖碑无疑是件十分重大的事情，他们为此专门成立了筹备执行委员会，总共约有五百名宫氏后人为立碑捐款，最终在2013年清明节"圆满事成"。

离开东矾硫村，我忍不住远远回望冬日田野中的那两块石碑，它们没有被雪覆盖，醒目地矗立在雪地之中。

# 西八井：

## 深山石屋藏春秋

村名：西八井
位置：章丘区官庄镇
关键词：石头老房、龙王庙

西八井村几乎是官庄镇最南端的村落，翻过村南的头枕山，便是文祖和莱芜。站在村中南眺，头枕山果然名副其实，山头一块巨石，像极了一个大大的枕头。最为奇特的是，离那巨大的"枕头"不远，一块巨石中间天然留出一个门洞，鬼斧神工，村人将这门洞叫作"神仙门"。

山势险要，加上早前交通不便，这居于山顶的门洞便被村人认为只有神仙能过。而如今，当一身疲累的城里人偶然来到这隐于深山的古村，或许也会恍然觉得，这一处处刻满时光印记的石头房，这一片片吹拂了千年山风的密林，真是一个世外桃源般的神仙居所。

### 深山，古村，铁匠

神仙云云，当然只是传说，世外桃源，也是文人想象。再偏僻的地方，也生长着每一片土地上都生长过的故事。

古村落里的济南

岁月深处的守望

石上树

石头老屋

65岁的于仁泉，就像一株长满故事的树，偶然撞进了我们行程。

见到于仁泉的时候，他正在自己的院子里忙活。于仁泉一身清爽干练，戴一副黑边眼镜，一顶黑色鸭舌帽，笑容满面。他是个铁匠，已经干了几十年，他家的院子里，堆满了各种铁制半成品，各种炼铁工具，院子一角，还有一个自砌的炼铁炉子。

1967年，于仁泉18岁，"文革"刮到这个偏僻的古村，学校里学生打老师、斗老师，于仁泉觉得老师平时对自己那么好，舍不得打，于是被说成"保皇派"，加上那时候家里人口多，都吃不饱饭，他就背起铺盖，去闯了关东。

先是到了吉林磐石，后又辗转他处，干的一直是铁匠。1992年，于仁泉回到老家。少小离家老大回，18岁出门远行时独自一人，43岁回到老家，已是八口之家。回到老家，要回了"文革"时被人占去的地基，盖起了房子，干的依然是铁匠。

如今，孩子们都已在城里安家，老伴也跟着去了城里，只有于仁泉独自一人"坚守"老宅，打个铁，拿到集上卖卖，也是岁月静好。

## 古井，古桥，地主

铁匠于仁泉的祖上，恰是西八井村的地主。

这个地主是于仁泉的老爷爷（曾祖父）于希增。于希增有地60亩，虽然不算多，在这个小山村却是地道的大地主了。土改之前，于仁泉的父亲正好是村长，提前把地都散了出去，只给自己留下三亩，终于躲过了"地主"的帽子，被划了个中农。

于希增有两个儿子，于瑞芝和于瑞兰。在村口一口古井旁的石碑上，我们就看到了于瑞芝的名字。这块石碑立于"宣统岁次辛亥"，算来应该是1911年。这一年，历史发生了翻天覆地的巨变，然而对于这个小村落来说，村中的古井干了，古井旁的桥坏了，远远比一个王朝的终结重要得多。于是我们看到了这样的碑文："易曰改邑不改井，井之有利于庄大矣，然始为旧井而井中之水常干，幸有于氏希学、希厚者不禁慨虞也，于氏谋之于庄而人皆乐为焉。今虽有利于庄而道为崎岖，汲水恒苦之，故筑桥梁一孔来往无虞，而乡人复愿为文，欲以输钱者铭于碑为尔。"

碑文正文之外，便是村中捐钱者的姓名，一般村人所捐均是"五百""一千"，而于瑞芝所捐却是"十千"，可见其家境殷实，亦可见其对村中公共事务的热心。

于瑞芝是于仁泉的"大爷爷"，也就是爷爷的大哥，如今，于瑞

石板路

老槐石屋

四合院

芝的二儿子,还依然住在老宅之中。

在于仁泉的记忆中,父亲和三叔也有一段足以彪炳小村史册的壮举。"抗战时期,父亲和三叔从山下日本人驻地偷了两匹马,送给了八路军。被鬼子发现后,他们还在村东坡上狙击敌人,后来鬼子越来越多,他们只好翻山去了莱芜。"

**古槐,石屋,龙王庙**

于仁泉家的石屋后面,还有一棵老槐树。于仁泉十来岁的时候,问过村中八九十岁的老人,老人说,这老槐树是多年前被龙卷风刮折的，"大跃进"时办公社食堂，老槐树又被砍了烧火，后来竟然又长出了新的枝条，到如今，依然枝叶繁盛。

顺着老槐树，沿着石板铺设的山路走，不远处就是于仁泉家的老宅。石头房组建起来的四合院，虽然已在岁月中显出落魄，但依山而建的院落气势犹在。再往南走，就是村支书于仁伍的家。于仁伍和于仁泉是未出五服的兄弟。为了照看自己86岁的老母亲，他在自家老房子的旁边，盖了新房子，房前专门整了一块平地，没事坐在这平地上，仰望群山，俯瞰村落，端的气吞山河。

于仁泉和于仁伍家的老宅都在村中间一条从南而北的小溪的西侧山坡，沿着顺河街往南，同样在西侧山坡，是龙王庙。这龙王庙虽然小，大殿却也由石头砌成，大殿内供奉着神像，殿内大梁上还有色彩艳丽的彩绘。按照于仁伍的说法，早年间大殿的四壁都有精美的壁画，可惜"文革"时都被铲掉了。

大殿前一块石碑，立于大清康熙四十七年，记述了当年重修龙王庙的情境，可见祠庙始建时间，还要更早。如今的龙王庙，也是刚刚修完。竣工那天，村人集于殿前平台庆贺，乌云即来，久旱之村遂烟雨弥漫，而当日，周边地区竟未下雨。

# 三德范：

## 古意何蓬勃

村名：三德范
位置：章丘区文祖镇
关键词：玄帝阁、禹王庙、芯子

村落之古，一定和土地有关。人像树一样扎根在土地之中，劳作耕耘，收获生活。丰收之季，喜庆的人们手之舞之足之蹈之，时间一长，便成民俗；农闲之时，土地上的人们筑起有形的建筑凝固无形的精神诉求，岁月悠长，便成古迹。

有古迹，有民俗，古意便悠悠然荡漾开来。设若残存的古迹能被恰当地修复，古老的民俗能代代相传延续至今，那么，古村落，也便有了一种意味悠长的蓬勃生气。

**一街十大巷，章莱古要道**

三德范的地理形貌极有特点，在南北长约1600米，东西宽约1000米的村落内，一条巴漏河穿庄而过。以玄帝阁为中心的一街十大巷，呈放射状向外延伸，构成全庄之基本框架。整个村庄中间低而四周高，像一朵绽放的梅花，镶嵌于群山环抱之中。

古村落里的济南

玄帝阁、太平门,合围而成瓮城

庄内居民区大体可分三个部分：玄帝阁东、北两侧为东村、北村居民区，巴漏河西为西村居民区。三大居民区，呈品字聚于村中，互为呼应。

从玄帝阁往北到旧时北头庙前的大街，就是三德范的中心大街，庄内历代管理机构均设于此，延续至今。集市贸易、私塾学堂也都设在此街，直至20世纪80年代初，治河工程结束后，集市才迁往玄帝阁外中心桥东西两路，学校也迁往"石锅顶"。

中心大街既是三德范之中心，也是章莱古要道，旧时，这是章丘到莱芜的唯一通道。可以想象，当年这条街上车旅行人，马鸣车喧，是一番多么热闹的景象。

**古意幽幽玄帝阁**

玄帝阁坐落在三德范南北中轴线上，处于中心位置，是南北通衢之要冲。

玄帝阁殿下有石砌拱洞，拱洞南面门额刻"玄帝阁"三个字，北面刻"三队反镇"四个字，可见三德范原来还曾经叫过"三队反"。56岁的三德范经济联合社主任冯昭宝记得，这玄帝阁还是他念小学二年级时的教室，阁内原来供奉着神像，"文革"一开始，神像就被砸了。

玄帝阁颇具明清建筑风格，登石阶而上，但见一座殿堂面阔三间，前廊后厦，楹柱梁枋，古朴典雅。如今我们能看到这番典雅，要归功于2013年村里对玄帝阁的修复。村人言，修复之前，玄帝阁屋漏漆落，砖残柱蚀，村人于是花了六个月时间，仔细将其修整，换了一些已经无法再使用的构件，并用传统手法重新进行了彩绘。而那些被替换下来的构件，则被陈列在了阁中玻璃柜内。

有意思的是，玄帝阁以南并非直接通道路，而是和南边的太平门合围而成一个瓮城。古时一般较大的城市才建瓮城，村而有瓮城，殊为难得，也足见此地确为古时交通及战略之要冲。

出太平门沿巴漏河往南约百米，路东辛庄巷巷口，也立有一石门，门额有"人和"二字石刻，为清同治七年三月历下毛鸿宾所书。毛鸿宾是清代重臣，官至两广总督。如此一位大人物，为何会在这村里留下墨宝？据村里人传说，有一次毛大人回老家路过此地，见村里两户人家正在为一点小事争吵，于是下轿劝架，并挥笔写下"人和"二字。

进人和门，走在辛庄巷悠悠石板路上，古朴民居扑面而来，古意丛生，真是令人心旷神怡。

**那么蓬勃的生活**

玄帝阁的重修让老建筑焕发生机，而根据计划，底蕴深厚的禹王庙也将重修。禹王庙位于旧时村庄南端，因此也被叫作南头庙。它立于一个高台之上，颇有气势。

如果说古迹的蓬勃气息有赖于修复，那么著名的三德范芯子，则是村人延续至今的文娱生活。作为入选第二批国家级非物质文化遗产名录的民间艺术表演，三德范芯子一直是村人的骄傲。

对于芯子，冯昭宝津津乐道：2005年10月，中国民间艺术飘色大赛在广东举办，济南代表队的芯子表演力压群芳，一举夺得国家民间艺术最高荣誉——"山花奖"。代表济南参赛的就是章丘市文祖镇三德范芯子，而冯昭宝正是那次表演的领队。

入人和门，便是辛庄巷

玄帝阁

禹王庙

冯昭宝说，三德范芯子源自扮玩，历史悠久。芯子表演一般在春节期间举行，从正月初五开始，一直持续到正月十六。三德范的表演队伍多达十个，一般称"十根巷道"，不同的表演队会互相较劲，所以热闹非凡。但"十根巷道"同时到齐时，前后排序却从未出现过纷争，因为排序是从古而今一成不变的，祖宗定下的规矩，谁也不敢破坏。

如今，"十根巷道"集合表演的地点，多在中心桥附近，而一块立于1981年，由时任三德范大队党总支书记张福经撰文、学校教师姜应春丹书、辛庄巷石工赵业朝镌刻的"中心桥碑"，或许更能让人感受到古村三德范的蓬勃之气，碑文曰："居民六千，一河距之，两岸崎岖，乱石林立，夏日飞流直下，咆哮震谷，浊浪排空，一具天险，惟目涉之。千秋志士架桥之念非寡非异，然则未实之，故缘制度不宜，勿咎前人之过。而今十亿神州奔四化，一代新人绘宏图。时逢连年丰收，群情激奋，大队党总支应众心所望，量人财之备。于八〇年深冬聚众兴师，千名男女，英姿飒爽，顶风冒雪，五十天如一日，两岸大堤巍然屹立。次年春，八十名男女壮士，乘业显威，架桥铺路，至盛夏顺利竣工。此桥北临古阁，南迎环山，东接东溪，西及太平，群居怀抱为之中，故得其名。一桥飞架，四通八达，杨柳争日，绿树成荫，夏日飞浪迎壁长鸣，回波荡漾，拍桩点乐，此则登斯桥也，身居浪峰何哉，或须神魂俱飞，或须直目览景，或须思情绵绵，魂飞乃为胆怯，览景游客之作，思绵优其上。但愿有实为，爱国者治国，居乡者治乡，噫，请君抚首自询，望无愧。"

# 大寨：

## 古村不寂寞

村名：大寨
位置：章丘区文祖镇
关键词：齐长城、七圣堂

老村中心，一庙孤立，几位老人，靠在庙之南墙晒太阳，拉家常。云淡风轻，望得到时光的温暖。

70岁的张福成老人看到我，高兴地走过来，说："哈，终于有人来关注我们老村子了。"然后拉我到砌于庙之西墙中的众多石碑前，如数家珍：这是乾隆八年的《大寨七圣庙新塑神像碑记》，这是光绪元年的《镇武碑记》，这是民国二年的《重修长泰桥碑记》……

这十几通石碑，是前两年修大寨村志时收集起来的，张福成是村志的执行主编，他们仔细抄下刻在每一块碑上每一个尚能辨认的字，收录在村志中。指着这些石碑，张福成叹了一口气："它们在这里，很孤独。"

### 逶迤齐长城，气势今犹在

我明白老人的意思，从2008年开始，张福成和村中七八位老人一

古村落里的济南

七圣堂

起，花了整整三年时间，修成一部厚厚的村志。为修村志，村里还在观音庙旁边辟出一间房子，当作村志编撰委员会的办公用房，村志修成，编撰委员会解散。如今，挂在办公室门口的委员会牌子也已经破旧，在城镇化的大潮中，究竟还有多少人会看村志，有多少人会来看这砌于墙中的石碑，又有多少人会关注大寨这样的古村落？

历史上的大寨，显然不会有这样的孤独感。到了村里，见到老支书孙继昌，他第一件事就是带我们去看齐长城的锦阳关。锦阳关就在大寨村南两公里，虽然如今它在行政区划上已经属于三槐树村，但大寨村村名的由来与其直接相关。按照孙继昌的说法，锦阳关修成，在关之北设大寨，在关之南设小寨，小寨是军队的指挥机关，大寨则是军队屯兵之处，官兵们有战事则守关，无战事就开荒烧炭，久之，村便以大寨为名。

齐长城和锦阳关是齐桓公时所修，锦阳关也叫通齐关，是齐长城上三大重要关隘之一。如今，齐长城依然是原来的齐长城，锦阳关却早已不是原来的锦阳关。史载，锦阳关于1938年毁于日寇侵华战火，1989年建公路时，又拆除了锦阳关两旁建筑物，2004年，相关部门在原址向西46米处，也就是如今242省道章丘和莱芜的交界处重建了锦阳关。登关而眺，齐长城逶迤西去，气势恢宏，北面不远，保安山赫然在目。据说当时，在锦阳关上的守军若发现敌情，就会燃起狼烟，保安山上的哨兵一望而知，山下大寨中的"大部队"就会立马赶到。

**道贯南北，商贾云集**

锦阳关既为齐长城之重要关隘，也是南北交通之要道，南来北往的客商自然带动了大寨村的繁荣。

据村志记载,齐国时,大寨村就因位置优越而成为商旅通行、货物集散之地。村里的经商传统延续下来,至明代成化到万历年间,大寨商业繁荣昌盛,有七十二店之说,沿路临街,客、货、栈相邻,钱庄、作坊兴隆,商贾云集,成为周围商业中心。据清道光十二年《重修长泰桥碑》碑文记载:"章邑大寨庄者,道贯南北两京,路达远近十省,周围商贾接踵而至,车马蚁行而来,虽非邮递传命之驿,路亦是四通……"热闹景象,跃然纸上。

60岁的老支书孙继昌记得,在他刚记事时,大寨村仍然是车水马龙的交通要道,逢每月初一、初二大集,这里更是人山人海:"那时候,锦阳关那位置有个大崖头,一听到独轮车的木轮子发出响动,我和我的小伙伴们就赶紧跑过去,帮着推车,每次都能得个三分五分,或者一毛两毛的零花钱。"

然而,一切都抵挡不住历史的车轮。孙继昌说,1958年"大跃进"大炼钢铁,那一年庄稼长得很好,是个丰收之年,但是因为村里的劳动力都去炼钢铁了,大部分庄稼竟然烂在了地里。到1959年,日子就不大行了。"最难熬的是1960年和1961年,村子周围的野菜都被挖光了,要是杀棵榆树,从树皮到树梢都会被吃了。"

孙继昌印象最深的是吃玉米芯子,那东西吃起来甜丝丝的,但不好消化,难受得很。1962年,可以在集体田地的周边种点自己的东西了,饥荒才算过去。到1982年村里全部实行大包干,日子就真正开始好过了。孙继昌说,如今,村里有农业人口2960人,土地2000亩左右。人均土地虽然不多,但令人欣喜的是,悠远的商业传统在新时代又得到了复兴,村中约有800户人家从事着粮食的收购、加工和销售。如

长泰桥

嵌在七圣堂西侧墙内的"大寨店"碑

齐长城上锦阳关

墙上的残石刻

今的大寨,已经成为全省第二大粮食交易市场。

**云淡风轻七圣堂**

与商业传统一样,正在苏醒的还有村中那些历史悠久的老建筑。虽然1953年七圣堂中的神像就被毁,此后玄帝阁、镇武阁和罗汉殿等均遭破坏,但长泰桥还在,七圣堂还在,19块碑刻也还在。

七圣堂原来是观音庙,和玄帝阁一西一东立于村中心长泰桥北侧。

据明万历三十一年的一块碑文记载，明初观音堂、玄帝阁就早已建立并修葺过，可见其始建年代应该早于明初。到了清嘉庆十七年，在观音庙旧址上修成了七圣堂，不过村人至今将其称作"庙"。

在我到七圣堂的时候，工匠们正在重塑堂内神像。孙继昌说，七圣堂的修复完全按照嘉庆年间的碑文记载，堂内供奉观音、关帝、土地、牛王、孔子、地藏王和增福财神。融合了道教、佛教、儒家及民间俗神的七尊神像共聚一堂，殊为少见，但也正是中国农村实用主义信仰状态的一个最好例证。它们就像同样砌于墙中的那块"戒赌碑"一样，成为旧时维系村子公序良俗的精神规约。

七圣堂院子门口，两棵高约七米的翠柏分立左右。据说这是一百多年前村中一个姓张的人从泰山上带来了两棵小树苗。小树苗如今早已苍郁挺拔，勃勃生机，让这历史悠久的古村落，即使尚未吸引来多少外人的目光，却自有其虽历经沧桑却云淡风轻的雍容气度。

# 郭家庄：

## 深山，小村，有牌坊

村名：郭家庄
位置：章丘区文祖镇
关键词：张氏牌坊

槐柳阴初密，帘栊暑尚微。

车行深山，初夏给人的感受变得愈发美好：天气还不是很热，山风习习，吹得人浑身清爽；而那树，那花，那枝，那叶，又都已全力盛放。翁翁郁郁林间行，怎一个爽字了得！

深山里的郭家庄，也在初夏时节笼罩在了一种隐而不发的，安静而蓬勃的气氛中。在一片深绿里，一小片一小片白色的流苏点缀其中，格外跳脱。就像这安静山峪中的普通古村，一座高大威武的牌坊显得格外惹眼。只不过，牌坊不会像草木一样随着季节茂盛又枯萎，一百八十多年来，它一成不变地静静矗立，守着这个村落的尘封往事。

### 百年牌坊有故事

郭家庄最为著名的张氏牌坊，立在村南，坐南朝北，遥望青山。其古朴巍峨，与紧挨牌坊而建的灰色粗鄙民房形成了鲜明的对比。仿

古村落里的济南

张氏牌坊

佛一件精美的瓷器被放在一堆塑料制品中，卓然而立。

和单县百狮坊、百寿坊等牌坊极其繁复的雕刻不同，张氏牌坊最大的特点，是用巨型条石搭建而成，气质粗犷古朴，与周围山色产生了极强的呼应。牌坊顶端中间，是一个宝葫芦，两边各盘一条青龙。下为刻有"圣旨"两字的坐石。"圣旨"下两边出檐，檐角有两条曲龙衬托。"圣旨"坐石下为清代道光皇帝所题"名标天府"四个大字。"名标天府"下的巨大横石上，还刻有"爵秩峥嵘"四字。牌坊中心位置的长条横石上，则刻着"貤赠登仕佐郎翰林院待诏郭云修孺人张氏坊"几个字，从边上"皇清道光岁在壬辰"几个字推断，这座牌坊应该立于道光十二年，也就是公元1832年，距今已有一百八十多年的历史。牌坊下部的竖石上还刻有楹联，上联为"宠锡孝思黄麻诏"；下联为"恩

石雕狮子

抱鼓石

荣家庆紫泥封"。牌坊进、出口上方长条石雕刻精美的二龙戏珠图案，对联前后各有雌雄石狮一只，石狮下面为三层立地石刻。整座牌坊总高 7.8 米，宽 3.35 米，厚 1.67 米，进、出口高 3 米，宽 1.68 米，工艺精巧，出入方便，宏伟壮观。

小小山村，为何会有皇帝题字的巍峨牌坊？牌坊上所写的这个"张氏"又有着怎样的人生故事？

石台阶，石头房

话要从清朝乾隆、道光年间说起。当时郭家庄有个叫郭云修的人，做官做到了翰林院待诏，他有个妻子叫张氏。张氏36岁时，郭云修因病去世，撇下了父母双亲和年少的儿子郭存龙，家庭生活的重担落在了张氏身上。丈夫去世后，张氏尽心孝敬公婆，辛苦抚养孩子，勤劳持家，清白贞洁。后来，她的事迹传入皇宫，连道光皇帝都听说了。皇帝十分感动，于是下了圣旨为她建造贞节牌坊，并亲笔题写了"府名"和牌匾，由翰林院设计牌坊图纸，后由人将"圣旨"、图纸及建牌坊所需银两用八抬大轿从北京抬到了郭家庄。历经五个月施工，一座高大的牌坊在张氏门前威武竖起。在建牌坊的同时，官府还为张氏大门授匾"恩寿荣光"。

## 深山小村岁月长

如此一座牌坊，能历经"文革"破四旧而幸存下来，实在也是一段传奇。66岁的村民郭光忠告诉我，张氏牌坊能幸存下来，还和他的父亲有关："当时我家紧挨着牌坊，破四旧时村里的小年轻要砸牌坊，我父亲挡在前面跟他们说：'谁要是扒了牌坊，不小心把我家屋顶也砸了，就得赔！'小年轻一看父亲年纪挺大，又很严厉，就没再动手。可惜的是，原本挂在牌坊上的八个铃铛和八只小石狮子，还是被摘了下来，至今不知去向。"

在郭光忠的记忆中，大约二十年前，牌坊顶上的石葫芦曾被树枝晃落在地，所幸没伤着人，葫芦也没摔坏，后来村人把葫芦放了回去，并用水泥把它固定了起来。

郭家庄是个名副其实的小村，如今也只有540口人。村之所以小，

古村落里的济南

山村岁月

也和它所处的山峪狭小有关。站在村南山坡往北望,或者站在村北山坡往南望,整个山村就能尽收眼底。也正是因为山峪窄而深,小坡较陡,盖在山坡上的房子,就需先垒平地基再起房,所以从下往上看,房子就显得格外有气势。

在村北山坡上,我们找到了一幢十分完整的老石头房子。站在山间小路仰头看,这是一座高大的二层楼房,沿着"之"字形斜坡走到朝东院门往里一看,原来是座古老的四合院。四合院的北屋和南屋盖得最为讲究,东西厢房则是土坯小房。我们到的时候,房子的主人、82岁的郭方会老人正和两个老哥们儿在门口闲坐。老人说,这房子至少有百十年的历史了,"老祖盖的房子,盖了这房子兄弟三个才分的家"。小山村生活艰苦,盖房子更是辛苦,石头都是人扛回来或者让小毛驴驮回来的。

郭方会说,山村穷,小时候穷得吃不上饭,"土改的时候连个地主都没有,有两垄地就能定成个富农"。贫穷的经历同样让郭光忠印象深刻:"1960年,实在没得吃了,还出去要过饭。那一年,我们庄和东张、朱公泉卖了28万斤粮食给国家。结果老百姓就受苦了。"

郭光忠有两个儿子,如今都在外面工作,家里有七八亩地,种点小麦、玉米、小米、大豆和地瓜。老人说,雨季到来,山泉汇到沟渠,村子会更加漂亮。不过在带着我们四处看老房子的路上,老人低声说了好几次,他说:"老房子有什么好看的?城里的楼房才漂亮!"

# 梭庄：

## 且怀一腔诗意，去寻往日风流

村名：梭庄
位置：章丘区相公庄镇
关键词：元音楼、文昌阁、李氏宗祠

从相公庄镇政府驻地往北6.5公里，长白山南侧，一个长方形聚落，便是梭庄。康熙《章丘县志》载："去邑十里而近，有梭山焉。山形如梭，民依山成村曰'梭庄'。"

到了梭庄，天朗气清，心一下子就沉静了下来。这个历史可以追溯到汉朝的千年古村，有着一种独特的安详的气息，仿佛一个须发皆白的百岁老人，淡然而立，眼望岁月沧桑，波澜不惊。

如此，岁月静好的诗情画意便在山脚涓涓流淌的小溪，和村中早已被磨得光滑无比的石板路的缝隙中，幽幽然氤氲出来。

### 戏台上，有那么多故事

梭庄村的西南部，有一个石砌的古戏台，戏台修于明朝万历年间，石条斑驳，数百年来见证着这个古老村落的喜怒哀乐。

梭庄村支部委员、61岁的刘玺珠的家就在戏台旁边，一开始是住在戏台东北侧，后来东北侧的房子给大哥住了，他又在戏台西南侧盖了新房，小时候戏台上演戏，刘玺珠都不用去观众席挤着，坐自己家窗台上就能看得一清二楚。

这戏台原是个气派的大戏楼，刘玺珠记得他奶奶曾经跟他说过，为了竖起戏台上的四根大石柱，村里专门请来一位壮士，那壮士每顿能吃一大盆饭，力大如牛，几下就把石柱给竖起来了。到 1958 年，大炼钢铁，因为戏楼上有不少钢铁构件，就给拆了，只剩下一个台子。

梭庄村的京剧风流可谓源远流长，在刘玺珠的记忆里，每当村里唱戏，就像过节一样热闹。村里不仅有京剧团，道具、服装等行头也十分齐全，演员都是村民，但水平可不一般。"有个唱花旦的韩照银，当时省京剧院都想把他给调过去。"

刘玺珠记得，过年时候村里一旦开始唱戏，远近几个村子的人都会来看，戏楼前人山人海，观众席里还有卖烟卖糖果的，好不热闹。剧团

穿过文昌阁，就是梭庄大街

人虽然并不多，但《玉堂春》《空城计》《打渔杀家》等经典剧目都能演。戏楼被拆之后，人们继续在戏台上演。到了1965年，才子佳人的故事不让演了，剧团就停摆了，"文革"期间演《红灯记》，演完《红灯记》，古戏台就真的萧条了。

**元音楼、文昌阁，悠悠石板路**

如果说古戏台上的风流早已被雨打风吹去，那么村中众多古建筑，却依然顽强地矗立着，默默向世人诉说村落的过往。

且让我们先从元音楼看起。这个建于清嘉庆十五年的元音楼为四面牌坊形，通体用大小64块精致的石料镶扣组成，可谓精雕细琢。村人说，这元音楼原来只是位于大庙东南角的一个钟楼，后来大庙被拆了，钟楼里的大钟也被炼了钢铁，就只剩下元音楼了。在元音楼东侧横梁挂着一块刻有"元音楼"三个大字的石匾，两侧石柱上则刻有一副楹联："月淡星疏僧扣处，电光云影梦惊时。"从字意来看，这里原先的确应该有座寺庙。村人说，一直到如今，如果谁家有人去世，出殡时也会在元音楼前搞个仪式。

元音楼以东，文昌阁巍然而立。文昌阁建于明代嘉靖年间，底下一个石砌拱门，上面左右两间房子却已不是原来的文昌阁，而是后来为解决村中校舍不足而建起的两间教室。不过文昌阁上的影壁，倒一直保留至今。

紧挨文昌阁的南边，是同样建于明代的药王殿，整座建筑不用寸铁、寸木，纯用石块砌成。药王殿大门两侧分别有两块石雕呈90°角砌在门框，一雕飞龙，一雕飞马，栩栩如生。

文昌阁

李氏宗祠

药王殿

药王殿门框上的石雕

　　文昌阁原来也是村子的西门，穿过拱门往东，便是梭庄大街，路面全用石板铺成，据说是和文昌阁同时完工的，可见这石板路历史之悠久。沿着石板路晃悠悠从西往东走，零零星星就能碰到老人倚着古老的门楼晒太阳。老人们脸上的安详，一如脚下这光滑的石板路。

　　到了街的中部，路边立着一只石雕貔貅，村人说，去年这貔貅被盗了，不过没过多久，公安局就破了案，貔貅就回到了村里。

## 李氏家族教子有方

但凡底蕴深厚的村落,一定有村人念念不忘的"名流"。在梭庄大街东南,就有一处已经被定为章丘市重点文物保护单位的李氏宗祠。李氏宗祠的建筑已经显得破落,但一座五开间的老房子和院子里的几通石碑,依然让整个院落气度不凡。

据史料和李氏族谱记载,明代中期,李氏家族中一个名叫李崇的,教子治家颇有威望。他生有三个儿子,第三个儿子李君侍20岁考中秀才,娶妻夏侯氏,生了两个儿子。李君侍很年轻时就病亡了,夏侯氏24岁开始孀居,处事持家很周到。两个儿子李宦增、李实都是刚过20岁就中了秀才,长孙李克肖也是20岁中秀才,次孙李克似、曾孙李缙徵、李缙明也都先后中了进士。另一个曾孙李缙益功名略低,中的是清朝顺治戊子科的举人。这户人家当时轰动朝野,一门三代,出了这么多举人和进士,在中国科举史上可谓罕见。而夏侯氏因教育子孙有成,也被李氏家族人敬称为三老奶奶。

刘玺珠说,李氏宗祠的前身是一座花园,名为"啸园",始建于大明万历四十年,后经多次整修,现在只存一进院落。据说蒲松龄还曾多次来这个院子里和主人品茶聊天。院子里除了几块"重修李氏宗祠"碑,还有一通"十戒碑",告诫族人十事不可为之。可见宗祠不仅是族人祭祖之地,也是用族训乡约约束规范族人行为的象征。

# 寨子：

## 进士故居诉沧桑

村名：寨子
位置：章丘区相公庄镇
关键词：张肇全故居

　　寨子村的村委会极有意思：一个院子，三间平房，院子里种满了蔬菜。不过，正当你感叹于这满地蔬菜氤氲出来的田园气息的时候，却赫然能看到村南新建的楼房。

　　对交通便利的寨子村而言，城镇化已是不可抵挡的趋势，幸运的是，就在村委会东侧，一条古色古香的老街安然静卧。这条名叫寨子村后街的古老街道，眼下正在申报山东省历史文化名街，不仅因为其古，还因为这里深藏着章丘最后一位进士张肇全的故居。

　　拔地而起的崭新楼房、绿意盎然的村委会菜畦、古意幽幽的老街和旧宅，不同的景象，在当下，融合成一个复调的村落故事，让人感慨万千。

张肇全故居

## 老屋往事

村委会东侧、寨子村后街的西头,村人新近竖起了一个大牌坊,上书"张肇全故居"几个镶金大字。除了这几个字,牌坊的全身均被漆成朱红,在古老的街口,这座色泽鲜亮的牌坊显得格格不入。

过牌坊往东,几个老门楼次第排列,灰砖墙上刷着同样触目的朱红大字:违法生育有奖举报。在一个胡同口站定,向北望去,一丛烂漫的桐树花在远处凌空而起,烂漫怒放。

再往东走不远,老街北侧,就是张肇全故居,一个雕梁画栋的古老门楼,上面挂一块"村强民富"的匾额。原来,一直到去年,这处老宅院都是村委会所在地，去年村委会搬出，此处便成了村里的文化大院。

进大门先是一个小院，根据村支书张戬孝的说法，这个小院原来有东西厢房，小院北侧还有一个二门楼，厢房和二门楼都被拆了之后，村人就在北侧砌了道墙，留出一个小门。

踏进这个小门，又是一个更大的院子，与南边的小院子不同，这个院子的东西厢房都保存完好，院子北侧一间五开间的大房子蔚为壮观。只是这大房子南侧一面并没有门窗，所以看起来更像个大厅。屋内总共12根柱子分列两排，别有一番气势。北墙上还挂着一幅巨幅的毛主席像。

张戬孝说，过去听村里老人讲，早前房子主人的母亲过生日，房主还请山东快书大师高元钧来演出过，"就在这个大厅里，那场景，真是热闹得很"。

## 商界巨子

根据张戬孝的说法，老宅的建造者张肇全并没有在这房子里住过多长时

寨子村后街

寨子村后街沿街门楼

寨子村后街北侧胡同

间。但有关张肇全的人生故事,早已成为寨子村的传奇。

张肇全(1875年—1928年)是山东近代史上一位赫赫有名的人物,幼年家境并不富裕,在父亲张锡纯的严厉管教下,张肇全认真学习,想走一条读书当官的传统之路。他20岁中秀才,27岁中举人,29岁又以三甲第八十二名进士及第,是章丘的最后一位进士。

中了进士就能当官,张肇全当过遵义府的知府,不料武昌起义的枪声打破了他的仕途梦,于是携眷逃回家乡,开始下海经商。虽说少时熟读四书五经,但张肇全并不是书呆子。也许是受到章丘乡亲善于经商的熏陶,他头脑中从来不乏经商细胞。官场失意的他在商场顺风顺水。经过几年的打拼,资产日丰,先后在章丘创办金丰当铺、盐总店和鸿祥杂货铺。同时他还涉足金融业,在济南开办通义、通久等银号,并加入银钱同业组织福德会馆。1913年,张肇全任山东银行总经理,1915年又任济南商务总会会长。从1919年12月开始,他还当了半年的山东省财政厅厅长。

1925年,奉系军阀张宗昌督鲁,三年后北伐军抵达济南,张宗昌弃城而逃,北洋政府在山东的统治从此结束。张肇全也匆匆逃往大连,半年后就客死他乡,年仅53岁,一代商界巨子就此黯然退场。

**雨打风吹**

事实上,留存至今的张肇全故居只是很小的一部分。根据记载,张肇全曾在老家寨子村广置田产,建造豪华庭院,楼、厅、房、厦达三百余间,并耗巨资营造墓穴。

然而,再雄厚的财力、再宏伟的宅院也抵挡不住时代的风吹雨打。

"文革"时期，不仅房子被破坏很多，张肇全的坟也被扒开。张戬孝说，当时村人扒开坟墓，用大锤子砸开棺材，惊异地发现张肇全的尸体居然还没有腐烂。

张戬孝出生于1944年，已经当了二十多年的村支书。他说，其实张家人人品挺好的，据说张肇全十分低调，回家来时都是弃轿进村。过年时，他还会挨家挨户去给村人拜年。"我爷爷还给他们家扛过活。我爷爷说，他们家对穷人很好。所以到'文革'的时候，虽然房子有所破坏，但张家人并没有受到多大的迫害。"

风流总被雨打风吹去。事实上，被雨打风吹的不仅仅是张肇全故居，村西的玄帝阁，曾经巍峨的村周围的城墙和8个城门，都在时代的风潮中消失了。张戬孝说，最可惜的是城墙和城门，门一关，外头根本进不来人，"1958年大炼钢铁，为了让村子四通八达，城门都被拆了"。

# 桑园：

## 古槐育进士，此处有传奇

村名：桑园
位置：章丘区相公庄镇
关键词：千年宋槐、父子进士

多少年自然的发展，多少年人文的积淀，传统农耕社会滋养出来的村落，总会有一种让人欲说还休的感慨。虽然在城镇化建设的浪潮中，村落中的很多古迹都消失了，田园诗般的村落即将或者已经成为人们心中的"故园"，但走进每一个历史悠久的村落，你依然能感受到从泥土和岁月中散发出来的独特气息。

好像每一个古村落，都有自己的灵魂。

### 千年宋槐育进士

桑园村的"魂"，似乎都凝聚在这棵千年古槐上。

古槐位于桑园村中街 72 号门前。中街是村中一条东西向的狭窄老街，古槐高耸挺拔，老远就能望见。1999 年出版的《章丘名胜古迹》载，这棵古槐高 18.2 米，胸径 124.2 厘米，仅树冠就高达 11.4 米。看起来，它就像一把巨大的伞，遮天蔽日，让一整条街都有了依靠。

古树老宅岁月长

桑园：古槐育进士，此处有传奇

051

古槐就像村中的地标，从它北面伸展出去的一条小胡同，被命名为槐北胡同。我们正在古槐底下啧啧惊叹的时候，槐北胡同1号院里走出来一位大娘。大娘姓侯，已经83岁，皱纹纵横却丰神俊朗。她说，每年阴历的二月廿九，是这棵大槐树的生日，村里人和外庄人都会来为老槐树庆祝生日，烧香祈福。树上那些红黄绸缎，就是人们祈福时系上去的。

古槐究竟植于什么年代，已经无从考证，但村人辈辈相传，都称其为宋槐。说起来，这宋槐的确有神奇之处。村人说，经不住年岁长久，老槐树经常会有一些枯死的树枝掉下来，古槐树冠极大，底下小街又窄，但掉下来的树枝却从未砸伤过人。

更神奇的是，古槐所在的中街72号院，曾经出过父子两进士：先是翟中策，于乾隆四十九年中了第三甲四十四名进士；然后是他的第五个儿子翟登峨，在道光二十一年又中了第三甲九十七名进士。"一门双进士，均出古槐下"，一时传为美谈，所以当地素有"桑园古槐育进士"的说法。

幸运的是，古槐下翟中策故居的大门依然保存完好，石砌门楼，木作门扇，古朴典雅。特别是自门楣垂下的雕花木构件，显得非常精致。村人说，门楣正中原本有一方长2米、高0.8米的大匾额，上书"进士第"三个镏金大字，若是阳光明媚，金字熠熠生辉。据说这块匾现在依然保存在翟氏后人家里，不轻易示人。

**清廉勤政翟进士**

相公庄镇教办的赵福明曾仔细研究过翟中策的生平。根据他的说法，翟中策自幼聪颖，3岁入家塾，其祖父亲自教他。学《三字经》，诵四书五经，苦读数载，颇有所得。一年春节，其母佩戴新买的耳环，入厨煮水饺，中策随口吟曰："戴得玉纲坠，吃得寓褒贬。"祖父闻声且惊且喜，他父亲也大喜过望地说："此子如此才气，且以科名起家矣。"

果然，翟中策11岁应童子试，主考官批阅其卷曰："五经纯熟，但文理尚未贯通，具此天资，急用学力以充之，定成大器，毋庸躁进也。"

此后，中秀才、中进士、当官，翟中策所到之处，清廉勤政，颇为人称道。根据道光十三年《章丘县志》的记载，到任江苏省仪徽县令后不久，正值该县闹水灾，洪水泛滥，翟中策带领民工日夜奋战四十多天，疏导洪水，加固堤堰，终于遏止洪流。而这次行动耗去的两万余两白银，皆从官俸、库银中支付，丝毫不向百姓摊派，当地民众颇为感激。

## "仙人指点"有桑园

"桑园村"这个名字是怎么来的呢？根据村人的说法，这背后还有着一个美丽的传说。

话说明朝初期，历经多年战乱，山东境内人烟稀少，土地荒芜。朱元璋于是下令从山西迁部分居民充实山东。

当时在山西省洪洞县老鸹村居住着翟五、刘海两姑表兄弟，因天灾人祸，家中再无老少，只有两人相依为命。一日，二人在田间劳作，忽见军爷传令："两日内，必离开山西移居山东淄博，违令者，杀无赦。"二人无奈，只得回家收拾行囊，挥泪告别故土。

时值五月，天气炎热，翟五、刘海尾随东迁百姓，跋山涉水，风

文昌阁

翟中策故居门楼上的精美木雕

餐露宿,连行多日,才到达山东境内。又行数日,方到达章丘境地,干粮早已吃光,体力也已不支,二人终于掉了队。就在他们饥渴难耐,举步维艰之时,突然看到了一条溪流,他们喝了个够,又看到了满树桑葚,他们又吃饱了肚子。吃饱喝足,倒地而睡,蒙眬间,二人见一老者,鹤发童颜,笑对其曰:"此乃风水宝地!你二人叼在此久居!"说完,飘然离去。醒来之后,两人觉得既有"仙人"指点,这地方肯定不错,就决定住了下来,后来各娶一美貌女子为妻,繁衍子嗣,村落遂成。有一天,一个官爷前来询问此为何村,翟五笑曰:"来此定居皆因桑树,何不以桑园命名?就叫桑园村吧。"官爷听后,便将桑园二字记录了下来。

也许是"仙人"所说的"风水好",也许是千年古槐的庇佑,如今桑园已经是一个2700多人的村落,而且村中有好几家大企业,每年向村里交的租金就多达300余万元,村中老人因此都能得到一些补助。虽然村四周的圩子墙、护城河都没了,曾经殿堂巍峨、古碑林立的文昌阁,也只剩下了一个石砌拱洞,但村人的生活,毕竟变好了。

有千年宋槐,有进士故居,也许足以让桑园留得住自己的灵魂。

# 博平：

## 那时候可真威风

村名：博平
位置：章丘区普集镇
关键词：刘氏故宅、刘氏家庙、文昌阁

风一吹，冬天的凌厉就欺上身来。钻进车子，打开暖风，身子暖和了过来，放眼望去，拥挤的车流和漫天漫地的雾霾却又压得人喘不过气。车开了一个多小时，一直到大片大片已经沉睡的庄稼地扑面而来，天才透出湛蓝。

冷还是冷，却冷得清爽。可以畅快呼吸，感觉空气深入心肺的惬意。

这一次，我们去的是博平村。村口墙下，四五个老人正在晒着太阳，布满皱纹的脸上云淡风轻，仿佛没有经过岁月的艰辛。就像这村子，宁静而安详，仿佛对那一去不返的"威风"，漫不经心。

**壮观的老宅，破败的家庙**

像往常一样，刘荣清正在村委会的办公室忙活，屋子里生着木炭炉子，站在炉子旁边，身上就暖和很多。刘荣清是博平村的支部委员，今年已经64岁。早在1969年，他就在基层工作，当过生产队保管员、

刘氏故宅，现为博平村委会所在地

队长，1984年合作社解体，他又进入村委工作，当过调解主任、支部书记，如今年纪已大，身为支部委员，还帮着村里干些力所能及的事。

其实村委会所在地，就是博平如今保存最好的一组清末民初的老建筑。这是一个四合院，大门和照壁都雕梁画栋，古色古香，如果没有照壁上挂着的村委会牌子，你都会恍然以为时光忽然倒流了。进门左拐，一个颇有气势的四合院就猛然出现在眼前。说它颇有气势，是因为和北方众多以平房组合而成的四合院不同，这个四合院的正房和东西厢房，都是两层小楼，村委会的办公室，就在正房的一楼。

说起来，这四合院能被保留，还真得感谢"公家"。刘荣清记得，四合院的原主人叫刘连全，20世纪40年代，斗地主、分田地，刘家老宅就成了公家的了。得亏老宅姓了"公",成了公家的办公场所,要不然,如何抵挡得了那轰轰烈烈的"破四旧、立四新"。

刘是村中大姓,这个1400多人的村落,有80%的人都姓刘。按刘荣清的说法,刘氏应该是明朝洪武年间从河北枣强迁来的,先是两兄弟,一个留在章丘,另一个就在博平,后来慢慢成了村中大姓,家族也日渐昌盛。到了民国十三年,刘绍綎捐出自家在北街东首路北的地基,建造了一座刘氏祠堂。

祠堂,也就是村人口中的家庙。家庙如今依然还在,但只残存着影壁和最后一个小院落,影壁和院落之间的建筑都因修路被拆。影壁在路的南侧,是三折门楼式,高大壮观,保存得十分完好。但要进家庙,则须从西侧学校绕进去。可惜的是,家庙残存的一个院子,三间房子,早已房穿屋漏,破败不堪。院子里也是荒草遍地。只在屋子的墙上,还嵌着一块小碑,记录着当年修建祠堂的缘由。

刘氏家庙大影壁

刘氏故宅影壁

## 还是小时候好

每年正月初一，刘氏族人都由刘氏族长领着，给祖先上供、烧香，有着一整套的程式。但那已经是很久以前的事儿了。20世纪50年代，还是小孩子的刘荣清还到家庙里参加过祭祖活动。经过"文革"，家庙破败，祭祖仪式也不再搞了。"如今就更不用说了，年轻人都已经不知道祭祖的仪式了。"刘荣清记得很清楚，家庙原来有三进院子，规模很大，要是能完整地留到现在，可比朱家峪的祠堂强多了。

家庙所在的东西北街，如今依然保存着众多古色古香的老门楼，走在街上，仿佛能感受到清末民初的气息。让刘荣清津津乐道的是，因为这条街上老门楼众多，当年电视剧《东方商人》就曾在这里取景。而事实上，当年这条东接章丘西连淄博的大街的确车水马龙。每月逢二逢七都有大集，热闹得很。

从东西北街往南，刘荣清又不辞辛苦地带着我们穿过村庄，绕到村南头东侧，领我们去看文昌阁。文昌阁在一片林子的北面，看起来仿佛一座巨大的石拱桥，"拱桥"的最上面刻着"文昌阁"三个大字。只是，字虽在，上面的"阁"却早已被改成了一排平房。早前，一条小河从文昌阁下流到村外，汇入东巴漏河，"美得不得了"。事实上，文昌阁只是早前"博平八景"之一，除了文昌阁，还有白衣庵、石佛寺、狮子口、无影碑、五龙桥、锯齿狼牙街、马鞍桥。当年村人还将这八景编成了顺口溜，可惜如今，"八景"已所剩无几，也鲜有人还能说出那顺口溜了。

刘荣清小时候，家里人在滕州干布庄，在外面赚了钱，就在村里

刘氏家庙仅存的一个院落

古宅深深

买点地，日子过得还可以，但他从未离开过村庄，一直在家种地。如今，生活已经越过越好，种地也越来越机械化了，到了收割的季节，几天就能收完庄稼。但同时，年轻人也都出去打工了，留在村里种地的，都是五十岁以上的人了。

我忍不住问他：你是喜欢小时候的村子呢，还是喜欢现在的村子？刘荣清愣了一下，大概没想到会有人问这个问题。不过他还是很快做了回答：还是小时候好。那会儿村里有碑有庙，有寺有庵，有圩子墙有热闹的大街，小孩子们很调皮，还会偷偷去摸佛像玩。那时候，开心得很！也觉得这村子，威风得很！

博平：那时候可真威风

# 杨官庄：

## 颓然的浩气

村名：杨官庄
位置：章丘区普集镇
关键词：袭家大院、祖先传说

颓然，是寂然，是寂静，也是衰老，是想要放弃；浩然，是广阔，是盛大，是绵延不绝的气息。这是两个意思完全不同的词语。然而，当站在杨官庄袭家大院前，这两个词却同时出现在我脑海里：那从历史深处走来的古老建筑，已然难掩颓然之势；而那雕梁画栋，那飞起的檐头、密实的砖墙，又让人隐隐感觉到一股浩然之气。

当诗歌和音乐沉默的时候，唯有建筑还在诉说。颓然的浩荡之气，是袭家大院的气质，也是至今徜徉在袭家人心中的喟叹。当然，无论如何，家谱依然要续，因为人，总想寻找来自根的荣光。

### "脚大福大智慧大，降龙除盗立我宗"

荣光的开始，来自袭氏始祖。

家谱里记录的袭氏始祖故事极有意思。传说始祖名叫袭全，"脚大身伟，身高八尺，具神力"，绰号"袭大脚"，"别看我祖身高人大，

沿街门楼，气势犹存

体具神力，却聪慧敏智，善易学，天文地理皆通"。

宋元年间，袭全从河北枣强东迁至山东章丘邑南一个名叫合庄的地方，后"因其风水不佳"，又东迁到了北寨庄，又因此庄风土人情不美，再迁。这回迁到了颜郭庄，传奇的故事就发生在这个庄里。

话说这颜郭庄，地理位置十分奇特，在它东北有五条沟涧，犹如五条巨龙，北高南低飞腾而下。"我祖精通易学，知道要降服五条巨龙，须先制其首，制其腰尾不易降伏。于是我祖这双神力大脚，就踩在这五龙头上，把这五条巨龙踩住了。五条巨龙不甘心，想挣脱这双神力大脚，因其首被踩，挣脱不开，于是就拼命翻滚，拧来拧去摔打其身。摔打之下，龙鳞飞溅，于是又在五条沟涧中形成无数短小的沟涧与坑洼。

木雕

袭家大院北侧二层小楼

影壁

我祖靠神力与智慧,终于降服五条巨龙,从此五龙安静了。"

袭全不仅降服五条巨龙,后来还打退了盗贼,所谓"脚大福大智慧大",经过这段传奇,袭氏家族立了足,也给落脚的村落带来了福音。

**袭家大院,建于清朝嘉庆年间**

袭氏家谱,是袭氏二十二代孙袭建华给我看的。袭建华今年六十多岁,是唯一一个还住在袭家大院里的袭氏后人。

袭家大院是袭家第十七代孙袭肇运于清朝嘉庆年间在杨官村建造的宅院,至今已有近两百年的历史。整个袭家大院占地约五亩,整个布局沿南北中轴线呈东西对称分布。各院落厅房坐落于中轴线上，两侧是厢房，为组合四合院式建筑，总共有五个院落，袭建华住的就是其中第二进院落。袭建华说，建袭家大院的袭肇运，一开始也是以种地为生，后来经商有了钱，就盖了这个大宅子，五个院落的最后一个是粮仓，前四个后来就分别分给了四个儿子。袭建华则是袭肇运长子之后，随着家道中落，除了袭肇运长子之后一直住在第二进院落，其他几个院落都被袭氏后人卖给了村里别的财主。

袭建华出生于1940年，到他小时候，家里条件已经不行了，但吃饭还是没问题的。土改初期，袭建华家被定性为富裕中农，并没有遭遇很大的冲击，但到了土改即将结束的时候，又被定成了地主。地主的家庭烙印，给袭建华后来的人生造成了很大的困扰。进厂工作后，他在业务上拼命努力，并很快成为厂里的业务骨干，也获得了厂长的赏识，但因为政治的原因，一直到20世纪70年代末，袭建华才转到管理岗位。近四十年勤勤恳恳工作，于今退休在家，袭建华已经不愿详谈因为"地主"这一家庭成分带给他的人生困扰。

如今，接待各路来探访袭家大院的人，成了袭建华的重要"工作"，他会带着来人参观整个袭家大院，并且一定会让你领略一下大院最南和最北两座楼的神奇之处：如果有两个人同时在二楼窗户南北对望，那么就一定能互相看得见，这是袭家大院设计师特意设计的。令人庆幸的是，南北两座二层小楼如今都完好无损，默默见证岁月沧桑。

**"春秋之祭，荡然无存"**

按照村里人的说法，如今，50岁以下的人，基本没有在村里种地的，到了农忙的时节，你去看吧，在地里劳作的人大部分都已经白发苍苍。

所以，在袭建华看来，2002年袭氏后人能第八次续谱，足见族人之间的家族向心力依然很强，至今依然有从北京、天津来袭家大院寻根的人，也是一个证明。

但是家族总会有兴衰起伏，明代修家谱时就有人说："祖先积百年德才昌，然宗派益分宗法不立，春秋之祭当然无闻，其报本之意何在哉？"

有意思的是，这位身为济南府儒学生员的袭氏后人，不仅力图恢复春秋之祭，还在明嘉靖二十五年九月初六写下了"行会条约"，规定了祭祀祖先的贡品、过程等等内容，其详细程度可以作为明代社会风俗的一份研究样本。"行会条约"的最后道："圣谕族约内事理，不许分外生事，欺凌乡里，游惰失业，违者绝之，生不与祭，死不许入墓。"

这份保存在家谱中的明代"条约"，形象说明了家族对其成员的道德约束力。如今，社会形态早已天翻地覆地改变，人伦秩序当然不能再指望族约这样的规定了，"春秋之祭"也早已荡然无存了。

# 茂李：

## 祠堂深深锁春秋

村名：茂李
位置：章丘区绣惠镇
关键词：李氏祠堂

词典上，有关"茂"的解释有两种：一是草木旺盛，比如茂盛、丰茂；一是有德有才，比如茂士、茂才。无论哪种解释，都有一种让人闻之即喜的蓬勃与美好。

章丘市绣惠镇，有个茂李庄，总共1400多口人的村落，李姓人比例高达95%。茂李村的李姓不仅历史悠远、根深叶茂，而且直到如今，逢年过节，李姓人都会齐聚李氏祠堂祭祖。这个已经有一百五十多年历史的祠堂，像是茂李庄的一个精神象征，小心翼翼地守护着历史深处的回响。

### 保存完好的李氏祠堂

到茂李庄那天，天空飘起如丝小雨，64岁的村主任李庶仁不避风雨，领着我们在李氏祠堂和茂李大街转了好久。细雨飘飘洒洒，润物无声，将村庄衬托得更加宁静，偶有村人路过，一句高声问候，传得

古村落里的济南

李氏祠堂大门

老远。李氏祠堂是文物保护单位，至今还被当作村委办公场所，因此保护得相当好。但茂李大街上的老建筑，却只剩下零星几个老门头。

说李氏祠堂，一定要说茂李庄的李氏祖先，根据民国年间所修《李氏族谱》记载，茂李的李氏是元代至正二年从河北枣强迁至章丘茂李的。按照李庶仁的说法，一世祖是两口子带着四个儿子从枣强迁出的，这四个儿子分别叫文台、武台、龙台和安台，其中文台、武台留在章丘，龙台和安台则又去了南京，所以南京至今也有一个茂李庄。

根据《李氏族谱》记载，李氏三世祖秉礼公，少年时与明太祖为布衣交，幼读儒书，品端学粹。洪武二年，特旨征授左正言，诰授谏议大夫。后殁于官，诏遗御前大臣抚归里，葬于祖茔西。

李氏祠堂创建于清咸丰初年，距今已有一百五十余年历史。祠堂大门为三开间，均带抱厦门，悬"李氏先祠"匾于门上。进大门有甬路直通过厅。过厅面阔12.5米，进深8.5米，高6米，前后门相通。过厅前植苍松翠柏，两侧各有拱门与后院相通。东拱门匾额刻"柱史遗迹""迪维前光"，西拱门匾额刻"世德作求""紫满函关"。两拱门内俱有龙爪槐，枝干盘曲，宛如虬龙。1982年，它们被济南市林业局确认为济南市龙爪槐之冠。

后堂五间，正中悬"百世同堂"匾。堂内供奉祖先牌位。堂后墙及两山均竖立屏，书历代祖先名讳。

根据族谱的记载，李氏祠堂前原本还有个大影壁，左右各有木棚便门。门上有横匾，左题"木本"，右题"水源"。不过如今，影壁和木棚便门都已经看不到了。

### 传说里的骄傲

按照李庶仁的说法，李氏祠堂之所以至今保存完好，因为村中有95%的人姓李，而且李姓人"心齐"，祠堂院内不同年代的功德碑，充分证明了这一点。

有意思的是，茂李庄还有一个"茂李公益事业小组"。多年来，重建南门、修建茂李广场等都与公益小组有关。不仅如此，公益小组还推出了一本《大庄子人家话茂李》的书，把茂李庄的历史、人物、趣事等等内容都记录了下来。

书中有一篇《朱元璋在茂李的传说》，其中的故事因为有李氏祠堂中一块"卧龙榻"作证，所以几乎人人皆知。

卧龙榻

祠堂院内的拱门

茂李大街上的老门楼

在李氏祠堂的院子里，有一块长方形的大石板。这块石板就是"卧龙榻"。据说当年朱元璋曾在这块石板上睡过觉。这块石板长约2米，宽约1.2米，在石板的一端，有一个小圆洞，圆洞的周围磨得非常光滑，石板的一角已经缺失。

李庶仁说，朱元璋从军之前，曾经在这个村里做长工，靠替人家放牛为生。在放牛的日子里，特别是在中午时分，朱元璋喜欢躺在这块石板上睡觉。睡觉的时候，朱元璋把牵牛的绳子通过石板上的这个小圆洞拴在石板上。睡觉时朱元璋通体舒展，就像个"天"字。后来，他带领农民军推翻了元朝，建立了大明朝。就在朱元璋在南京称帝的时候，一条小龙从这块石板上突然腾空，朝着南京方向飞去，于是，这块石板就缺了一个角。后人在石板上刻下"卧龙榻"三字及诗二首，其一曰："补天遗剩饱风尘，流落黉隈獭水滨。光武钓台休艳羡，牧人下榻有前因。"另一曰："弄笛归来戴月明，脱裳偃息像'天'形。人龙飞舞石龙现，霖雨苍生颂太平。"两首诗，把一个传说故事概括得十分完整。

虽然是个传说，但是，茂李村的村民对此深信不疑。给村子寻找一段值得荣耀的历史，也许是每个处在社会结构最基层的村落都有的梦想。这没什么不好。无论是有关朱元璋的传说，还是有关李氏祖先的"史实"，都让村人深感骄傲。身为李氏二十二世孙的李庶仁记得，自己很小就到祠堂参加过祭祖："每户按人丁拿五分钱买贡品，大年三十下午在祠堂放鞭炮，正月初一早晨来吃点贡品。"虽然如今祭祀的程序已经没有那么严格，但每当年节来临，本村和周边李姓人云集到李氏祠堂，李庶仁都会感到底气充沛。根深，叶始茂，有历史渊源，人才会活得踏实。

# 柳塘口：

## 唐槐石狮纪氏祠

村名：柳塘口
位置：章丘区辛寨镇
关键词：纪氏宗祠

柳塘口村在章丘北部，从章丘市区开车往北，需大约四十分钟才能抵达。柳塘口现有2600多人，乃是辛寨第一大村，村里且有多家制造喷漆设备的企业，因此经济条件相当不错。但吸引我去的，却是这个村子悠久的历史和村中那座著名的纪氏宗祠。

我们很轻易就找到了纪氏宗祠，因为它就在村委会的院子里。

### 纪晓岚与纪氏宗祠的牌匾、对联

纪氏宗祠在柳塘口村委会院子的北侧，雕梁画栋，在周边现代平房的衬托下显得尤为醒目。建筑为三开间砖木结构，花脊小瓦，十分雅致。门廊上的雀替连成一片，雕刻精美，还有彩绘。雀替木雕内容均以缠枝为主，但中间部分雕着若干葫芦，两边则雕有牡丹。

宗祠门廊两侧墙上，还分别刻着一个"忠"字和一个"孝"字，字体浑厚有力，十分典雅。据说这两个字由明代著名书法家雪蓑所书，

纪氏宗祠

但其中那个"孝"字曾经被盗，后来又有人给补上。

宗祠内最有名的，当属挂在墙上的牌匾和对联。这牌匾和对联都十分独特，牌匾上写的是"九两之一"四个字，对联字数很多，上联是"锡姓自南阳溯当年水土功勋华胄遥遥望并姚姬著族"，下联是"迁居近东济庆迄日宗支汇合披图历历派分沐泗清流"。

"九两之一"的牌匾殊为少见，根据立在宗祠前的石碑说明文字，"两"，通"耦"，又通"偶"，有"谐和""协调"之义。《周礼·天官冢宰》云："以九两系邦国之民。"意思是：谐和万民，维系邦本，有九种办法。"一曰牧，以地得民；二曰长，以贵得民；三曰师，以

"孝"　　　　　　　　　　　　　"忠"

贤得民；四曰儒，以道得民；五曰宗，以族得民；六曰主，以利得民；七曰吏，以治得民；八曰友，以任得民；九曰薮，以富得民。"所谓"九两之一"即"谐和万民，维系邦本"有九种办法，而亲睦族人正是九法之一。

至于对联，上联写的是，纪氏家族是古纪国的后裔，原居南阳河畔，因禹时导河入海有功，故赐以国为姓，追求起本源来，是一个显贵的家族，声望可以和虞舜、黄帝这些最有名的氏族相提并论。下联写的是，纪氏迁移到东济水附近居住后，几支宗人汇聚到了一起，打开族系图本，源流清清楚楚，虽然支系很多，但都深受鲁文化的影响，保持着礼乐之邦的优秀传统。

对联的落款，上款为"嘉庆十年岁次乙丑二月之吉"，下款为"经筵讲官太子少保协办大学士礼部尚书河间宗人昀拜题"，印章为"纪晓岚印"。

对于纪晓岚手书匾额和对联，86岁的纪荣才老人给我讲了一个有趣的故事：据说有一次乾隆皇帝问纪晓岚读过什么书，纪晓岚夸口说天下之书都读过。有一天两人到一寺庙，皇帝找出两字问纪晓岚，结果纪晓岚却答不出来,于是被贬,带职充军,路过邯郸,遇到一家纪家老店,开店人乃是柳塘口人纪龙彪。两人同姓纪,又相谈甚欢,纪龙彪于是请纪晓岚题写了匾额和对联。

**唐槐、石狮,消失了的关帝庙**

"文革"时,纪氏宗祠里的匾额和对联自然也成了"破四旧"的对象。但幸运的是,"九两之一"的匾额是直接打在上面的,红卫兵没能弄下来,因而得以幸免。而那副对联,本已被扔在火里,被当时一位管区的主任冒险从火堆里抢了出来,得以留存至今。但原本纪氏宗祠院子里的东、西厢房等建筑,却都被破坏了。

按照柳塘口村村支书纪经鸣的说法,原本村里老房子和老庙很多,东南西北都有庙,而村子的历史更是悠久,村东一棵老槐树,据说就是唐槐。

宗祠内的牌匾

街中心的石狮

行走村中，我们还在街中心看到了一只石狮子。村人说大概三四个月前，这石狮子被人用电动三轮车偷运走了，后来新闻媒体介入采访，偷盗者看到报道后害怕了，就自己把石狮子拉回了村里。有专家根据这石狮子的雕刻风格，认为极可能也是唐代的遗物。

村里原本的关帝庙，就在唐槐附近，但如今，只剩一块道光年间重修关帝庙的石碑。碑文写的是："柳塘口之东僻，有关帝庙一址，由来旧矣。明初洪武二年，吾纪姓祖自登州莱阳避难而来，暂居于此，幸得帝君护佑，子孙蕃衍，累世耕读，再造之恩，几同覆载。是吾先祖庙实赖夫帝君庙也，帝君庙不啻吾先祖庙也！忍坐视其颠覆而不修乎？前明迄今五百年矣，其间，或施舍田园，或增庙基，或鸠庀工材，以隆庙宇，举所尊帝君以重光人口，不知凡几？皆无碑记可考。传至吾辈，殿倾台塌，目不忍睹，遂约族人共倡重修。择吉兴工，不日而成，则工匠告竣而殿宇新，卉木向荣而古槐茂。"

纪经鸣手中还有《纪氏族谱》，根据族谱序言所言，纪氏先祖从莱阳迁到章丘柳塘口，是因为有贼人作乱逃难而来。纪经鸣说，迁到柳塘口的纪氏祖先排行老三，所以被称为纪三。在村北庄稼地里的纪氏坟地上，我们还找到了康熙年间所立的"纪氏始祖"碑，上面刻的始祖名号，确为"纪三"。

纪经鸣是纪氏第二十世，让他欣慰的是，因为纪氏宗祠保存得很好，又有纪氏族谱留存至今，近到淄博，远至台中，每年都会有各地的纪氏后人到村里来寻根。

# 东鹅庄：

## 李开先老家有传奇

村名：东鹅庄
位置：章丘区埠村街道办事处
关键词：常道观、李开先

几乎每一天，62岁的李庆启都会数次穿过309国道，到马路南边的李开先纪念馆几趟。从东鹅庄村村支书任上退下来之后，李庆启成了李开先纪念馆的馆长。如今纪念馆就他一人，外面来个人要看纪念馆，他就要去开门、解说，冬天太冷，只能回家住，夏天，李庆启更愿意住在纪念馆里，凉风习习，好不惬意。

李庆启和明代著名文学家、戏曲家李开先有一个共同的始祖李演，李开先是第十五世，李庆启是第三十一世。李开先纪念馆门前的这条309国道，东连章丘，西接经十东路，车水马龙，很多人下了车，看了纪念馆就离开了，其实繁华马路的对面，就是李开先的老家东鹅庄，这个有着千年历史的古村落，上演着更为神秘的家族传奇。

**陇西世胄显风流**

李庆启和自己的老搭档、原先的村主任李厥峰耗费三年时间所修

东鹅庄传统民居中的二层小楼和东西厢房

的李氏族谱，眼下已经完稿。令两位老人欣慰的是，从康熙十五年第一次修李氏族谱，到他们手里，已经是第六次修谱，"从始祖到如今的第三十七世，家族流传历历在目"。

东鹅庄的李氏始祖名叫李演，北宋末年，金兵南下，李演为避金兵，从甘肃陇西携资弃家东驰。先到长清灵岩寺，又到长城岭暂住，乱定再徙绿源村（今东鹅庄）。李家到来之前，此处早已有人居住，村人至今还有"先有吴家坟，后有李氏茔"的说法，只是后来吴家搬离，村中就剩了李家。李家到此后，开垦土地，修建住房，繁衍生息。

东鹅庄的发达是从元代李氏六世祖李进做都统将军开始的。到明代，李氏家族已是家资累万，良田千顷，富甲一方。所谓陇西世胄，确实名不虚传。一直到如今，在村中东西大街的一个老门楼上，还刻有"陇西世胄"四个大字。按照李庆启的说法，这大门原属李氏商号西盛永，在西盛永的东边，则是东盛永，如今大门依然还在，只是门上原本那块由李开先挚友雪蓑书写的"耕田乐道"木匾，已经消失不见。

李氏先人勤劳智慧，经过代代努力，在明清时期，把东鹅庄建成了一个远近闻名的村落。按照李庆启的说法，村子当年四周有圩子墙，东南西北各有四个庄门：东为望海门，西为文昌阁，南为景阳门，北为中立门。四门都是青石、砖瓦结构，可以在门楼上设岗，保卫村落。望海门至文昌阁，是村里主街东西大街，街中东段又建有奎文门，西段则建有中和门。南门景阳门至北门中立门则是北去县城的主要通道。当然，如今当年雄伟的圩子墙和四个庄门都已不复存在。

除了圩子墙和四大庄门，村中早前更有"九楼十厅"住宅群，颇为壮观。所谓"九楼十厅"，极言李氏家族宅广院深，而前厅后楼，也正是东鹅庄传统民居的一大特点。从20世纪80年代开始，生活逐渐变好的村民开始拆老房盖新房，到如今，村中只剩下一处"前厅后楼"保存得相对完整。这处老房子是否是李开先的故居已经不好考证，但的确气度不凡，穿过南边的厅房，是一个四合院，北面一幢二层小楼，东西各有厢房。院子中间虽然杂草丛生，但中间甬道竟用小鹅卵石铺成图案，使得整个院落格调高雅。

院子中躺倒的一块清光绪年间的石碑，也可见李氏家族曾经的富足。石碑上刻的《重修三圣堂碑记》写着"善士李嘉撂""家素殷实"，"慨然解囊"，"捐资重为修整"，"窃以嘉撂之是举也，贫乏者不能为，悭吝者之所不欲为"，也就是说，没钱的人干不了这事儿，有钱但小气的人不想干这事儿，只有既有钱又大方的人才能出钱重修三圣堂。

按照李庆启的说法，这李嘉摺是李氏二十六世，既是太学生，也是恒盛祥的主人。

有意思的是，这处厅楼东侧的小胡同里，还有一块咸丰年间的石碑，上面刻了东鹅庄周边十三个庄赶集时的"公议章程条约"，内容既有对各摊贩公平交易的要求，也有"不准杂色乞丐人等向买卖摊上乞索"的规定，可见当年东鹅庄的集市规模之大。

### 常道观里藏古建

完整的"前厅后楼"虽然只剩一处，但个别的大门和小楼却零星

庭院深深

东鹅庄传统民居"前厅后楼"中的"前厅"

李开先纪念馆

古老的木门

垂花门

富胡同 20 号，据说李开先曾在此排过戏曲

常道观大殿

尚存。

　　村中富胡同西侧有一座虽然破败却依然高大古朴的大门，据说当时有南北两个这样的大门，大门上都挂过朝廷颁发的"千顷牌"，可见其田产之多。在这大门的北侧，富胡同 20 号，至今还保留着一处雕刻精美的垂花门，门内还有一幢二层小楼，据说正是李开先当年排演戏曲的地方。

令人惊喜的是，在东鹅庄北大街 19 号鹅庄小学的对面，如今的鹅庄幼儿园院子里，还有一处著名古建筑——常道观大殿。常道观又名倒坐观、老君殿。据专家考证，这一坐落在一米多高青石台上的大殿，是元代建筑。著名古建筑专家梁思成与夫人林徽因曾于 1936 年 6 月下旬来此考察，并在《中国建筑艺术图集》中专门对常道观建筑的特点进行论述。

按照村人的说法，原来大殿门前东侧还有一座精巧的钟楼，大殿东北侧有吕祖殿，北侧有白衣殿，西侧还有关帝庙。关帝庙与白衣殿之间有两块人形怪石，状若一对翁媪，面带微笑，含情对视，村人称其为石公石母。可惜的是，常道观内的这些建筑和石头都已消失，如今只剩一座大殿。

从 20 世纪 50 年代起，常道观就被当作村中的小学，大殿则被用作老师的办公室。一直到 2001 年，小学搬到对面，此处便成了村中幼儿园。

岁月悠悠，东鹅庄曾经的辉煌已经逐渐被淹没了，但她独具特色的古建筑、优美的环境、传奇的故事，都是李氏家族繁衍生息的见证。如今的东鹅庄，正在进行旧村改造，漂亮的公寓楼、商贸区都已建了起来。但是李氏后人没有忘记祖先，他们不仅捐款重修族谱，早在 20 世纪 90 年代，就在李氏先茔处建起了李开先纪念馆，每年的清明节，各地的李氏后人都会到这里祭祖。

# 三涧溪：

## 地道幽深庄卧龙

村名：三涧溪
位置：章丘区双山街道办事处
关键词：古地道、马氏宗祠、四合院

　　车到三涧溪，宽阔的马路，整洁的养老院，时尚的大鼻子校车，现代化的文化活动中心，放眼一看，你会觉得这就是一个现代城市的社区。

　　这是最近这些年新农村建设的成果，如果你从这个新型社区往东走一段，就是幽幽老村。这个历史悠久的古村落特别有意思，除了老房子和老街道，它还有一条有着六百多年历史的古地道。据说这古地道是村人为了躲避元末明初的战乱而建，而那条被命名为"富荣街"的老街道，则记录了古村曾经的富裕和荣耀。

　　从新村走到古村，从古地道到富荣街，这个悠久的村落，把历史和岁月，都收藏进了自己的记忆。

### 神秘的地道

　　三涧溪原来是四涧溪，"四面环沟为涧溪"，一直到人民公社时期，

古村落里的济南

古地道

四合院

南涧溪独立成一个行政村,东、西、北涧溪于是成了三涧溪,在村人口中,三涧溪是"大庄",南涧溪是"小庄"。

三涧溪的历史可以上溯到三千五百年前的商周时期,2000年,章丘市公布第一批重点文物保护单位,其中就有"东涧溪遗址"。近几十年来,在东涧溪遗址发现了青铜器、陶器等众多文物,证明了从商周以来,就有先民在这块土地上繁衍生息。

从小在三涧溪村长大的马业强,如今是三涧小学的数学老师,他对古村的历史如数家珍。他告诉我,三涧溪最早的"土著"姓李,历经元末明初的大战乱,到明初洪武年间,政府搞大移民,马姓人家从山西洪洞，经河北枣强，最后来到了三涧溪。马业强说，如今，看村人是否是山西移民的后代，有一个很好辨识的方法，"移民的小脚趾分两瓣，本土人则没有这种情况"。

按照马业强的考证，村中家家相通的地道，就是在元末明初战乱年代挖的。"前两年媒体报道说这地道是新发现的，其实不是。我爷爷和父亲都知道有地道。我叔叔和姑姑小时候都下去玩过。只不过那时用的是油灯，所以很少下地道，只用来存放地瓜。"

虽没经过详细测量，但马业强认为，村中地道的长度能达到八九千米，地道分三层，最深处能到十米。这么长的地道为何能历六百多年而不塌？这是因为地道顶有一层由鹅卵石、泥沙堆积而成的砾石层，极其坚固。

在老村广场的中心位置，村人修了一座"三涧溪古地道亭"。朱

老胡同

二层小楼

红大门两侧还挂着由本村人马立山写的一副对联，联曰："富荣老街探高第，地道幽深庄卧龙。"在马业强带领下，我们兴致勃勃地从亭子里下了地道。如今一部分地道已经挂上了灯，所以通行并不艰难，但是有些地方只能弯腰通行，在三层地道之间穿行，则需要徒手攀爬。有意思的是，地道中还有"会议室""瞭望口"，看来当年挖地道，的确是为了躲避战乱。从地道亭入口下地道，跟着马业强蛇行一段，出来之后，却已经是在离老村广场不远的马业强家里了。

砖雕

**富荣老街探高第**

老村广场的北侧，是原来的马氏宗祠。在马业强的记忆里，马氏宗祠做过村里的学校、卫生室、仓库，一直到1996年左右被破坏，如今只剩下残破的大殿。马氏宗祠大门前，原来还有个戏台，"我小时候经常来玩，原先村里演电影是在这里，开批斗会也是在这里"。如今，村里已经在规划重新修复祠堂。

古村以广场为中心，街道和胡同四

木雕

上马石

散分布，但有意思的是，这些老街和老胡同都不是笔直的，基本都呈现"口"字形。穿过桑园胡同，就是东西大街——富荣街。马业强说，富荣街也叫马家后街，街两边都是马姓人家。"马家繁盛的时候很厉害，在济南干买卖，开金店、开药铺的都有，赚了钱就回老家盖房子。"

在富荣街东头路南，就有一处至今保存完好的四合院。大门十分气派，砖雕精美。对着大门的是西厢房的北山墙，影壁却是在进大门的西侧，朝东而立。进门东拐，一个气派的四合院便映入眼帘，四合院内所有房子都是砖石结构，南屋、北屋、东西厢房，一应俱全。马业强说，这个院落原本当过村公所、大队部，眼下存放了一些村里老辈子用的桌椅板凳等老物件，等到村里的民俗博物馆开馆，这些老物件都将作为博物馆的陈列品。有意思的是，在南屋中，还放着一幅毛主席油画像。说起来，这幅画像也颇有来历，画像的作者陈逸云原本就是三涧溪村人，"文革"时，身为北京电影制片厂美工师的陈逸云被下放到老家，就给村里画了很多毛主席像。

在村里走街串巷，我们还遇到了马国华的第五代孙马立山，他现在住的房子就是老辈子传下来的。马立山说，2011年马氏后人就开始重修族谱，如今已经修完："马氏先祖叫马文英，明洪武四年先是迁到了邹平，过了三代又到了三涧溪。我是马文英的第二十代孙，是马国华的第五代孙。马国华当年抗击捻军，是周边民团的首领，十分有名。村里的圩子墙也都是他带领着大家修的。"

北

G：国道
S：省道
X：县道

历城区

1. 村名：四风闸
   位置：历城区临港街道办事处

2. 村名：意灵丘
   位置：历城区唐冶街道办事处

3. 村名：黑龙峪
   位置：历城区港沟街道办事处

4. 村名：东泉
   位置：历城区彩石镇

5. 村名：中泉
   位置：历城区彩石镇

6. 村名：玉河泉
   位置：历城区彩石镇

7. 村名：捎近
   位置：历城区彩石镇

# 四风闸：

## 稼轩故里，阳光炽烈

村名：四风闸
位置：历城区临港街道办事处
关键词：辛弃疾

> 醉里挑灯看剑，梦回吹角连营。八百里分麾下炙，五十弦翻塞外声。沙场秋点兵。
>
> 马作的卢飞快，弓如霹雳弦惊。了却君王天下事，赢得生前身后名。可怜白发生。

去往四风闸的路上，我心里一直默念着这首《破阵子·为陈同甫赋壮词以寄之》。八百七十多年前，也就是宋高宗绍兴十年，辛弃疾在这个村子里出生。金戈铁马抗金兵，才情飞洒成词宗。在这个至少宋代就已存在的古村落，我多么希望能在冰凉的寒风中，打捞出一缕炽烈阳光。

### 一座纪念馆

四风闸离遥墙国际机场很近，原属遥墙镇，现在临港街道办事处

古村落里的济南

辛弃疾纪念馆内景

辖内。从北园高架下到工业北路东行，至机场路北拐，问了三个路人，我们终于在路边看到一块刻有"辛弃疾故里"几个大字的石碑，这便是四风闸，村南一片仿古建筑，正是辛弃疾纪念馆。

纪念馆大门朝南而立，乃是一四柱三开间石牌坊，上刻武中奇所书"辛弃疾故居"五个大字。进门一座六角亭，亭内立一石碑，碑上刻着辛弃疾画像，画像上的辛弃疾身着文官服，庄严儒雅；六角亭北面凌空立起一尊辛弃疾雕像，身配利剑，乃是行军打仗模样。文武双全，此之谓也。纪念馆的展厅设置，也别出心裁以文武区分，举凡壁画、塑像、图片、展板，将辛弃疾的一生经历，完整体现了出来。

辛弃疾纪念馆建于1996年，1998年开放，2008年免费对外，而辛弃疾曾经住过的房子，当然早已不复存在。在纪念馆西边不远，还有一处辛家坟地，但也只是一片长满树木的平地，据说文化部门原想重建坟地，好让辛氏后人有个凭吊之处，但因为种种原因，至今未能建起。

**一位老"辛迷"**

辛弃疾出生时，四风闸已在金人治下，及至他募兵抗金，又南下奔宋，村中更不可能再留下什么辛家遗迹。所以到如今，这个有着七百多人的村子，早已没有辛氏后人。但所谓念念不忘，必有回响，在四风闸，我们还是听到了历史的回响。

它来自81岁的老村民任志铭。

老人住在村中东西主街的一间小平房里。房极简陋，进门左侧是床，右侧是炉，中间一桌一椅，就将房间挤得满满当当。岁月在老人

村中街道

老槐树

村中的老楼

的脸上留下了刀刻斧凿的痕迹，但老人的精神生活依然十分充实，房内墙上所挂书画作品均出自老人之手。不仅如此，从1962年开始至今，老人已写出20册洋洋二十万言的《幼安忠义录》。

五十余年痴迷辛弃疾，孜孜不倦收集跟辛弃疾有关的一切资料和故事，源自任志铭读中学时的经历。"老师讲课，说辛弃疾是咱四风闸人，我当时就想，辛弃疾既然是俺庄的，俺就应该把有关他的资料和故事都收集起来。"真正开始行动是在1962年时任山东省副省长余修寻访稼轩故里之后，到现在为止，已经整整53年。

任志铭的《幼安忠义录》俱为手写，小字工工整整，扉页还手绘一幅《辛弃疾征程示意图》。说起辛弃疾的故事，老人一脸自豪，仿佛在说邻家小哥儿的英雄事迹。"辛弃疾小时候就弄死过两个金国人、一个大汉奸，怎么弄的呢？那会儿村西岸边有个鞑子营。金人骑马巡逻，往往要横穿河岸，趁着月黑风高，辛弃疾在河岸两树之间绑上绳索，金人不备，被绳子勾住脖颈倒下马来，又被

辛弃疾故居牌坊

辛弃疾雕像

后面的马给踩死了。第二次辛弃疾把绳索系在树的下面，勾住马蹄，马上的金人直接被甩进河里淹死了。连毙两命，金人着慌，令人查访，辛弃疾却说自己知道此事，在鞑子营，辛弃疾说得头头是道，把罪名都安在一个姓张的大汉奸头上，汉奸即刻就被砍了头。"

任志铭佩服辛弃疾的抗金事迹，也许和自己小时候也曾经历过日本侵略有关。"在他们眼里，中国人还算人吗？想打就打，想杀就杀。家家大门上都要插人家的旗子，穷得都点不起灯，只能点根香看书。那时候，能活着就算不错了。"

1945 年，日本投降，任志铭 11 岁。

### 一处老楼房

任志铭收集辛弃疾资料，主要来自"老书"，但"文革"到来，小小村落也没躲过"破四旧"风潮，老人收藏的六条屏刘墉书法，就被付之一炬。"心里疼得慌","'破四旧'我不参与，我觉得这事儿不对，但也挡不住他们这么干。到后来，连我们任氏家谱也被烧了"。

家谱的原版虽然被烧，但任志铭还是连夜把家谱内容全部抄了下来，"抄完后塞到土墙洞中，用泥封起来，才保住"。任氏于明朝洪武二年自河北枣强迁到济南东关，又于建文二年迁至四风闸，从任氏始祖任有能开始，到任志铭已是第十八代。如果不是当年抄下族谱，这一代代的血脉流传，就找不到了。

风流总被雨打风吹去。历史悠久的四风闸，真正"有年头"的东西，只剩下村中一幢二层老楼和一棵古槐。楼以砖砌，顶覆黑瓦，一层的门洞和二层的三扇窗户均为拱形石砌，两侧山墙还都有雕刻精美的垂花窗。据说楼主人名叫任高，楼的最后一次翻修已是一百多年前的事了。如今，楼已荒废，墙中间还有一道裂缝，虽然去年已被列入历城区文物保护单位，但老楼岌岌可危，保护状况不容乐观。

古槐离老楼不远，是在一户人家的院子里，主人不在家，我们从旁边的院子爬上房顶，才得以观其全貌。村人说这古槐已有八百多年历史，枯死后又冒新芽，中间还曾长出过一棵梧桐，可惜梧桐后来也死了。

从屋顶上望过去，古槐高出村中房舍很多，八百多年来，它就这样一直守望着四风闸，看花开花落，听人间悲欢。不知它是否还记得那个仗剑天涯、绣口一吐就是半个宋朝的辛稼轩？

# 章灵丘：

## 废墟里的守望

村名：章灵丘
位置：历城区唐冶街道办事处
关键词：三官庙、三义阁、白衣殿

　　9月9日，阴，偶尔飘过的雨丝让人感受到了秋天的凉意。这一次，我要去一个名叫章灵丘的古村。

　　这一次，也是我寻访古村落过程中最独特的一次，当我终于来到济南东郊世纪大道北侧，来到章灵丘，这里却已经成了一片废墟——从2014年10月开始的拆迁工作已经基本完成，大部分村民都已搬走。

　　但我依然不想回头，冯骥才说古村落就像一本大书，遗憾的是往往我们还来不及翻开，它就已经消失。我知道对于章灵丘而言，遗憾已经不可避免，但我依然固执地想在这本已经破碎的书中找寻些许历史的温情厚意。

　　我的固执没有错，在一片废墟中，三官庙还在，三义阁还在，白衣殿也还在。白衣殿里，依然还有一位虔诚的看门人，每天来洒扫敬香。这三座建筑和一个人，依然收藏着村落的好多故事。

　　这废墟里的守望，如此让人动容。

古村落里的济南

三义阁石拱洞往东的石板路

**三座建筑的诉说**

章灵丘村东有龙骨山和东绕城高速,西邻安家,南邻山东体育学院和潘庄,北邻济钢。从山东体育学院斜对面往北,一片废墟之中,村民孔宪奎带着我找到了三官庙。

如今三官庙看起来孤零零的,其实在村子拆迁前,庙前本有一条路通往世纪大道。庙不大,也不旧,看廊下一块刻有《修缮三官庙碑记》的石碑,得知这庙是2001年在老庙旧址上重修的,碑文上写着该庙"历史悠久,坍塌成堆",村民于是"自愿捐款修庙"。庙门紧锁,从门缝里窥探,里面没有神像,只供奉着三个牌位,但和很多地方的三官庙供奉着天官、地官和水官不同,这里供奉的却是尧、舜、禹"三官"。

门廊下还有老庙留下来的梁柱,孔宪奎说,这些木头谁也不敢动,曾经有人扛着木头想回家烧火,结果没走到半路就肚子疼,只好扛了回来。

在三官庙东侧,还有一口老井,孔宪奎说,这口井水源丰富,早前偌大个村子,饮水全靠它。

从三官庙往西,走不多远,就是一段石板路,石板路尽头,就是三义阁。三义阁立于一个石砌拱洞之上,颇有气势,拱洞上"三义阁"三个楷体大字端庄典雅。拱洞内壁嵌有一块石碑,拱洞西侧北面也并排立着三块石碑。拱洞内壁上的石碑已经很难看清上面的字,但拱洞外的碑却字迹清晰,其中一块立于康熙四十五年,刻的是《重修三义圣阁碑记》,根据碑文所述,章灵丘之所以"多有康宁乐足之象",是因为"三义老爷"的护佑。三义阁自明代万历三十六年始建,经历风雨损坏，所以村里对其进行了重修，塑了神像，以"护佑一方风调雨顺"。另一块立于同治十二年的石碑，刻的也是《重修三义圣阁碑记》，内容也与康熙碑大同小异。最新的碑则立于2003年，村里重新修了阁，并且重塑了刘关张三尊塑像。和清代的两次重修一样，最近的这次重修，也是村民自愿捐资捐物修建起来的。

从三义阁往西，经过一座护龙桥，桥下一条南北河，河底却已长满荒草。过桥往南再往西，便是白衣殿。

白衣殿的始建年代虽已不可考，但显然是一座古建筑，不过现在已经改名叫观音殿。

### 一个人的守望

68岁的宋其魁是观音殿的看门人，他告诉我，如今的观音殿就是原来的白衣殿，白衣殿原来是个道观，早前村里有个叫庞凤吉的道士，曾到崂山问道，到了崂山，遇到一个老道士，一聊，原来那个老道士年轻时就曾在白衣殿修道。这段真实的故事至今为人津津乐道。

宋其魁对章灵丘的历史也十分了解，得知我是为了寻访古村落而来，他从观音殿内搬出两把马扎邀我坐在庙前，细细讲起了村庄的故事。故事很神奇，掺杂了传说和历史，在我听来，却是一个古老村庄的民间样本。

话说章灵丘最早的名字其实是叫兴元村。明代时，村南边山上住着一帮土匪，有一天一个土匪小头目下山赶邢村集，和一个兴元村的村民发生了争执，结果被一帮村民给打了。小头目回山后向土匪头目汇报，头目就决定报复。他先派了一个暗探探访村子的地形。暗探到

白衣殿

三官庙

三义阁

三义阁背面

了村里后,遇到了一个好心人,不仅请他喝水吃饭,还留他过夜,暗探受了感动,透露了土匪的计划。村人于是报告给了附近的驻军,结果后来土匪就中了驻军的埋伏,血流成河,大败而归。但是为了避免土匪再次报复,兴元村就改了名。因为村里有个著名的风水先生叫章灵,他死后的坟叫章灵丘,所以村名就改成了章灵丘。

有关这个风水先生,也有一段传奇故事。据说风水先生看风水很准,临死前,他的四个儿子让他给自己家看看风水,好发家。等风水先生去世了，儿子们就依照他的遗嘱，抬着石棺绕着龙骨山转圈，在绳索断裂处修了坟。后来四个儿子中的老二生了儿子，家人也按照风水先生的遗嘱一百天内不让见外人。孩子一下生，家里的黑狗跑上了房顶。原来这孩子将来会当皇帝，黑狗是来看护未来皇帝的。但是到了第99天，孩子的姥姥进门见了外孙，结果破了"皇帝风水"，孩子也就沦落为凡人了。

2007年龙骨山北麓的一座古墓被盗，村民以为就是章灵墓，但考古人员实地查看后，判断是一座元代墓葬，墓主人则可能是元代的"济南公"张荣或其孙张宓。而根据宋其魁的说法，早前村北墓地上有五座龟驮碑，后来被人拉倒了四座，留下的一座也在"文革"中被人砸坏了。

村子虽然基本已经拆迁，但宋其魁每天依然会到观音殿来，上个香，打扫个卫生，念个大悲咒。因为担心有香客来拜佛时找不到人，他还在窗台上贴了一张写有自己电话的纸条。旁边的另一张纸条上，写着这样几句话："一滴水尚思源，一粒米报涌泉，勤劳人家俭养德，全心行善种福田。"

我们坐在廊下聊天的时候，细雨密密匝匝地下起来，偶有几个拆迁工地上的工人经过，宋其魁都会和他们打招呼。宋其魁说他相信三官庙、三义阁和白衣殿都不会拆，只是不知道当现代化的楼宇盖起来后，还有没有人记得这片土地上发生过的那么多故事。

# 黑龙峪：

## 古意悠悠风起时

村名：黑龙峪
位置：历城区港沟街道办事处
关键词：黑龙寨、阁子门

除了北面有一条进出村子的通道，黑龙峪三面环山，而且都是层层叠叠的山。满山翠绿，环抱着一个古老的小村，格外安静祥和。这个以山峪之名命名的古村落，明朝起就已形成。村中老街，横贯南北，俱由青石板铺成，村南、村北各有一湾，村东、村中各有一棵百年老槐树，从村北阁子门往南，踏在悠悠石板路上，眼望一处处散落的老房子，与三三两两的村人闲聊几句，便能真切触摸到古村的历史和烟火。

### 观音堂、阁子门、老宅院

黑龙峪是个地道的小山村，只有不到七百口人，但正是这样一个小村，却有着一个规模颇大的观音禅寺。在村的最北端，层层台阶之上，崭新的观音禅寺楼阁整肃，大殿巍然。黑龙峪村村主任王立诗告诉我，这是 2005 年在老观音堂的原址上重建起来的，"村里 80% 村民同意之后才改建、扩建了观音禅寺"。

阁子门拱洞用大石板砌成

  在如今的观音禅寺内，整修一新的观音殿前，立着两块石碑，碑上文字证明了曾经的观音堂的历史。其中一块立于明代万历四十一年的石碑，刻的是一篇《创建观音堂碑记》。虽然碑文内容已经很难全部辨认清楚，但仅从碑文题目中，就可以确证观音堂的始建年代乃是1613年，距今已有四百多年的历史。另一块立于清嘉庆十八年的石碑，刻的乃是《重修碑记》。据碑文记载，"黑龙峪庄古有观音堂、五圣堂"，"因日久年远，神像黯淡，恐有倾颓之患"，于是"合庄公议"，进行重修。从这篇碑文可以看出，在观音堂创建二百年之后，村里又对其进行了重修，而当时在观音堂之外，应当还有一座五圣堂。

风吹起,挂在观音禅寺大殿檐角的风铃当当作响。王立诗说,早前观音堂里还有一口大钟,1958年大炼钢铁时被砸了。而在观音堂北侧不远处,还曾有一座泰山奶奶庙。后来修高速公路占了地,赔偿给村里两万块钱,村里就将这泰山奶奶庙往北迁到了半山腰上。

从观音禅寺往南不远,就是村人口中著名的阁子门。这是一个石砌拱洞,大约有三米多高,这阁子门虽不知确切修建年代,但据村人推测,很可能是清末社会动荡时,村里在修圩子墙时一起修的。阁子门大门一关,外人就很难进入了。据说修这阁子门时,村里没钱了,就组织了求雨队去外庄替人求雨,用求雨所得的报酬,将阁子门修了

粮囤

影壁墙

石头墙、石板路

起来。

　　站在厚厚的阁子门拱洞中，凉风呼呼而来，惬意无比。在阁子门南侧，一棵梧桐树拔地而起，把一个古色古香的老门楼映衬得格外雅致。这个门牌号为"黑龙峪15号"的老院落，是村中保存相对完好的一处老四合院。进门对着的是院子南屋的西山墙，山墙上用石料砌出一面带屋檐的影壁，影壁上用隶书写着一首毛泽东的《七律·答友人》。从影壁处北拐进入四合院，再进到院子的北屋，85岁的王遵善老人正独自坐在堂屋的八仙桌旁。老人已经有点耳聋，但思路清晰，说话声音也挺大。据他说，这房子已经足足住了五辈人了，建这房子的是他的五世祖王英魁。"王英魁有五个儿子，其中四个都是教书先生。王家在马家庄也有四十亩地，分家的时候，四个儿子留在黑龙峪，另一个去了马家庄。留在黑龙峪的四支卖了不少地，所以到了土改的时候，这四支都没被定成地主，去了马家庄的那一支反而被定成了地主。"

　　老人所住的北屋很有特点，墙体的下半部分由石块砌成，上半部分则是土坯，北屋西侧的另一间，木制门窗特别巨大，别有一番意味。

阁子门

老槐树

可惜的是，院子里的东厢房已经十分破败，除了门窗墙体比较完整，整个屋顶都已经坍塌了。

**气势非凡黑龙寨**

从阁子门往南，沿着村中主街的石板路慢慢走，随处可见四散的老房子。到村中心，一棵巨大的老槐树，盎然而立，竟然开满一树烂漫的槐花，而此时在山下，槐花基本都已经开过了。按照村人的说法，这老槐树建村时就有，到现在，已经有大约四百年的历史了。四百岁的老槐树格外粗壮，须四个人张开双臂才能合抱过来。

一直走到村南，放眼望去，青山的绿色便更多地占据了眼帘。群山之中，最有名的是位于村子东南方向的黑龙寨。黑龙寨四周基本都是峭壁，很难上去，据说当年有人曾在这里占山为王。村人传说黑龙寨原本叫黑牛寨，村人去放牛，去的时候会发现多出一头牛，回来后又会发现少了一头牛，十分神奇。

至今，黑龙寨上还有两个石臼。据王立诗说，当年村人还曾在这里发现过箭头和陶片。而在黑龙寨的崖壁缝中，还有一处南泉（也叫会仙泉），淌出涓涓泉水。大概在1970年左右，山上还挖过防空洞，防空洞很宽很深，连接着周边的燕窝棚村和桃科村。

1970年，王立诗21岁，他记得，当年前来备战备荒挖防空洞的部队就驻扎在村里。村里那时候还没通电，只能点煤油灯，吃粮食也得靠推磨，也没有通往山外的路。但部队能发电，而且每个礼拜都会在村里放一次电影，每次放电影，十里八乡的村民都会赶来看。部队还给村里修了一条通往山外的公路。

老门楼

在王立诗眼里,东、南、西三个方向的山头都朝向村子,所以黑龙峪风水很好。原本村民只靠种粮,日子过得比较穷。2005年起,政府开始统一提供树苗,村里种上了5万多棵核桃树。如今,到了初秋,新鲜的核桃就能下树了。

# 东泉：

## 古树名泉，悠悠石板路

村名：东泉
位置：历城区彩石镇
关键词：富荣街、饮马泉

从彩石镇政府驻地往东南，群山连绵。一个个古村落散落群山之间，仿佛上天遗落人间的明珠。

东泉村便是其中之一。村里有古树、古泉，有悠悠石板路，有众多老屋、石碑。置身其间，听山风吹过树梢，想村中尘封往事，真能感受到一种来自岁月深处的静谧力量。

### 古树、古泉有传说

东泉村的古泉和古树，极有来头。树叫唐槐，泉名饮马泉。按照村人的说法，传说唐王李世民东征时，来到九顶山下，渴得不得了，正打算休息一会儿，其所骑战马突然一跺脚，竟然就地踏出泉水来。于是人和马都解了渴。马蹄跺在石头上，留下了一个马蹄印，而李世民下马后，马鞍也化作了一块石头。

正是因为有了这段传说，离饮马泉不远的一棵老槐树，也被叫作

富荣街

唐槐。唐槐至今枝叶葳蕤。村人说，这古树也很"神"，土改时将槐树分给了村里一户人家，三年困难时期这家人曾想卖了槐树，遭到邻居的反对才作罢，后来看到树上有枯枝就弄下来烧火，没想到弄一次就生一场病。

至今，饮马泉边，唐槐依旧在，被叫作马鞍子的石梁也还在，留下了马蹄印的跺马石也还在。有意思的是，去年村里清理饮马泉的时候，还发现了一块拴马石，这块石头有一大三小四个眼儿，每个眼儿都各自通透，传说就是当年李世民用来拴马的石头。

有山有水始有人。村人说，唐槐和饮马泉的历史比东泉村的历史都要悠久。有了泉之后，才慢慢有人聚居。至于村庄究竟建于何时，则不得而知了。根据村中一块土地庙的碑刻记载，最晚在明朝万历十五年，这个村就已经形成了。

**南接九顶山，北枕五峰岭，左襟佛堂峪，右跨饮马泉**

饮马泉和唐槐遥遥相对，中间隔着一条大水峪。每年盛水期，南山上山泉群发，泉水汇流而下，十分壮观。两个月前，村里刚刚将水峪中的垃圾完全清理干净。在饮马泉北侧不远，一座石桥横跨东西，桥墩上还有两个威武的兽头。桥东头又有两口古井，砌于井台的石碑依稀可见"大清同治九年""宣统四年"的字样。古井旁是一棵柳树，柳树下一块石碑，刻的乃是一篇立于民国八年、文辞清新的《倡建九峰桥碑记》——

  尝观崛起乎地上为山，潺流乎地下为水。尔有高山特峙必有水环流，势固然也。盖水为山之血脉，山无水则崩。桥为水之津梁，

石桥

老门楼

水无桥则山路阻。故山与水相连，合桥与水相纵横矣。是村南接九顶山，北枕五峰岭，左襟佛堂峪，右跨饮马泉。四围山水绕抱，树木参差，天然佳壤，俨若仙境，虽不及武陵桃源，弗愧为明秀乡矣。无如中限巨河纵贯一庄之内，横跨两岸之间。此地有大路一条，系通泰之要道，适济之咽喉，虽属村径，奚异周行。每岁山水冲发之际，溯泓怒涨，澎湃狂澜，往来人等咸病涉焉。时有高君绪曾、周君华堂、张君质齐，均属庄中谨厚人也。顾兹道途危险，常怀建桥扩路之志，无奈独立难支。僅将斯义商诸父老，佥皆曰："善！"于是乐输资财者辄如云聚，愿施地基者不胜枚举。兹当春日融合，正好鸠庀爰，鞭石架桥，开山辟路。虽不敢比子产杠梁之善政，殊有王道坦平之流风。工程如此浩繁，未匝月而厥成功，孰不谓千古崎岖骤而化为坦途矣。从此长虹横卧，负者无褰裳之苦，大陆疏道，舆者免脱辐之忧，不独有益于我里，亦切乘便四族。庄首嘱余作文以志之，余嘉其好善乐诚，遂不揣才疏学浅，故援笔为之记。

碑文最后，还刻有"师范讲习所毕业生郭为冈撰文，清太学生高传师题名，文童张文田书丹，石工孙成，铁笔孙强"等字样。

### "八仙过海"踩高跷

东泉村的这条水峪，先是由东往南，拐过一个大弯后又由南往北，到古井古桥处戛然而止。以古井古桥为中心，三条石路分东、北和东南三个方向陡然往上。其中北侧石阶有108级，东南侧也是石阶，而东侧则是长长的石板路。只有往南,是一路平坦,这便是村中的富荣街。村人说,早前富荣街集中了村中的大户,街上至今还有残存的关帝庙遗址。

76岁的高臣鲁说,他的爷爷辈就是村里的大户:"爷爷辈兄弟四人,老大当家,老二负责领着家里人种地,老三在徐马村开了个木匠铺,老四在家开织机房,十天半月往周村送一次布料。四兄弟分工明确,家里搞得很兴旺。后来,大爷爷去世了,兄弟三个分了家。到了土改,家里的房子和地分出去了一部分,再后来家境就慢慢不济了。"

东泉村的民俗活动,以踩高跷著称,每年元宵节的踩高跷活动延续至今。高跷分文高跷和武高跷:武高跷相对较低,会演一些诸如"黄天霸""二郎担山"这样的动作戏;文高跷则相对较高,会唱一些曲儿,例如八个人化妆成八仙,踩上高跷,分别唱一段曲儿,演一出"八仙过海"的好戏,唱词很有特点,"头顶高山脚踩瓦,不出高官出富家"啥的,都是一些吉祥话。

寻访结束,一直陪着我们的周长顺老人又盛情相邀,带我们去看了看村中唯一的一个石砌拱洞式门楼,还邀我们去他家喝茶小坐。老两口的家异常整洁,庭院中还堆起假山,种起花草。一边喝茶,老人一边给我们一样样展示他从山上捡来的树根和石头。石头形状各异有灵性,树根则被仔细雕刻成了一个个趣味盎然的摆件。站在庭院里,遥望九顶山,不禁让人赞叹:好一番山里人家好生活。

# 中泉：

## 水潺潺，山深秀，撅石崖边故事多

村名：中泉
位置：历城区彩石镇
关键词：忠泉、撅石崖

彩石镇东南群山之中，泉水众多。这从东泉村、南泉村、中泉村这些村名就可以看出来。虽然近来雨水较少，附近的狼猫山水库几乎成了"草原"，但走进中泉村，置身山色葱茏之中，却依然能听到潺潺水声。

所谓"忠泉滔滔，巨野滚滚"，虽然略显夸张，但村中泉眼众多，更有巨野河穿村而过。这山清水秀辉映出的清凉，的确能让整个燥热的盛夏都安静下来。

### 忠泉滔滔，唐王御封

中泉村的名字，来源却是忠泉。忠泉在村南，有关它的来历，六十多岁的村支书田延孝专门从《历城县志》里找到了记载。在为村中一座爱民桥所写的《爱民桥赋》中，田延孝如此写道："忠泉滔滔，有水则灵，巨野滚滚，有桥则名；众生芸芸，有渡则荣，两岸父老，

老房子

中泉：水潺潺，山深秀，撇石崖边故事多

113

有途则兴；我村忠泉，唐王御封，史出县志，千古贯名；村中百姓，倚居忠泉之源，双方父老，分跨巨野西东。"

所谓"唐王御封"，讲的乃是唐王李世民东征途中的一个传奇故事：话说唐王李世民东征，渡过黄河来到郭店南武家庄时，中了敌军的埋伏。李世民虽率部拼死血战，依然溃败，且损失惨重，帐前两员大将马三保、段志贤阵亡。李世民于是急令人马向大龙堂一带沿山深林密处败退。当时正值三伏天，走了几十里路，士兵又累又渴，纷纷倒地不起，任凭督军催促也丝毫不动。而后面杀声震天，眼看追兵就要来到，李世民万念俱灰，仰天长叹，意欲拔剑自刎。这时候，李世民身后的崖壁上，一股泉水突然破壁而出，突突有声。李世民大悦，连称此泉救驾有功，将其封为忠泉，并执剑在崖壁上刻下"忠泉"二字。李世民和将士们喝了水之后，精力恢复，和追兵遭遇后打了胜仗。然后李世民又到一处山峪去遥望，看后勤部队运送的粮草是否来到，所以那个地方便被叫作望粮峪。此后李世民又到拔槊泉安营扎寨，于是就又有了"拔槊涌泉"的传说。

田延孝说，1964年拓宽公路，村人在忠泉边还挖出了一具尸骨，同时也在地下崖壁发现了"忠泉"二字，由于没有落款和年代，自然无法证明这两个字是李世民以剑刻石而成。2002年，为了让更多人了解忠泉的故事，田延孝在忠泉旁立了三块石碑，把《历城县志》上记载的这段故事刻在了上面。然而可惜的是，到了2004年拓宽彩西路（彩石到西营），忠泉的泉眼不得不被盖住了，只能以水渠把泉水引出来。

**流水穿村蛙自鸣**

除了忠泉，村里的历史故事和传说还有很多。比如村子最南头的撇石崖，又高又陡，不用说人爬不上去，就是石头都扔不上去。而且原来石壁中间还有个缝隙，据说有条龙因为犯了事儿被玉皇大帝钉在了石壁间。小时候田延孝曾经和小伙伴们进过石缝，里面果然有块像龙的钟乳巨石。后来拓宽公路，外侧的崖壁被炸，"龙"就不翼而飞了。

此外，村里猪拱泉和咋呼泉的传说也很有意思。咋呼泉呼呼作响，

巨石奇景

崖壁深处有人家

猪拱泉

泉溪清清好浣衣

中泉：水潺潺，山深秀，撇石崖边故事多

据说直通东海，村人都能听到龙宫开会的声音。而猪拱泉则和东海龙王三太子有关，说以前有个农夫从集上买了头小猪，因为天热，走了一会儿，农夫在河边柳荫下休息，结果小猪一拱，拱出一眼泉来，小猪跳入泉中就不见了。过了一会儿，农夫看到泉中竟然涌出金币来。原来这小猪乃是东海龙王三太子，到人间来玩，因为贪杯喝多了酒，稀里糊涂化身为猪。而这三太子就是通过咋呼泉来到人间的。

田延孝收集了很多这样的故事，并且根据村里的风光，写成了"忠泉古今八大景"："忠泉澎湃千秋涌，砧子山下铁砧腾。东楼西轿鬼神斧，提水石站夺天工。村南悬崖高万丈，庄北月牙桥一孔。皂角树奇擎天盖，流水穿村蛙自鸣。"

传说故事虽然不能当真，却是村人引以为傲的"资本"，这些故事也让来村里玩"中泉漂流"的城里人对村子有了更多的兴趣。不过，因为交通方便，而且村民收入相对较好，所以村里已经很难见到古色古香的老房子。按照田延孝的说法，现在村委会所在地，原本是忠泉庙。根据村委会院子里的一块明代万历年间的石碑显示，当时忠泉庙就已破败，村里有人发起重修，号召村民举行募捐。可见忠泉庙的始建年代，应该早于万历年间。田延孝说，他曾在一户村民家中见过田氏族谱，里面说到明洪武二年，皇帝下诏让田氏一族落户"历城县明贤十三里"，中泉村的这一支就是从"明贤十三里"辐射出来的。按照族谱上的说法，这位田氏先祖还曾在朝廷为官。

田延孝曾经在忠泉庙中上过几年学，那时候大殿还在，雕梁画栋，庙里还有一口大钟，吊在钟楼里。"我们小孩子跳起来也够不着，就拿石头扔，或者拿棍子戳，大钟发出的声音，能持续好几分钟。"这大钟由生铁铸成，1958年大炼钢铁，"家家铁锅都被砸，连桌子上的铁把手都被卸下来，大钟当然也被砸碎炼了。"大约在 1960 年，村里为了盖学校，就把忠泉庙拆了。

小学毕业，家里已没能力继续供田延孝读书，他只好在村里务农。此后，他参军、复员，到镇上工作，又下海承包果园，后来又当了村支书。小学时写的作文就常被老师当范文念，多年来，虽然无缘学校，田延孝却保持着旺盛的创作力，不仅收集民间故事，还创作了相声、戏曲、散文等各种体裁的文艺作品。闲来挥毫泼墨，如今他还是彩石镇书画协会的副会长。

彩西路以南，忠泉所在崖壁之上，还有几户人家，老房子沿崖壁而建，石墙高高垒砌，颇为壮观。几处石头房子虽然不大，却颇有气势。

沿着崖壁上的斜坡往上走，到尽头，一户人家的大门角上隔出一个牛棚，户主两口刚从山上打了草，正在喂牛吃草。盛夏中午，烈日灼身，两人都忙得大汗淋漓。两个女儿早已出嫁，老两口种地养牛，日子过得十分平静。所谓"流水穿村蛙自鸣"，村里的日子，也许安静就是幸福。

# 玉河泉：

## 泉涌成河绕古村

村名：玉河泉
位置：历城区彩石镇
关键词：玉河泉、韩氏族谱

玉河泉是村名，也是泉名，更确切一点说，这是一个泉群——牛头泉、响呼噜泉、晴天泉、龙泉、门口泉、院内泉和老东泉，七眼泉子各自喷涌，汇而成河，玉带一般绕在村的四周，最终注入巨野河，成为巨野河源头之一。于是，小村仿佛少女，玉带仿佛少女脖子上的项链，而那七个泉子，则仿佛这项链上七颗闪闪发光的珍珠。

玉河泉三面环山，村南为胡杨岭，东、西分别是东岭东坡和西岭西坡，整个村子，只在北面留一个进出口。在雨季泉水丰茂之时，河水涌动，映衬着满山翠绿，历史悠久的古村落，便在泉水叮咚中无限灵动起来。

### 小桥流水人家

按照村人的说法，玉河泉村的起始可能和唐王李世民东征有关，最先叫榆柯泉村，在现在村子东南方向的小山峪里，后来村人挖井发

龙泉

现鱼,又改名叫鱼河泉。后来随着人口增多,小山峪盛不下那么多人,就搬到了现在的位置,据说到了明朝朱元璋时期,村子又改名叫了玉河泉。

在玉河泉泉群中,七眼泉个个都有说法。牛头泉在著名的拔槊泉所在山的山下,其水系应该和拔槊泉是一体的。响呼噜泉一听名字就很有意思,村民在泉子旁立碑刻字:"北魏郦道元,观水到此泉,耳听呼噜声,品尝水甘甜,目睹情与状,出自大自然,历史有记载,名曰呼噜泉。"按照村人的说法,此泉早前水极旺,很像趵突泉,到了抗战前期,下游大龙堂的人缺水,为了让这泉出更多的水,就在泉子里放炮,结果泉子被"震漏",水反而更少了。在村人眼里,晴天泉非常神奇,可以"预报天气",据说只要一开泉,天就会放晴。

龙泉又名西老泉,和东老泉一样,常年喷涌不涸。龙泉的泉之水从一个龙头口中喷涌而出,煞是好看。龙泉水出而成池,清澈见底,水汇到河中,又有小桥横跨左右,形成一幅小桥流水人家的美妙景致。

从龙泉跨桥往西,是韩照平老人的家。老人今年63岁,喜欢舞文弄墨、吹拉弹唱。老人在龙泉桥头挂了一张广告,广告上写着"卖字画"三个大字。

韩照平的家很有特点,在一堵长长的土坯墙的尽头,是一个有着精美石雕的老门楼。门上左右分别刻有"耕读""门第"几个大字,又刻有一副对联,写的是"礼门君子由,福地善人耕"。此外,门楼

"耕读"

"门第"

新旧夹杂的门楼

老房子

石头房

上的各种花卉雕刻，无不繁复而精美。门楼对面，是一面小小的石刻影壁，影壁上同样刻着繁复而精美的牡丹图案。可惜的是，除了这个老门楼，韩照平家的房子都已经重修过，原本都是两层的土坯房，日久年深，实在不适合居住，就都翻盖了。

## 木有本而枝茂

按照韩照平的说法，盖这处老房子的人，是自己的曾祖父。让韩照平最津津乐道的是，抗日战争时，武中奇曾经在他家住过。"我的曾祖父是半边秀才，就是'笔试'通过了但是'体检'没合格的那种情况。曾祖父字写得好，武中奇虽是打鬼子的，书法也很好，所以两人非常聊得来。有一年冬天奇冷，曾祖父和武中奇在八仙桌上点了个炉子烧炭取暖，结果把桌子烧了个洞，后来是又用别的木头补上的。"这张八仙桌，韩照平留存至今。

韩照平说，曾祖父不仅是半边秀才，还是个很有名气的老中医。"给穷人看病不要钱。临死前，把村人欠钱的账单全部烧掉了。所以曾祖父在村里口碑很好，也很有威望。"

韩照平的曾祖父，名叫韩大淮，幸运的是，韩照平至今还留着曾祖父修的韩氏族谱，一册泛黄的旧书，翻开就是一行行工工整整的小楷。从族谱开头"十七世孙韩大淮"于民国三十五年所撰之《创修韩氏族谱序》，可见韩氏一族的变迁："夫族谱不修则必亲疏莫辨，宗派不立，亦必尊卑难明。故修族谱与宗派诚为同姓重大之事也。溯吾韩氏始祖讳辉公，传闻来自山西，有官职位列济南，后迁章邑。上庄有始祖墓，继迁城角头，迁韩家小庄。因谱失迷，详细难明，延至第十世讳振清公字麟兮，于大清康熙年间由城角头迁于辛庄，卒后遂卜葬于此，后人以为始祖生有四子因名四大支，分迁四方者颇多。但无族谱，难免异世称为兄弟，同世认作叔侄。宗乱派失，延久愈甚。余欲修续支谱，别无可考，即按辛庄谱碑十世祖讳振清公为始祖，自此按支推续，支支相承，使远近亲疏有所依赖，又列宗派十辈详开于后，各支务皆遵守，万勿任意妄改，庶联万派于一宗，统九族于一本，不致世系紊乱祖孙莫识云尔。是为序。"

此外，族谱中还有一篇韩大淮的学生杨春田写的《韩氏族谱后跋》，各种细节，让我们看到了韩大淮的为人和品行："盖谓水有源而流长，木有本而枝茂。水如是，人之于族宗亦然。如韩夫子（印大淮，字绣川）

者,是余塾师,其族忠厚传家,诗书教子,世守弗替,今吾夫子怀报本之心,以无族谱为虑,所以追念由来,遂至宋家上庄观始祖墓,亦未得详,又赴城角头访问,此处全族老幼皆未能晰。继又至韩家小庄,虽系大族亦无谱稽,如此用心各处采访,不以修谱为难,岂非有报本纯孝之心乎?……"

韩照平的祖父是个石匠,留存至今的老门楼上的石雕就是祖父的"作品"。在韩照平印象中,祖父还是村里的热心人,喜欢给人说个媒。韩照平的父亲从山东水利学院毕业后当了工人,还当过历城煤矿的财务科长。到了韩照平,初中毕业后到村中当民办教师,从1969年一直干到1981年,工资从2块钱、4块钱、6块钱涨到12块钱,因为家里生活压力大,韩照平最终辞职,没有等到民办教师"转正"的机会。不仅如此,有一年下山去参加培训,脚底被荆棘所扎,落下了病根。

如今孩子在外开挖掘机,收入不错,韩照平老两口在家种着三亩多地,麦子、玉米、桃树、五谷杂粮,什么都种,闲时舞文弄墨、吹拉弹唱一番,过得很是不错。

韩照平说自己是"梨园世家",祖祖辈辈都会吹拉弹唱,自己也是曾经的村庄户剧团负责人,家里至今保留着祖辈传下来的众多乐器。说罢老人找出来一把二胡,吱吱呀呀拉了起来。许是好久没拉了,看那二胡,弦动处灰尘起,在阳光下舞出一段曲曲折折的痕迹来。

# 捎近：

## 山谷里的小村，说不完的故事

村名：捎近
位置：历城区彩石镇
关键词：高家老宅、龙王庙

在彩石镇南部群山之中，隐藏着一个名副其实的小山村，村的名字叫捎近。捎近是一个行政村，包括西捎、东捎和外捎三个自然村，三个自然村加起来，也只有二百多口人。

沿着捎近村里刚修的8.8公里盘山公路走一圈，满目都是郁郁葱葱，两边山势，有的危峰壁立，陡峭如削，有的峰峦俊秀，巍然嵯峨，美不胜收。群山拱卫之下，山谷中的捎近村恬然而坐，仿佛一个看尽春花秋月的安详老人。

### 炮台、古柏，守护古村宁静

从北往南，我们先到了位于捎近村最北端的外捎，但见一个高约4米的石台巍然而立，石台上竟然东西并排挺立着四棵苍苍古柏，仿佛四个卫兵守护着古村的宁静。有意思的是，柏树枝条多往上伸展，但这四棵古柏却枝条下垂，状若柳树，殊为奇特。

龙王庙台基

    村支书吕生军告诉我,这高高的石台,古时是一个炮台,上面有两门长筒火炮和两支火铳,用来保卫村里免遭土匪侵害。

    在"炮台"北侧石墙中,还砌有两块石碑,碑上文字十分清晰,两块石碑都立于清同治年间,其中一块所刻文字为漂亮的行书——"石泉山谷外口"几个字稍大,其他字则比较小,写的是:"此谷系登岱捎近之路,谷内山庄故名捎近,今甃石井五源,皆混混可济一方之汲饮,因易名石泉山焉,谷与庄名以石泉名,匪持此尚雅驯,且取谐声同石泉之意云。"从碑文可以看出,因为这里是去往泰山的近路,所以村名叫捎近,后来因为泉水丰富,又改名为石泉山。

村口"炮台"　　　　　　　　　　　　高家老宅大门

  另一块石碑，刻的是一篇《水浒桥修建记》："此处乃山水汇流之区，日远年深，遂成沟壑，每值雨雪水涨之时，行者苦之，余初至此尚堪跋涉。而十余年来竟为深谷阻滞之患尤甚，则建桥之举孔殷矣。"于是，桥建了起来，并在桥边"引流种树"，"非仅为行人休息之所，即可藉为重修桥路之资"，"谨将所捐基财以及附近零地归于公，而勒诸石使捐输之家世世子孙不得谓为己有，而废公工也"。

  这块石碑的最后，还有"石泉山主人即霞氏董事并题"的字样。

  这个"即霞"，就是章丘西关高氏家族的高即霞，也就是旧军孟家著名的儒商孟洛川的姥爷。

  按照吕生军的说法，捎近最早成村，可以上溯到明朝初年。最先是一户朱姓人家到此居住，后来朱家不行了来了马家，马家没落后又来了高家。而高家为何来这里，还和一个有名的故事有关：清同治元年，捻军转战山东，清廷旨令郡王僧格林沁率精锐骑兵到山东联合各地方地主武装围剿捻军。东捻军的一部固守淄川城，清兵久攻不下，伤亡惨重。捻军善使马刀、长矛，喜夜战，而清兵则依恃大炮、火铳、战马，因此不利夜间交兵。所以每每夕阳落山，便深沟高垒坚壁不出，捻军往往乘敌不备出奇兵制胜。各地地主乡绅为保自己的庄园财势，效忠僧格林沁，便大效犬马之劳，于是不断派服役丁众为官军输送粮米、柴草、酒烟、肉食等，唯有西关高即霞送去的是灯笼、火把、蜡烛等照明用具，这对清军破淄川起了极大的作用。僧格林沁于两军阵前挥毫疾书，备陈高氏在助官兵剿捻中所立的功勋，上奏朝廷。同时，还亲自召见高即霞说，待班师时，一定偕高乡绅晋京面圣。接到僧格林沁的奏折后，皇帝大悦，降旨钦赐高氏黄马褂，赏戴大花翎，诰封"世袭云骑尉"。不仅如此，僧格林沁还将以捎近为中心的一大片山谷都赏赐给了高即霞。

**龙王庙、降龙木，仅剩的老门楼**

高即霞到过捎近确切无疑，因为石碑上刻的那篇《水浒桥修建记》就是他本人所写。据说高家获得了这片山谷之后，就开始营建庞大的庄园，盖起了东楼、西楼，甚至还有用来藏钱的地下仓库。据说捎近高家庄园的主要经营者，是高即霞的儿子高毓芝。建庄园自然要找人

古井

降龙木

帮忙，经营土地也需要雇人，久之，受雇于高家的很多佃户，就在捎近村落了户。佃户来自各地，各个姓氏都有，所以一直到现在，小小的捎近村依然姓氏繁杂。

风流总被雨打风吹去。村人说，捎近高家后来因为赌钱没落了，到土改的时候，房子也被分了，那些高大的东楼和西楼也都在"文革"时被拆了。如今，除了当年的地下仓库还在，规模宏大的高家庄园只剩下一个门楼，这个大门的下部以青石精雕砌成，石与石之间结合紧密，看起来古朴而结实。不过可惜的是，门上的两扇木门板，居然被人偷走了。

在高家老宅西北侧不远的山脚，还有几口古井，每口古井都有水，而且使用至今。古井旁边，一棵迎客松亭亭玉立。迎客松下，还有一座小小的石砌龙王庙，可惜只剩下基座。这一基座是用石灰石雕刻而成，十分精致。村人说，其实早前村里还有一座三官庙，"文革"结束后，三官庙尚存正殿西墙、门前石台阶和民国时期的重修三官庙碑，可惜岁月流逝，物是人非，如今再也找不到三官庙的踪迹。

有意思的是，在高家老宅南侧的山脚，还有一棵远近闻名的降龙木，在村人眼里，这是镇村之宝。据说当年杨六郎率军攻打天门阵时，被辽国兵将放出的毒气所阻，穆桂英就是利用降龙木驱散毒气，才取得了胜利。

吕生军告诉我，捎近村小人少，加上年轻人多已外出打工，所以十分闭塞，2007年政府帮村里引进一个现代农业生态观光和采摘的项目，各种果树在村里种了起来，所有村民也都有了基本的福利保障，随着城里来的游人的增多，不少村民还开起了农家乐。

# 斗母泉：

## 泉涓涓而清流，云深深而触起

村名：斗母泉
位置：市中区兴隆街道办事处
关键词：斗母泉、斗母宫

在通往斗母泉村的盘山路上骑车，真得十二分小心，那真是九曲十八弯的山路，有的弯接近三百六十度；但在这样的山路上骑车，也的确有一种开车替代不了的享受，那真是一步一景，山峦起伏，层次分明，在绿意浓重的树海俯瞰群山环抱的村落，让人恍然间生出"荡胸生层云"的阔达来。

斗母泉村不在山下，在山上。一个几乎立于群山之巅的小村落，一个因为拥有七十二名泉中海拔最高者斗母泉而闻名的小村落，同样也是一个收藏着诸多古迹和人生故事的小村落。

### 斗母泉旁斗母宫

斗母泉几乎位于村子的最高点，崖壁之下淌清泉，群山之下烟云渺，真可谓"泉涓涓而清流，云深深而触起"。泉子后面一棵古老的车梁木，更添几分盎然古意。

斗母宫大殿

但也许因为太有名,泉子周边建的台阶、栏杆和背景墙却稍显烦琐,仿佛一个原本淳朴的山里姑娘,进了城浓妆艳抹起来。一把大锁,把取水口给锁住了,旁边是一张冷冰冰的"通知":"灌水者罚款200元。"

看泉边墙上所写之介绍,斗母泉原名窦姑泉,别名大泉。清乾隆《历城县志》、道光《济南府志》和清郝植恭的《济南七十二泉记》均有记载。该泉常年涌流,四季不涸。

独自在泉边平台卖山货的石大娘说,自从一把大锁锁住了取水口,从城里来的游客就变少了,山货也很难卖了。石大娘今年64岁,每天会来泉边卖点咸鸡蛋、小白菜,都是自己家吃不了的,扔了可惜。19

岁从山下的矿村嫁到山上的斗母泉村，结婚那天，新娘子是骑着驴上的山。到今年，40岁的儿子早已在城里工作，9岁的孙子由她老两口带着住在村里。聊到大约下午4点，石大娘的老伴骑着一辆三轮车下山去接孙子了，孙子在山下矿村路口的秀山小学读书。

斗母泉下，一路之隔，是斗母宫。斗母宫虽然不大，院子里却立着很多块石碑，进院子迎面一块影壁，影壁背面文字，乃是刻于大清同治十一年，可惜被一个大香炉挡住，无法看清碑刻全貌。众碑之中，树立年代最早者当属大清康熙十五年之"重修斗母殿"碑。余者有嘉庆年间之"重修斗母庙"碑，光绪六年之"建立道房"碑等等。"建立道房"碑用"泉涓涓而清流，云深深而触起"描写斗母庙所处之"胜境"，且记录了六个庄的"主庙者"，碑上所刻的六个庄分别是王家窝铺、郭家窝铺、郑家窝铺、贾侯二庄和斗母泉村。

院子北侧是最重要的斗母宫大殿，大门口一副对联，写的是"移星布斗调正阴阳四时，济悲济世历劫护国救民"。殿内供奉着"先天斗姥大圣元君"。据说斗姥乃星斗之母，法力无边。其信仰缘起于古先民对星辰的崇拜，后来为道教所信奉。

**把一切苦难，纳进胸膛**

79岁的谢福祥老人告诉我，小时候他就听爷爷说过，先祖上山来时就有一座很小的斗母庙，后来经过一次次修建才逐渐变大，20世纪50年代庙被拆了。"到1996年，村里的部分群众想重新把庙修起来，我觉得修庙是个好事，但村干部不敢，不出钱，我就在村里组织了八个人，每个人出五百块，凑了四千块钱，把庙给修了起来。起初我们打算用石头修庙，后来我儿子听说这事后，就从山下给拉了三车青砖上来。"

谢福祥说，斗母庙既然是康熙十五年重修，所以始建年代应该更早，据说是有了庙才逐渐形成的村。"最早来的是孙家和谢家，谢家到我这里已经是第七代了。我爹曾跟我说过，我们谢家祖上是从济南华山北面的冷水沟小桥子那儿搬来的。"

谢福祥属鼠，出生于1936年。兄弟两个，他是老二。山里的岁月，日子很苦。"11岁那年国民党到村里来，让村里人集中站在斗母泉边上的山崖下，举手站着，他们去家里抢粮抢衣裳。岭南边就有八路军，

石头房

斗母泉

废弃的石头院落

六月初十，大旱，一个村民到前坡去锄地，国民党的士兵远远看见，以为是八路，就喊话让他站住，他回头弯腰想拿起锄头来的工夫，就被一枪打死了。"

1948年，12岁的谢福祥被国民党抽去东八里洼修炮楼，一群半大小孩被赶着干活，一打盹就会挨上一棍子。"其中一天，我整整挨了排长24棍"，"那时候南边就有八路军，晚上也不敢在村里住，下午五点多散了工，赶紧从一个泥湾子里舀上一缸子水，就跑到东边山洞里住，扯几片树叶铺床睡觉。那一缸用来喝的水，里面都有小虫子！"

"17岁时，住我家北面的邻居劝我爹，说得让你们家老二念几天书，要不然，要是去当兵，连封信也写不了。亏得他，我17岁终于上了学，念了两年初小，一年高小。1957年村里要搞高级合作社，找不到有文化的人，就让我回家当了村里的会计。"

此后，谢福祥一直在村里当"干部"，直到退休。如今，老人的重孙子都已经五岁了，谢家来山上，已经到了第十代。

找到谢福祥的时候，老人正在自家屋后边山坡上的地里种芸豆，听说我想了解村的历史，老人停下手里的活儿，让我和他坐在两块地里的条石上，细细跟我拉了起来。我们背靠着大青桐山，面前是一片群山幽壑。老人脸上皱纹纵横但身体健朗。听得出，他一辈子吃了很多苦，但一辈子都很要强。他把一切艰难纳进胸膛，还想再多活几年，"看看社会的发展"。

斗母泉：泉涓涓而清流，云深深而触起

# 涝坡：

## 碑刻零落庙孤寂，只有山色浓

村名：涝坡
位置：市中区兴隆街道办事处
关键词：关帝庙、龙神庙

从二环南路兴隆庄往南，跟着K121路公交车的站牌，很容易就能找到涝坡村。涝坡村的村碑，却是在"四棵柏树"站牌的旁边，我在村碑旁停下摩托，抬头看，路边果然柏树森森，列队而立，数一数，却明明是五棵。

村碑上写的是："涝坡，位于东十六里河东9.5公里，月牙山南，相传明崇祯年间建村。因地处山的倾斜面故名老坡，后沿称涝坡。"从村碑右侧斜坡往下，几步就进入了村中街道。午后的烈日照下来，街道上影子斑驳。村子出奇地安静，仿佛害怕惊动四周浓郁的山色而屏住了呼吸。

### "转旧为新，以壮一乡之观"

和矿村一样，涝坡也处处都是用黄砖新盖的楼房。不少新楼房，都是在老的石头地基上改建。老房子虽也有，却十分零星。村人说，

黄砖新楼随处可见

要看老房子，你来晚了，搁十年前，整个村里都是石头老房，"和朱家峪一个样"！

饶是如此，涝坡的历史气息和岁月沧桑依然掩盖不住。惊喜出现在村中街道的拐角处，一块有着仿屋顶形制的影壁赫然而立。影壁全由石块砌成，仿屋顶而建的影壁顶部雕刻精美，影壁中间砌有两块石碑，上面一块刻有"浩然正气"四个大字，每个字的笔画都被人用黑线描了一下。下面一块则刻着一篇《重修关帝、龙神二庙碑记》，这块碑立于光绪二十年，碑的正中部位，被人刷上了"卖鞭炮"三个字。

顶着日头，我靠在碑上一字字辨认碑文，不晓得从哪儿飘来一股淡淡的臭味。偶有农用三轮车载着建筑材料"突突突"开过，卷起尘土一片。碑文算不上是最优秀的文章，却将修庙的缘由交代得很清楚，

石屋残破

老门

咸丰二年"泰山石敢当"

且有态度、有情怀,字也刻得工整俊秀。这二百多字,让人清楚地触摸到了一百多年前的乡村生活:"闻之由兴为废也易,转衰为盛也难,循环纵缘于气数,而经营实藉乎人力也。吾庄关帝、龙神二庙不知创自何时,嘉庆之祀业已重修,但垣墉未建、山门未立,虽屏山带河,究觉外观之无耀。光绪继元,首事等议将公项历年所积不留羡余,砌街补路、建垣立门,而庙貌犹仍旧焉。近来二庙神像寥落,瓦石崩裂,重修以来未及百载而倾覆又将甚焉。合庄耆艾目睹心恻,思欲转旧为新,以壮一乡之观,而无弗欲者。于是首事等首先倡捐,乐施者量力资助,鸠工兴起、水陆并作,积成狐腋之资,用焕翚飞之彩。不数旬而工告竣焉。然是举也,虽未能大厦增修而诸事毕举,岂非吾乡仁厚之风有以致之哉?爰勒贞砥以志不朽云云。"

照例,碑文的后半部分是捐款者的姓名和所捐之钱数。从碑文内容来看,早在嘉庆年间,村里就曾修过关帝庙和龙神庙。村人说,原本的关帝庙就在影壁的后面,"文革"的时候被扒了。

## "九江八河主,五湖四海神"

关帝庙虽已被扒,龙神庙却很幸运地被保存了下来。从关帝庙影壁往东走,街边一块"泰山石敢当"十分惹人注目,仔细一看,上面还刻着"咸丰二年"四个字,算起来,到如今,它已在这里立了163年。

正在这石敢当家门前闲坐的韩大娘告诉我,这石敢当所在位置是村子的中心地带。"原本是个十字路口,早前还有棵大槐树。"韩大娘有三个孩子,两儿一女,"1958年以后那几年最困难,在生产队劳动挣工分,一年到头分不到多少粮食。山上的野菜都采光了。村里还有混不上吃的出去逃荒要饭的"。

龙神庙就在石敢当往南斜坡下。韩大娘拿着庙门钥匙给我带路,一边走一边说,每年二月二龙抬头,村里都会为龙神庙唱大戏。"早前村里有庄户剧团,后来剧团解散,就请外面人来唱。这边龙神庙里封庙、进香、压钱,那边大场就开始唱戏!"不过,每年请人唱戏的钱都是村里热心人自发捐的,龙神庙的管理也是老百姓的自发行为。

龙神庙

影壁上隐约可见毛主席像

涝坡:碑刻零落庙孤寂,只有山色浓

"哪里漏了、塌了,几个好心人就凑凑钱、出出力,有的买点瓦买点木头,有的出点啤酒,出点工。"

龙神庙在一个石砌高台之上,正殿亦由石砌,体量很小,唯一门两窗。门额写"沛然降雨"四个字,左右一副对联,写得颇有气势——"九江八河主,五湖四海神"。殿内有龙王塑像,墙壁上还有彩绘。

有意思的是,龙神庙院子里还有三块碑刻,一块是立于"大清嘉庆十二年"的"老坡庄重修龙神庙碑",另两块分别是砌于西侧小房墙中的乾隆年间和光绪年间的"重修道房碑",其中光绪年间的碑上还刻着"善人秦玳重修西道房二间,长男士远捐资"几个字。

庙门口还躺着两块石碑,一块立于"大清光绪二十年",刻有一篇《老坡庄公项怡然堂所买宅田文契碑记》,另一块立于"大清宣统三年",刻的是《涝坡庄怡然堂四至碑记》。从这两块碑上刻的庄名可以看出,至少从宣统三年开始,"老坡"已变成了"涝坡"。

从龙神庙继续往东,村中健身广场的一侧,有一块更大的影壁。村人说这块影壁应该是立于"文革"时期,原来上面还有毛主席像。而在路旁石壁中,还砌着光绪年间所立的"创修庆合桥碑",不过村人告诉我,1962年,庆合桥就被大水给冲毁了。

继续往东,到村人口中的南峪山脚,一口古井旁边,还有一块光绪二十二年所立石碑,碑上刻有一篇《创建兴龙桥碑记》。继续往东,在一个大坝旁边,还立着一块民国二十三年的"蓄水池功德碑"。可惜,这个当年号称"山东第一蓄水池",因为干旱,已基本见底。

如果把"泰山石敢当"也算上,村里散落的碑刻多达11块。我想多跑几趟,把这些碑刻上的字一个一个都辨认清楚,抄写下来。

# 王家窝坡：

## 古道、河沟、义合桥

村名：王家窝坡
位置：市中区兴隆街道办事处
关键词：土地庙、义合桥

12月3日，难得的晴天。空气虽然清冷，却没有雾霾，更加天朗气清，蓝透苍穹，正是寻访古村落的好时候。骑着小摩托，从二环南路兴隆片区往南，熟门熟路地往群山中走。于是山风开始呼啸，阳光完全无法抵挡风的寒意，竟冻得我鼻涕都流了出来。

但王家窝坡还是非常值得一去。虽然很多村民都已向外搬到马路旁边，但一进入老村，成片的石头房，质朴而沧桑的老桥、老庙，被寒风冻得格外清瘦清朗的老街巷，还是凝聚了一段悠悠旧时光，散发出浓浓的古意。

### 古道、河沟、石头房

村子三面环山，窝在山里，真是名副其实的"窝坡"。村口在西，往东进村，一条东西向的老街安然而卧，找街边树下石阶旁停好车，望一眼寂寂无人，转过头来，却恰好就碰到了村民韩世山。

冬天的古村，格外清净

韩世山平日在济南做装饰生意，闲时回村，饶有兴致地做自己的根雕。他很高兴有人去来访老村。按照他的说法，早前村里老人说，最早的时候，是有一户姓王的人家到这个地方搭了个窝棚落户，所以此地后来就被叫作"王家窝坡"。此地三面环山，南边是著名的斗母泉，东边是同样著名的青桐山，背面是北大山。村中从西往东的那条主街，是西营通往济南的一条古道。早前西营人挑着山货到济南去卖，走的都是这条道，道路难行，后来人们就凑钱修了石板路。

这条东西主街极有特色：路北略高，都是用石头砌起来的矮矮的崖壁，上面是一处处老石头房；路南则是一条河沟，河沟以南，则是一片相对平缓的山地。韩世山说，这几年天旱，河沟里已经两年没水了，早前夏季，满满的水，把山村流动得灵气荡漾。

走到村中心，一座三孔石拱桥赫然在目，桥面和路面齐平，桥面已经是水泥地，村人说早前这桥面也是石板铺设，很有古意，当年有个电视剧剧组还曾到这里来拍戏。村人很自豪地说，这是济南最大的三孔石桥。走到桥下抬头仰望，果然桥身颇为壮观，三孔拱洞的中间那孔的顶上，还分别有两个石雕兽首，煞是威武。

河道从这石桥往北拐个小弯，又往东而去。而在桥北，则形成一个很高的崖壁。这崖壁十分特殊，爬上去，但见巨大的石头缝里单独立着一块石头，看起来，像极一匹骏马。

**众志成城"义合桥"**

石桥北侧崖壁之上，有座古朴的石头院落，是村中的土地庙。

要进土地庙，还是要先登石阶。有意思的是，石阶东侧石墙中，还嵌着一个"石人"，石人没有头，背朝外砌在石墙之中。只是村人已经说不清楚，这石人原本立于何处，又作何之用了。

上得台阶，土地庙的院子便尽收眼底，院子已经废弃，只当中一棵古柏依然挺立，院子东部的三间石头房还保存完好。院子里一块立于"大清同治元年"的石碑，记录了当年修庙的情况，可惜字迹模糊，已然无法通篇阅读。根据残留的字迹揣测，当时修了"官宅一所，书房二间"，花钱"七十千"，从碑文还可以看出，当时村子的名字是"王家窝铺"。

令人惊喜的是，土地庙院子里还保留了两块石碑，把那座三孔石桥的来历说得清清楚楚。其中一块立于"大清光绪元年"的石碑，刻

砌在墙中的石人

义合桥底往北望

义合桥拱洞上的石兽

有一篇《建通济桥碑记》，不仅文辞优美，书法和刻工也都相当出色。碑文先说此地地理位置，"岭连铁角，山枕青桐"，是连接济南和岱北的要冲，然后又说修桥的必要，"山水遥来，流盈盈而界首，地泉涌出，波泳泳而阻人。……将为木约之横，皆缘循而恐坠；将为石虫之聚，仍步履之多艰。此一邑之人所溯洄而疾首，五方之客亦经历而伤心者也"。于是村中耆老"屡次商参"，"欲修雁齿虹桥，永遂济人之志"。在这块碑文的背面，还刻有"邻庄投资善士名单"，从上面可以看出，当时修桥，附近"涝坡庄、斗母泉、义合庄、泉路东庄、泉路西庄"等十几个村庄都捐了钱。

和这座三孔石桥有关的另一块石碑，则立于光绪二十四年，上面刻了一篇《重修义合桥碑记》，碑文明确表明此桥为"光绪元年新建"，可见这桥原本名叫"通济桥"，后来才改名作"义合桥"。在记述完石桥的重修过程之后，碑上照例刻上了捐资修桥的众多村庄和善士名单，名单很长，

古树石屋

残破的门楼

有郭家窝坡、斗母泉、仁合庄、西营庄、侯家庄、义合庄、窑头庄、下井庄、西岭角庄、藕池庄、搬倒井、朱而岭等等，其中大部分村庄名称都沿用至今，有意思的是，其中单刻一条，写的是"小王府会元堂陈大老爷捐银四两"几个字。

很可惜，土地庙已经荒废，院中杂草丛生。村人说，大约是在1958年，庙就被砸了。不过山中之村，泉水还是不缺，村北大山下有个芙蓉池，是远近闻名的泉子，眼下济南市名泉保护办公室正在修栏杆，不日将成山中一道美丽景观。

韩世山说，如今村人很多出去打工，种粮食很不合算，所以村里的地基本被用来种果树了。村里比较著名的果子是"关公脸子杏"，"每到收杏时节，村子路两旁全是这种'关公脸子'"。

# 矿村：

## 庙观映山色，古村眠高士

村名：矿村
位置：市中区兴隆街道办事处
关键词：怀晋墓、白云观

由于正在修高架桥，二环南路飞土扬尘，但从兴隆片区往南不多远，就是连绵群山。旺盛的植被阻隔了尘土和喧嚣。日光透过水泥路两边的树木洒下来，金光点点、树影斑驳。骑着摩托车，独行群山之中，清风拂面，顿觉神清气爽。

过白土岗村，路分两支，往左不远就是矿村。村口，熙熙攘攘的人群正在赶集。乡间的集市有一种格外的蓬勃气息，聊天声、叫卖声、讨价还价声，各种声音混合在一起，以集市为中心向周围扩散，仿佛海边不远处一个隐而不发又力量惊人的漩涡。最有意思的是那些一言不发的人，他们守在自己的货物后面，安静得就像一块礁石。他们知道总会有人来买自己的东西，或者即使没人来买也无所谓，他们一脸波澜不惊，却也许隐藏着一江波澜人生。

他们就像矿村这样的老村，仿佛一本静默的、内涵丰富的大书，等待惺惺相惜者的阅读。

佛峪观音堂

矿村：庙观映山色，古村眠高士

147

### 攀柏永怀 一门节孝

需要说明的是，矿村村名，原本是金字旁加一个"广"，念"宫"，后来为了使用方便，才叫矿村。

去矿村，第一想拜谒的是怀晋墓。怀晋是明末清初济南著名的高士。高士者，高尚出俗之士也，指的是志趣、品行高尚的人，多指隐士。怀晋是名副其实的高士，48岁时明朝灭亡，他"哭辞孔子庙，隐山中"。怀晋所隐之处，就是矿村山中。道光《济南府志》记载过一件很有意思的事，说怀晋刚到矿村隐居时，来了帮强盗。强盗们知道这里隐居着一位高士，见他气度不凡，就跟他说："您是长者，我们不想惊扰了您，所以明儿我们把您送到一个安静的地儿去，供您吃喝。"怀晋不为所动，当天晚上，强盗们就跑了。

怀晋道德文章，文人敬仰，他长年隐居山中教育学生，教出过艾元征、王盛唐等众多"知名学生"，其中艾元征还在康熙朝当过刑部尚书。跟随怀晋时间最久的郑子铉曾经说："从先生游，邪念之萌皆自遏。"有意思的是，道光《济南府志》还记载怀晋"年八十，预知死期，至期沐浴而卒"。

怀晋死后葬在矿村东南角邋遢岭下，一直到如今，墓地依然保存完好。坟前墓碑，上写"清故处士怀公暨妣房氏墓"几个大字，下有"不孝男万邦奉，不孝仲男世昌立"字样。墓上六棵大柏树郁郁葱葱。村人说，有关这柏树，还有一个神奇的传说，传说怀晋后世的某个子孙砍了柏树去卖钱，结果驮树的马死了，这个子孙也得病死了。更为神奇的是，一般柏树被砍后只能长个新芽再难成树，怀晋墓上的柏树却重新长成了参天大树。

墓前两侧还有两块康熙年间的巨大卧碑,分别刻有"攀柏永怀"和"一门节孝"几个大字。"攀柏永怀"碑由山东承宣布政使卫既齐所题,碑上还记录了怀晋次子怀世昌"悼父志之苦,痛母节之贞","庐墓修坟,年经六载"的故事;"一门节孝"碑由文林郎知历城县事王苴隆题,碑上既记录了怀晋的事迹,也刻下了怀世昌不管"大风雷雨烈日严霜"都修坟守墓的故事。

从怀晋墓回村,我们又找到了怀晋的第八代孙怀居友。怀居友今年58岁,在村中小学任数学老师。他手中有一套《怀氏族谱》,据其记载,怀氏先祖原姓槐,原居山西洪洞县,后迁至河北枣强,明洪武二年,其中一支迁到如今的天桥区桑梓店怀庄。怀居友手中的族谱是去年桑梓店怀氏宗亲送给他的,但族谱记载的矿村这一支,止于怀晋。怀居友于是四处搜集,自己编了一本《矿村怀氏家谱》。此外,怀居友还和陈庆双一起,整理了一本《怀晋先生神话传说》的小册子,"希望别被后人忘了"。

## 庙观众多映山色

行走在矿村,原始的老房子已经很少,村中一处一处,都是用黄砖新盖的楼房。但有意思的是,村中庙观众多,既有白云观,又有龙王庙、关帝庙、三义庙,极其鲜明地体现了农村信仰的多元化。

始建于隋唐时期的白云观在村中广场的东侧,观内一棵有着1300多年树龄的银杏树格外引人注目。这是一棵雌雄同体的银杏树,雄树紧紧怀抱雌树,盎然向上,遮出一片浓荫。观中的弘扬道人告诉我,早前白云观规模宏大,三清殿、碧霞殿、真武殿、灵官殿等等一应俱全,历经"文革",只剩下三清殿和银杏树,"尤其可惜的是,院子里原来还有四棵大柏树和一棵大松树,也被破坏了"。2008 年,受济南市道教协会的委托,弘扬道人入住白云观,几年下来,很多殿堂得以恢复重建。不仅如此,弘扬道人还将儒释道三教合一,既供奉元始天尊、道德天尊和灵宝天尊等道教神灵,也供奉孔子和鲁班。

此外,村中东部,柳树古井旁,还有一座小小的龙王庙,供奉四海龙王。离龙王庙不远,是一座关帝庙,上刻"伏魔大帝"四个字,

怀晋墓

三义庙

龙峪观祈福殿

佛峪胜境

一块立于乾隆年间的石碑上的《重修关帝庙碑记》还说"此庙虽小却灵验无比"。

村中西部池塘边，还有一座三义庙，供奉着刘备、关羽和张飞。掌管三义庙的黄景河老人今年已经75岁，他说小时候这庙非常巍峨，立于八十多级台阶之上。而在三义庙旁另一个高台之上，还有一座五圣堂。可惜到了"大跃进"的时候，三义庙和五圣堂都被扒了，原来的高台也被铲平挖了个池塘。直到1974年，村人才自发捐钱，又重建了三义庙。

令人惊喜的是，著名的佛峪就在矿村北边不远。在矿村老主任郭安元的引领下，我们穿山越岭，遍赏"林壑尤美"的佛峪风光。一路行走，听山风松涛，游环翠亭、观音堂，品林汲泉水，看风光无限，还在龙峪观里喝了一壶李道长亲自沏上的热茶，听了这位白发道长传奇的人生故事。

"太息人间名胜地，何时重上钓台倚石看涟漪。"所谓风景，或许真的只是山风鼓荡中，一池撩动人心的涟漪。

# 凤凰：

## 藏之群山，传之久远

村名：凤凰
位置：历城区仲宫镇
关键词：石头房、石柱湾

  凤凰村真是一个令人惊喜的古村落：首先，它离二环南路很近，也就六七公里；其次，因为村民已经陆续搬出建了新村，老村中成片的石头老房和石板路保存得非常好！

  更有意思的是，原本就四面环山的村子，坐落在一个天然形成的崖底，所有民居都围绕着一个大水湾分布。走进村子，满目青山绿水，处处古意盎然，仿佛进到了一个世外桃源。

### 有庄不见庄，有桥不见桥

  凤凰村四面环山：东边有东山和丁子寨山，丁子寨山下就是有名的波罗峪；南边有大谷堆山、南山、小谷堆山，远远看去，这三座山呈"品"字形排列，颇有气势；西边是西山岭（也叫金鸡岭）；北边远处，则是大北山。站在村中四周环望，仿佛所有的山都朝向村子，让人内心里生出一番别样的气度。

废弃的老屋

院落之间

有关凤凰村，当地人流传着一个"有庄不见庄"的神秘说法。何为"有庄不见庄"？原来，因为坐落在一处天然的崖底，村中所有的房子全部低于崖面，所以远远走来，你根本看不到这里还有个村子，一直要走到跟前，往下望去，才会忽然发现，原来下面还隐藏着一个村子！

进了村庄，便能体会到另一个神秘的说法——"有桥不见桥"，这是因为村东有一个很深的大水湾，雨水丰茂时节，四周山水往这水湾里流，而村中的水渠多在石板路下，所谓的"桥"亦与石板路齐平，因而很难看出这是桥。村人说，小时候，他们还经常在这石板桥下的沟渠里爬着玩。

更多的欢乐来自大水湾。不站到跟前，你很难体会到这水湾的气势，周围都是众多大石头形成的峭壁，形态奇特，早前水大的时候，都能形成瀑布。45岁的张家勇说，小时候，他们一帮小伙伴经常站在崖头，跃入水湾，玩得不亦乐乎。

张家勇说，听老人说，早前这大湾里立着两根石柱，所以这湾也叫石柱湾，石柱的头据说还很像两只猴子。而在水最深处，也就是大湾的东北角崖底，因为经常会形成瀑布景观，水声隆隆，所以那个角落也叫大哗湾。张家勇的家紧邻大哗湾的北侧，一处至少有百年历史的石头院落，他就出生在院子南头的房间，那里离大哗湾最近，"小时候我经常自己趴在窗前，看窗外大水奔流，听耳边水声隆隆"。

**从"头石窝"到"凤凰窝"**

按照村人的说法，凤凰村最早是明代初年从河北枣强迁移来的，早前村名叫头石窝。之所以叫这个名，是因为大水湾中天然形成的大石头很像是人头。对于这些巨石的形成，村里还有个很有意思的传说：据说当年有个神仙喝醉了酒，从天上一头栽了下来，他的头就变成了大石头。

传说不可信，但头石窝的名称却是真的，在村子东北角关帝庙遗址上，有一块立于康熙五十三年的重修关帝庙碑，上面写的村名就是"头石窝"。民国时，村子改名凤凰窝。到新中国成立后，才改名凤凰村。而有意思的是，因为村里石头多土多，村子也被老百姓叫作"土石窝"。

"头石窝"的石头房果然名不虚传，村中各种保存很好的房子，都由石头垒成，别有一番古意。尤其那些临着石板路的崖墙，极其高大齐整，在其中一处崖墙拐角处的下半部，还单独堆出来一个更厚的部分，以更好地支撑崖墙。村人形象地管这个部分叫作"壮汉"。

在"壮汉"旁边崖墙脚下，还有一块光洁的大石头，我试了一下，根本搬不动，但是村人说，这是村里曾经一个名叫龚平的人，把石头夹在胳膊底下夹到村里来的。大力士龚平确有其人，据说他一顿饭能吃好几簸箩馒头，天生神力。他的力气究竟有多大？他赶着驴车外出，回来时驴累了，他能一头挑着驴，一头挑着车，直接把驴车给挑回来！村人传说，明代时村子北面的兴隆村出了个"火龙太子"，而天生神力的龚平就是来辅佐这"火龙太子"的，后来刘伯温看出了这个情况，怕"火龙太子"出来搅乱朝廷，就来破了这风水。风水一破，原本是要辅佐"火龙太子"的龚平，也饿死了。

**这声音穿越了时间，飘得很远，很远**

虽然在我眼中，凤凰村的古貌保存得已是相当完整，但村人还是忍不住会惋惜：一是村里的关帝庙，在20世纪80年代初被拆了；二是关帝庙里原本有一棵大柏树，以两百块大洋的价格卖给了有钱人。老人说大柏树三四个人都合抱不过来，能在上头支个桌子打麻将；三是原本位于村子中心位置的大官井也早已被填平，据说这官井有六七米深，地下很宽敞，管着全村人吃水。

因为村子在崖底，村民的生活越来越不方便，"连个粪车都很难推上来"，所以改革开放以后，村民陆续就从崖底搬到了崖上。如今崖底的整个凤凰村，只剩下87岁的何福义老两口还住在自家老宅中。

老人说自己是个纯正的"老农民"，只读过几年的书，"上的私塾，村里十几个小孩都集中到关帝庙，一起请的先生，我们在东厢房上课，先生在西厢房住"。读了五六年书，何福义就在家种地了，"经历过日本人，也经历过国民党，新中国成立前还出过国民党的夫，到八里

石阶

石房老门

大哗湾，水大的时候，这里都形成瀑布

洼去修过碉堡。旧社会日子穷，大哥都出门要过饭"。说起曾经的苦难，老人连连说"不说了，不说了"。终于，日子一天天变好，如今，"不抽烟不喝酒，我们老两口用政府给的补贴就过得不错"。

不管日子如何，山里人的淳朴和乐观从未改变。在大湾边上，76岁的王立武老人扯开嗓子就唱起了自己刚刚编的小调，王立武虽然也只读过几年书，但却从小爱好文艺，早前还曾演过《王大娘锔缸》和《王小二赶脚》。

老人一亮嗓，我们都听得很入迷，这声音穿越了时间，穿过成片的石头房，穿过大水湾，飘得很远，很远。

# 邱家庄：

## 何处可归田

村名：邱家庄
位置：历城区仲宫镇
关键词：毛鸿宾别业、吴家大院

天一好，济南人就爱去南山玩，不是因为好扎堆，而是南山的确是济南名副其实的后花园。清代历城最大的官、当过两广总督的毛鸿宾，就在《归田记》对南部山区有过如此描述："邑故多佳山水，而锦阳、锦云、锦绣三川为最著。重岗叠嶂，蜒蜿起伏，直接泰岳，渔洋山人句云'十万芙蓉天外落，今朝始见济南山'，殆谓此也。"

就像如今不少人在南山买房子一样，毛鸿宾写《归田记》，也是因为他在邱家庄置了一处"别业"。修身养性，寄情山水，风雅悠然的生活，是古时文人的追求。

可惜时光落到今天，我们再去邱家庄，却不知道还能不能找到当年的痕迹。

### 溪山秀丽，风俗淳古

车行南山，到金宫山庄左拐，东行不远路北，就是邱家庄。此处

三元宫钟亭

还没到锦绣川水库，平时开车经过，也许轻易不会发现。进村，站定，南望透明山青烟弥漫，山林秀密，果然风光秀美。只是村里的风貌，很难再看到老房子了。

且让我们看看毛鸿宾在《归田记》是如何写的："别业在城南五十里中宫镇迤东八里之裘家庄，盖锦绣川地也。咸丰三年，余奉天子命来劝团练，数至其处，爱其溪山秀丽，风俗淳古，低徊留焉不忍去。时李小湘太史偕来，与有同志，遂谋购一廛而分居焉。价不千金，得草屋三十余楹，山田四十亩，花果百二十余株；加以修葺增置，又费钱数百缗，而吾庐居然可爱矣。"

当然，这"草屋三十余楹"，如今早已消失不见。在村支书马新春的指引下，我们在村中一个小胡同里找到了一个木石结构的门框，而这就是毛鸿宾别业的唯一留存了。马新春说，毛鸿宾的老房子，是20世纪80年代初才拆除的，那时村里重新划地基，老房子就被拆了。

有意思的是，比毛鸿宾小34岁的吴树梅，也曾在邱家庄盖房置业。吴树梅是光绪二年进士，当过户部左侍郎，参与过《山东通志》的编纂。按照马新春的说法，吴家的房子比毛鸿宾的别业规模还要大，尤其是吴家大院的北屋，因为有着高高的台阶，房子看起来颇有气势，因此村里人都管它叫"大殿"。土改后房子充了公，后来"大殿"就成了村里的学校，当年马新春就是在"大殿"里上的学。可惜的是，大约在2000年，吴家的"大殿"也被拆了。

### 三元宫和钟亭

马新春说，之所以会有两位清代的"大员"看重邱家庄，来此建别业，的确和村子优美的环境和风貌有关。在他的记忆里，早前邱家庄四周都是高大的桃树和核桃树，枝繁叶茂，能把整个村子"掩盖"起来。天好的时候，阳光从村南的透明山上照下来，整个村子便美如画境。

而且邱家庄地处交通要道，是当年从济南通往西营的必经之路。按照马新春的说法，早前村中的道路在如今路面的半米以下，"全都是石板路，两边一溜大槐树"，很是壮观。

虽然吴家"大殿"早已不存在，毛鸿宾的别业也只剩下一个老门框，但村口的一座钟亭，却依然完好地立在一个高大的石台之上。四根石头柱子，木头梁架，花脊黑瓦，让这钟亭看起来颇为古雅。钟亭西侧石柱上，还刻一副楷书对联，写的是"晨叩惊醒名利客，夜鸣振启聩聋人"。

钟亭南墙，还有一块清乾隆四十七年的建修钟楼碑，碑文简单明了，写的是："兹因建修钟楼，乃神前耳闻庄严，人皆仰望，祈祐人之安业，乐五谷之丰登。谨云。"从碑文也可以看出，钟亭立于"神前"，当是三元宫的附属建筑。

从钟亭西侧一块立于康熙十一年的重修三元宫碑可以看到，三元宫历史悠久，早在天启五年，就由当时济南卫指挥杨辉仕捐资开拓，

毛鸿宾别业仅剩的门框

村中老房

三元宫大殿

"较前宽展"。后来"墙垣多被风雨毁坏，以致神像暴露"，所以康熙十一年又进行了重修。

三元宫就在钟亭以北，幸运的是，其大殿尚存，遗憾的是，大殿年久失修，看起来十分破败，而且主殿两边的耳房都被隔了出去，成了民房。院子里更是杂草丛生，一片荒凉。村人说，其实三元宫原本的院子十分完整，当年院子里还有棵大柏树，还立着很多石碑。

除了三元宫，原本村西还有一座土地祠，前几年文物工作者在进行文物普查时曾发现两块土地祠石碑，其中一块立于同治十二年，刻着《邱家庄新建土地祠记》，碑文由赐进士出身翰林院编修李庆翱撰文，据碑文所记，"省南中宫镇东七里许，有邱家庄，群山列峙，水回环居者，咸有古朴风"，庄人建土地祠，"为岁时伏腊祈雨祷晴之所"，"假日来游，适值祠落成，因思土地为土谷上神，能造福捍灾，为一方保障，祠以祀之，礼也"。碑文虽短，却也文辞清丽。当然，如今，土地祠也早已消失不见了。

"归田"是为了修身养性，毛鸿宾说自己"性嗜山水，一丘一壑，辄为情移"，而且这个地方"其居民质朴而愿，无机械变诈之习。由其去城市远，浮华之士少，故犹有古风也"，"惟自念迂拙之性，空疏之学，亦既不合时宜矣，苟得一山深林密之区而托处焉，理乱不知，黜陟不闻，用以娱性情，养心志，且使子若孙淳淳穆穆，长为太古之民，是亦足矣"。

毛鸿宾描述的生活，想必也是很多现代人的梦想，只是如今，我们也许只能时常问自己一句"何处可归田"了。

# 北道沟：

## 古寺沧桑诉古今

村名：北道沟
位置：历城区仲宫镇
关键词：普门寺遗址、摩崖造像

一周雾霾不散，紧接着一天小雨迷蒙，紧接着又一天，霾散雨歇，天空放晴。我就是在霾散雨歇的这一天来到群山之中的北道沟村的。人都说一场秋雨一场寒，但这一场绵绵细雨，却不仅赶走了雾霾，还把天洗得深透碧蓝，绘出好一幅"空山新雨后，天气晚来秋"的美妙景致。

走在绵延曲折的石板路上，走在零落残破的石头房之间，走在群山之中，呼吸着清新的空气，听着村人讲着村落的遥远故事，真是深秋里最好的享受。

### 千年古寺留遗址

说北道沟村，要先说得道沟。得道沟位于仲宫镇以南的四道沟，俗称道沟峪，因相传有一禅师在北道沟村西山峪石棚中修道成仙而得名。明崇祯《历城县志》有"正南乡仙台七：道沟庄"的记载，后来

群山之中北道沟

北道沟：古寺沧桑诉古今

老井

银杏树

老墙

按照方位道沟峪分为北道沟、南道沟、贾家村和马家村四个行政村。

车一入道沟峪,但见树木繁茂,梨黄柿红,红叶满山,风光无限。"山势环拱,南接岱岳,诚远市乐禅之佳趣也。"

道沟峪自古就是佛教、道教圣地,由于这里地势险要,亦是兵家必争之地。因此,普门寺、大乘寺屡兴屡废,使这里充满了神奇。其中著名的普门寺遗址,就在北道沟村村西圆通山山脚。

普门寺依山而建,山在村西,故而寺为坐西朝东,遗址东侧,也就是原来大雄宝殿的遗址前,两棵高大的银杏树首先映入眼帘。适逢深秋,枝繁叶茂的银杏树叶子正开始变黄,阳光洒下来,竟摇曳出一片繁密的金光。这两棵银杏树,一棵树围3.75米、高30米,另一棵树围 3.5 米、高 25 米，它们一公一母，据说每年能结一千多斤银杏果。

普门寺虽然只剩遗址，但历史悠久，当地甚至有个说法，叫"先有普门寺，后有灵岩寺"，如果照此推算，则普门寺应当建于东晋时期，距今已有 1600 多年历史。普门寺当年规模宏大，建有多座大殿、僧舍、斋堂，魏晋南北朝极盛时期，曾有僧众 500 余人，是远近闻名的古刹，每逢初一、十五与佛祖诞辰，方圆百里的善男信女都会成群结队来此顶礼膜拜。

在普门寺遗址西南方向的石堰之中，嵌着一块立于大明成化四年的石碑，碑上刻有一篇字迹工整的《重修普门寺记》，碑文开头写道："历城南约五十里许，有山名圆通，俗称为得道沟。其山之怀，有寺曰普门，中有禅翁，名慧湛，号碧空。"从碑文内容可以看出，普门寺"累

圣池泉

圣泉池护栏石雕

遭兵火而毁"，成化四年重修之前，此寺早已荒芜，"殿堂俱废，而基址仅存"。据清乾隆《历城县志》记载，明崇祯十年普门寺再次重修，此后又年久失修，并屡遭人为破坏，殿宇倾圮，原寺中的石刻碑碣也都散至各处。而据北道沟村老支书朱振华回忆，他小的时候，普门寺遗址上还有一片很大的墓塔林，"比灵岩寺的墓塔林还大"，他和小伙伴们经常在墓塔林里捉迷藏。可惜到了"文革"后期，连墓塔林也被破坏了。

### 青苔钻出历史，呼吸今天的空气

从普门寺遗址信步往南，还可以看到著名的"圣池泉"，泉水从石刻龙嘴里流入池子，清澈见底。水池四周的石护栏，每根立柱上都雕有一个圆球，四角皆刻有石狮，可惜大部分已损坏，水池护栏四周的石板，也刻着精美的图案。

老房子

老院落

摩崖造像

自古以来，圣池泉就久负盛名，清乾隆《历城县志》、道光《济南府志》、民国《续修历城县志》对其多有记载，而且此泉自圆通山上层层过滤，水质特佳，加上泉底之水据说与旁边千年银杏树树根相连，所以常喝这泉水，还有祛病益寿之效。

站在圆通寺一直往西仰望，远远就能望见圆通山山顶崖壁上刻着的"石佛"两个大字。我们于是信步上山。山路曲折，但一步一景，等到山顶往山下眺望，群山之中的北道沟村就完整地呈现在眼底。

在接近山顶的崖壁下，有一个高约20米的天然洞窟，洞窟内壁的石质佛龛上，高悬着三尊摩崖造像，造像体态丰腴，雕工细腻，据说其凿造年代应该早于隋唐，具有很高的艺术价值和文物价值。我们到的时候，工人们正在为石窟修一个门楼，飞檐已成，琉璃瓦闪闪发亮，俯瞰群山，颇见气势。

从圆通山下山，我们又在老村的石板路上穿行好久。老村的石板路颇为独特，是用当地的木鱼石侧着排列而成，或许是为了防滑。或残破或完整的石头房子星罗棋布，在清澈阳光下，居然熠熠生辉。

老支书朱振华说，1990年，老村人陆续搬了下去，很多老房子都被拆了，"拆下老房子的材料，去当新房子的地基"。他记得，早前普门寺以南有成片石头房，"三个院子一个连着一个，很是壮观"，可惜后来也被拆了。

北道沟归来次日，同行的仲宫镇文化站站长徐立萍传来一首她创作的诗《普门寺遗址游访》，诗不长，却恰是我们在阳光下行走古村的感觉——

*红色的木鱼石／侧着身子睡成了路／东行／南向／／青苔钻出历史／呼吸今天的空气／轻歌／徜徉／／古树眯着眼睛／和老人对话／里短／家长／／曾经跪拜无数的蒲团／舀着圣池的宁静／智慧／安详*

# 榔疃：

## 王家往事

村名：榔疃
位置：历城区锦绣川办事处
关键词：三官庙 通济桥

每次车行至锦绣川水库，心都会为之一阔，连绵青山下一片浩渺的水，让人真正心旷神怡。

驶过架在锦绣川水库上的桥，往东，再一直往北，就能抵达榔疃村。这个据说在明朝初年就已成型的村落，只有西边一个出口，东、南、北则被三山合围：东是青石东峪，南是轿顶山，北是香炉子石顶。"青石"是指石质，"轿顶"和"香炉子"都是象形，朴素的村民在给山命名时，就像最原初的人类看到大地上一切新事物时的心情——它们像什么，好吧，我们就叫它们什么。

### 大善人"王老娘子"

到村口，一面绘有毛主席像的影壁赫然入目，影壁立于一个圆形石砌台上，显得十分高大。烈日当空，57岁的村支书宋胜春躲在影壁的阴影下等着我们。话便从这影壁开始说起。

古村落里的济南

粮囤

宋胜春说，建这影壁的石料，其实是1968年搞平墓运动时从王家地主墓里扒出来的，所以如果仔细看这影壁，就会发现，不仅石料好，而且影壁基座上还有多幅精美的石雕。王家在墓中放入这些雕着花花草草的石头时，不会想到，多年之后，它们会成为承托毛主席像影壁的基石。按照宋胜春的说法，王家定居槲疃的时间并不长，"是槲疃的末户"，但发得特别快。锦绣川水库修建于20世纪60年代末，而在新中国成立前，整个水库所在的土地都是王家的。

民国时期，王家的主人叫王隆辉，王隆辉的媳妇"王老娘子"，至今仍被村人称作大善人。68岁的宋福金说，新中国成立前农民生活苦，有人送给王家野菜，王老娘子会用粮食回礼，大门口要是有个要饭的，王老娘子会从楼上用绳子放下来一个篮子，篮子里装着干粮。

心善也挡不住时代的车轮，1947年和1948年土改，王家的地和房子都被分了，王家也渐渐败落。宋福金记得，王隆辉的儿子是王登科，王登科有五个儿子，分别是王福印、王福新、王福恒、王福运、王福堂，五个儿子中，王福新能识文断字。"据说八路军看上了他，让他去当文书，结果他回来了，一解放就被戴了帽子。要是跟着共产党的部队南下，那可就厉害了。"然而历史没有假如，命运飘若浮萍。就像几辈子勤勤恳恳当农民的宋福金一家，也想象不到1960年和1961年，生活会变得那么困难，"满山遍野地找野菜，弄榆树皮吃"。

## 三官庙和通济桥

在巨大的影壁北侧，原来还有一座三官庙。三官庙祭祀的神像，是尧、舜、禹，按照宋胜春的猜测，之所以祭祀尧、舜、禹，可能是因为村里缺水,希望三位能多给村里赐点雨水。

宋胜春小的时候,三官庙还在,院子里有柏树,门口一边一棵槐树,还有两个石凳子。北屋三间,东屋三间,大圆柱子,雕梁画栋,彩绘缤纷,后来大门被拆了,房子成了学校,到20世纪80年代,整座庙都被拆了。

到了大概2006年,村人又重新在影壁南侧小斜坡下建起了一座三官庙,但比起原来的三官庙,这个庙小得就只能算个模型了。"模型"虽小,但里面依然塑着尧、舜、禹三座神像,逢年过节,村人也都会来烧香祭拜。

古村建房往往就地取材,进村之后一路上行,处处可见纯用石头垒起来的高大院墙和石屋。拐进一家,几间石头房,院子里一棵老树,老树下一个用来存放粮食的尖顶粮囤,南望山谷开阔,远处绿满青山,恍若桃花源。

可惜的是,当年大地主王隆辉家的老宅子已经被拆了,村北一大片当年王家的"二园子",也不再有当年景象,只有当年的石砌围墙,还依稀可见当年王家有多么厉害。据说当年风闻王家有枪,民兵曾到王家"二园子"来挖地寻找,但最终没找到。

王家的善举,不仅体现在村人口口相传的"王老娘子",还有他们家建在村南小河沟上的一座通济桥。通济桥是座单孔拱桥,全由石砌,至今保存完好。桥的西侧拱顶刻着"通济桥"三个字,东侧拱顶则雕有一个兽首,寥寥几笔刻画,兽首形态便呼之欲出。宋胜春说,早年河水暴涨,其他几座小桥都被冲毁,唯有通济桥巍然不倒。

至今巍然不倒的,还有村中一棵有着几百年历史的老槐树。据说当年有村人从树上摘槐米,如果卖了20块钱,就一定得买上20块钱的药给自己治病,久之,大槐树在村人心中就有了灵性,谁也不敢去

老槐树

通济桥

石头房

摘槐米了。

  按照宋胜春的说法，槲疃是明初才建村的，旁边的大安村建村时间更早，唐代就有了，大安村原来的大庙和六人才能合抱的大柏树，以及巨大的石碑，都让他们印象深刻，但如今，这一切都已消失，只有一块双龙戏珠的碑帽，还斜倚在胡同口，另外半块残碑，即便用水清洗，也再难辨认上面的字迹了。

  如今，缺水问题依然困扰着槲疃，除了种点粮食，村人只有靠种核桃和花椒赚点钱，立秋收核桃，阴历七月收花椒，山里的日子一天一天，安静悠长。

# 北坡：

## 群山群泉，果香满林

村名：北坡
位置：历城区锦绣川办事处
关键词：柳泉观、林泉观

南部山区是济南人郊游的好去处，秋高气爽出城去，山水之间炖只鸡，对都市人而言，这是忙碌中的短暂快意。

去南山，很多人会在锦绣川水库停留，看山水间的一汪水宁静地泛着波光。但也许很多人都不知道，就在锦绣川水库西北方向大概一公里，群山之间，隐藏着一个历史悠久的古村落——北坡。北坡村坐落在周围诸山最高峰青铜山的南麓，村子三面环山，山中果林茂密，群泉竞流，山泉之间，又有着众多文物古迹。去这样的一个村落探访古意，无疑是一件令人快意无比之事。

**九山九泉映道观**

站在锦绣川水库大坝往西北方向眺望，北坡村周围群山环绕，凤凰山、玉皇山、麒麟山、鸡冠山、乳峰山、磨盘山、青铜山、和尚帽子山、驴脖子山等九座高山，就像一把太师椅，把村子抱入怀中。群

老院落

北坡：群山群泉，果香满林

山之中，还散落着柳泉、林泉、凤凰泉、灰泉、饮马泉、玉龙泉、云趾泉、西泥泉、鹁鸰泉等九眼名泉。山不在高，有仙则名；水不在深，有龙则灵。山水相映，让北坡泛出了灵性。

特别值得一提的是，村里还有柳泉观、林泉观、玉皇庙、灰泉寺、三兄殿、吊至庵、蚕姑庙等七座庙宇，其中大部分已成遗迹，但柳泉观、林泉观和玉皇庙经过初步重修，可以参观。

在村支书任学刚和村主任闫书春的引领下，我们先来到了柳泉观。柳泉观位于玉皇山下，其得名，乃是因为观内有一名曰柳泉的泉眼。金代的《明泉碑》和明代的《七十二泉诗》都曾收录了柳泉。柳泉之水，自池壁缝隙伏流至南侧20米外的一个长方形大水池。池内青萍浮动，绿藻茵茵。水从池东壁溢水口流出，穿越山谷，南流入锦绣川。

村人回忆，当年柳泉观院内古柏遮日，白果参天，坐北朝南，有两座依山而建的宏伟大殿，东大殿内供奉着西天王母、碧霞元君、杨柳观音、地母奶奶、龙王爷爷、眼光奶奶等十善神佛，西大殿供奉着真武大帝，西厢房则是道人的居所。柳泉从观内流出，汇聚观前，形成一个很大的池塘，泉水不仅可供周围百姓饮用，还能浇灌土地，村子年年五谷丰登。后来日本鬼子制造了震惊中外的济南五三惨案，也毁坏了历史悠久的柳泉观。改革开放以来，村民生活水平日益提高，柳泉周围的乡亲也渴望修复柳泉观景点。2006年，两座崭新的大殿终于依原貌重建，各路神像也都塑了起来。柳泉观整修一新，成为村中一处独特的景观。

柳泉观始建于何年已不可考，据村人说应该是在隋代，而根据院内留存的民国廿五年重修该观时的题记所记，柳泉观在明朝天顺三年就进行过重修，可见其始建年代，肯定早于1459年。

北坡村村北，青铜山下，林泉观香烟袅袅。林泉观得名，也是因为观前西南方向的一处林泉。林泉之水，自岩缝涌出，蓄于池内，再沿输水管道顺山势而流，浇灌果园、农田。

林泉观的创建年代也已不可考，但观前至今留着一块巨型石碑的碑帽，上面刻着二龙戏珠的图案。根据残存的碑文判断，林泉观在明代景泰年间曾经重修。

林泉名声之大，从村西南方向林中的一座"林泉桥"也可见一斑。林泉桥是一座单孔石砌拱桥，拱洞两侧头上分别有一尊石刻镇水兽，十分威武。桥旁石碑立于民国三十年，但是据说这石桥的始建年代应该更早。

**果香满林说聊斋**

按照闫书春的说法，北坡村是"先有吊至庵，后有林泉观，再有柳泉观"。吊至庵在林泉观北面，可惜早已不存，只有遗址得以保留。关于吊至庵的渊源，民间传说还与明代历城名士刘亮

林泉

林泉观里的石狮

林泉观

采的故事有关。

《聊斋志异》中有一篇《刘亮采》，故事十分奇特，说刘亮采的父亲当年在南山住的时候，与一个姓胡的老头很聊得来，两人经常"治酒相欢"，有一天胡姓老头说自己是"山中老狐"，正好刘亮采的父亲苦于没孩子，这胡姓老头就到刘家投了胎，这个孩子就是刘亮采。孩子出生后，长得果然非常像这个胡姓老头，而且"言词敏谐"。"少有才名，壬辰成进士。为人任侠，急人之急，以故秦、楚、燕、赵之客，趾错于门；货酒卖饼者，门前成市焉。"

林泉桥的拱洞

林泉桥上的兽首

柳泉观

石碾

所谓"狐身之后"也许只是个传说，当地百姓为何把《聊斋志异》中的这个故事和吊至庵联系在一起，也不得而知。不过故事的神秘和群山环抱的古村落，在气氛上倒十分契合。

北坡村虽有近 600 口人，但五分之一的人已经外出打工。北坡是一个行政村，包括闫家峪、南庄、西峪、灰泉村、东坡村和北坡村六个自然村。行走村中，在闫家峪 19 号的门牌内，我们看到一个古色古香的四合院，老房子的墙壁下以石砌，上面用土坯，门和窗都有精美木雕，院子北屋里还有一些老旧家具。据说这处老宅子早先住着三兄弟，三兄弟打铁赚了钱，置了地建了房，可惜老大老二和老三分别在 41 岁、61 岁和 31 岁就去世了。

在去林泉桥的路上，我们遇到了一位刚从地里摘了一袋玉米的老奶奶，老人佝偻着腰，拖着玉米艰难前行。闫书春见了，上前背起袋子就给老人送到家去了。

我们是在 9 月 22 日去的北坡村，正是中秋之前，苹果、柿子、桃子、谷子成熟之际，路上时常碰到刚摘了苹果的村人，他们总会热情地递过来一个苹果。拿山泉水一洗，一口咬下，满嘴香甜。任学刚说，北坡的小米也特别好，村里正计划着推出个"林泉小米"的牌子来。

# 藕池：

## 云淡风也轻

村名：藕池
位置：历城区西营镇
关键词：马家大院、板栗树

西营的空气的确比市区好很多，山林连绵，植被茂密，城市再有雾霾，也被阻挡在了外面。

藕池村在西营镇南，四面环山，空气自然更好。每当春暖花开之时，这个号称"泉城婺源"的古村落总会吸引众多的城里人到来。车将进村，陪着我一起寻古探幽的西营镇文化站站长李勇就指着大片菜地告诉我，到了四月底五月初，白菜花就开了，成片映在山色之下，美得不得了。

### 马家大院留残迹

藕池是一个行政村，下辖南碾槽、北碾槽、上藕池、下藕池、岭子后、算盘六个自然村，面积8.8平方公里，450户，1350口人。藕池的村委会和村里的幼儿园、小学挨得很近，我们到的时候，小朋友们正在村委会前面的广场上做游戏，欢声笑语，百灵鸟般在山谷间回荡。我们在村委院子里见到了正在打扫卫生的马延栋老人，老人今年已经73

老树新花

藕池：云淡风也轻

岁，一听说我们来访藕池古迹，放下扫把就带我们去了马家大院。

马家大院在算盘，从村委会往北沿山路而上，不远就能看到一个用大石板铺成的由南往北的斜坡，斜坡尽头是个古朴的大门，门以砖石砌成，顶覆黑瓦，古色古香。门框内侧两边还分别有两块巨石，巨石中间分别有一圆洞，其作用当是用来插门闩的。我们到的时候，76岁的李大娘正带着两岁的重孙子在门前玩耍，孩子看到我们，忽闪着大眼睛，害羞地躲到了李大娘的身后。李大娘家就住在这院子里，土改时，马家的房子和地都被分给了穷人，李大娘家就是那时候住到这院子里来的。

马延栋告诉我，马家早先是历城区韩仓人，家里挺有钱，就把算盘周围的地都买了，盖起了山庄。老马有四个儿子，盖这马家大院的，就是老马的大儿子马光仁。说起来，那应该是清朝时的事了。据说算盘这个村名也和马家有关，因为马家有钱，买了很多地，地租给佃户种，到了交租子时，马家就会用算盘算得一清二楚，村人觉得马家很精明，后来索性连村名也叫了算盘。

马家的精明不仅体现在算盘上，据说盖马家大院时，盖房用的砖瓦都是马家自己烧的，窑在对面山坳，砖瓦烧好了用驴用马拉过来。不过，土改时房子和地都被分给了佃户，马家就又重新回老家韩仓去了。

马延栋回忆，他小时候来马家大院玩儿，门口一左一右两棵大树，红花白花在上面缠绕一起，美不胜收，可惜"文革"时两棵大树都被砍了。老人记得，原先进门后，有东西相连两个院落，东边一进，西边两进，北面还有后花园。其中进门东侧的房子还曾当过战地医院，是莱芜战役时的大后方，既是部队的枪械所，也是战地医院，"有了伤员就往这儿送"。这间房子至今还保存完好。马延栋记得，自己上小学一二年级，就是在这里上的。早在 1988 年，此处就以"算盘村革命遗址"的名义被列入历城区重点文物保护单位。

除了当过战地医院的这间房子，马家大院残存的就剩下西侧后院了，房子已经废弃不住，早已破败不堪。

**南天门，千条沟**

藕池不仅有战地医院，还有一座始建于 1977 年的军民桥。军民桥位于村委会旁边的河渠上，河渠旁有巨石，上刻文字记载了军民桥的修建缘由。原来，早前此处是座木桥，经常被山水冲垮，危害民众，过河困难，生活极为不便。当年，在这块风水宝地执行国防施工任务的中国人民解放军济南军区"劈山开路先锋连"的官兵，为方便群众出行，主动承建了此桥，后又在东 160 米处建设了"军民友谊桥"。

藕池村四面环山，且都赫赫有名，村东北曰大高尖，东南山上则有齐长城遗址，南边山上有南天门遗址，原是齐长城上一座阁楼式建筑。有意思的是，南天门下还有千条沟，野树密集，还有奇怪的石梁。村人传说，泰山老奶奶在泰山上待烦了，想再找个千条沟。溜了一圈，发现了 999 条沟子，于是用自己的裹脚布一划，划出了千条沟，这千条沟上为何有一处地方是平整的呢？因为泰山老奶奶在这个地方坐过，给一屁股坐平整了！这传说，虽然可能是村人自己编出来的，却也和村里的地形地貌结合得天衣无缝，着实有趣。

从村里的南园水库往回走，马延栋感叹今年天旱，水库浅了很多。说起往事，老人云淡风轻：小时候兄弟三个，家穷，生活挺困难，1969 年，粮食少，吃野菜，吃地瓜面子。初中毕业后，逢村里养蚕，

马家大院大门

马家大院残存四合院

南园水库

到村里干缫丝，干了17年，后来一直在村委会干。

老人说，自己有四个闺女，都早已成家立业，但为人父母，总不好问闺女要钱，如今自己和老伴每人每月能领75元养老金，加上自己在村委会帮忙每月300元的工资，"吃饭也够了"。老人家里现在有两亩山地，用来种板栗和核桃，"收入稀松"。不过村里的万亩板栗林可是相当有名。20世纪90年代初，整个西营的党员干部都来帮忙栽板栗树，场面相当壮观。

对古树，老人情有独钟，所以离开前，他特地又带我们去看了村中的一棵老松树和村南的一棵板栗树。那老板栗树独立山坡，仿佛守护着整个村落。

# 天晴峪：

## 山秀天晴岁月长

村名：天晴峪
位置：历城区西营镇
关键词：公社食堂、百年老屋

过柳埠，入西营，群山连绵，深绿满山，城市的雾霾早已被荡涤一新。有时候空间和时间就是这么神奇——用不了一个小时，喧闹就会被阻隔，时光也倏忽变得缓慢，心里，竟也慢慢升起来一股悠然见南山的情致。

到天晴峪那天，天气果然晴朗，山峪之中，农舍错落，静谧安详，抬头望，群山之上，苍穹瓦蓝，蓝到纯净。站在那成片的土坯茅草屋中间，恍然不知今夕何夕。

**阳光普照振军心**

和很多名为"峪"的古村落一样，天晴峪也是建在一条山峪之中。这天晴峪山上的石头极有特点，多呈深黑而微红色，乃是木鱼石之一种。"深黑而微红"即天青色，是以村名为天青峪。后取其谐音，改名天晴峪。

但有关村名，村人口中也有另一个版本：传说李世民东征之时，

古村落里的济南

保存完好的四合院,已有上百年历史

跋山涉水，军马劳顿，又加连日阴雨，行军队伍中大多数士兵竟染上重病。行军至此，一进谷口，漫天乌云随即消散，天空放晴，阳光普照，军心为之大振。主帅李世民顿时大喜，下令军队就地休整，为后来取得胜利创造了条件。从此，该村便被命名为天晴峪。

天青也好，天晴也罢，一进村子，的确天朗气清，让人心旷神怡。村口一口杨柳古井，已有二百多年历史，早前乃是全体村民唯一的水源，只是后来村中干旱，取水不便，村人便纷纷在自家院子里打井取水。这古井幽深，并无独特形貌，但井旁路边一座木制牌坊，竟是三开间一座牌楼，材质虽然简陋，却颇见风霜气势。

"杨柳古井"牌楼对面，还隐藏着一座小小的土地庙，村中但凡有人过世，据说总要先到土地爷这里来报个到，故而庙虽小，神像、

依山建房，石垒高墙

街口牌坊

香烛却都完备。

其实村中后山之上，原有一座香火旺盛的泰山奶奶庙，可惜早已被拆，踪迹全无。天晴峪南邻之垡窝村，唐代也曾建有一座远近闻名的朝阳寺，可惜后来也被拆了。用今年83岁的天晴峪村村民冯连平的话说，家里的大人孩子有个病有个灾的，"得打针吃药，也得信个神"，没个大庙还真不方便，所以如今，还是在后山之上，新的泰山奶奶庙又开始兴建。

### 百年老屋有故事

天晴峪最有特色的古朴风貌，当属三十余处保存完好的连片土坯茅草屋。这些老屋基本都是标准的四合院，都有着百年以上的历史。

其中最有特色的一座四合院，1958年时曾做过天晴峪的公社食堂。那一年，和山外所有的村庄一样，天晴峪也成立了人民公社，办起了公社食堂。当时，全村八百余人，凭票领饭，好不热闹，所有村民都亲历了大锅饭时期的喜怒哀乐。

这个如今被完整保存下来的公社食堂，是一个两进四合院，所有建筑均是土坯茅草屋，屋子以村内特产的木鱼石做石基，夯成土坯垒墙，窗格、房门、屋梁、椽檐都是木制，屋顶则覆以麦秸黄草。四合院内的泉井、石磨、石碾、牛槽、牛棚、犁、耙、手推车都保存完好，屋内八仙桌、床、橱柜、灶台样样俱全。有意思的是，院子里还堆着不少织布机、梳妆台、镜架、斗等老物件。村支书叶才亮说，村里近几年有意识收集了不少村民旧时的生产生活用品，如今已收集到两千多件。

公社食堂

斗

新建的玄武阁

当年的公社食堂，如今已经成了村里的文化大院和老年活动中心，每年的三月初三和九月初九，村中所有70岁以上的老人都会到这里来聚餐，热闹非凡。

### 下了一辈子苦力置了一辈子房子

公社食堂的斜对面，隔了一条向上的山路，是1942年设立的战地医院。按照冯连平的回忆，当时这战地医院里收治了很多共产党员，当时，天晴峪南邻的垄窝住着一帮"真鬼子和二鬼子"，垄窝的岗哨上每天都会有人向山上瞭望，但因为天晴峪树木旺盛，这战地医院竟从未被发现。

历史似乎从来不会遗忘任何一个角落,哪怕这个角落小到可以忽略不计。冯连平说,抗日战争时期,村人白天给鬼子送粮食,晚上给共产党送粮食,哪边都不敢耽误,到解放战争时期共产党攻打济南,按照村里的要求,冯连平还将自己家的两扇门板送上了战场。"那时候我大概十七八岁的样子,赶着小毛驴,驮着两块门板,送给了共产党。"

冯连平小时候,家里生活十分艰苦。"兄弟六个,除了大哥上过学,其他人都没捞着上学,吃不上喝不上就去要饭,就吃滑石粉,那滑石粉吃下去,坠得肚子很难受,都解不下手来。"好歹等到了新中国成立,冯连平又因为处的一个对象意外死亡而遭人误解,不得不外出打工,到泰安当了6年工人。1962年,冯连平重回村里,"一辈子都在村里下苦力,挣饭吃"。后来总算不用饿肚子了,但要养两个女儿和三个儿子,日子也总是艰辛。"三个儿子也都是在村里下苦力的,他们长大了,就要给他们置个房子,我这一辈子,真是下了一辈子苦力,置了一辈子房子。"

到如今,83岁的冯连平终于对生活有了一点满足感:"以前吃滑石粉,吃石头,现在吃白面馒头,以前鬼子打你,国民党打你,现在没人打你。以前饿肚子还要交公粮,现在吃得饱也不用交提留,一个月还有七十块钱的补贴。"

说起过往,冯连平十分平静。聊完天,看到院子里一棵梨树结满果子,老人伸手摘下两个,递给我一个,用手一擦,就吃了起来,我也学着老人的样,用手一擦,一口咬下去,满嘴清凉甘甜。

# 拔槊泉：

## 山高有村，拔槊涌泉

村名：拔槊泉
位置：历城区西营镇
关键词：拔槊泉

从西营镇政府驻地往拔槊泉村走，让人真正体会到崇山峻岭的感觉——盘山公路九转十八弯，景色缤纷壮丽，令人目不暇接。然而即使再贪恋美景，你的眼睛也不敢一直望着窗外——在急弯众多的山路上开车，必须格外小心。

驶到一处稍平坦的山脊，但见前面一座牌坊拔地而起，上写"拔槊泉村"四个大字。此时放眼望去，在山脚时感觉到的"崇山峻岭"，已然成为一个个低矮的小山头。

再往前走就进了村，随走随望，远处层峦叠嶂，竟已在自己脚下！这个济南市海拔最高的行政村迅速彰显出了自己"荡胸生层云"的霸气。

### 李世民拔槊涌泉

拔槊泉村海拔780米，几乎隐身群山之巅，因此，行走村中，道路忽高忽低，两侧老屋斑驳，草色掩映。忽而路边出现一座豪华三层楼，

老房子

问村人，才知道是城里人来盖的。

从这豪华三层楼稍往东，就是一个修着围栏的观景平台。平台很大，正好可以停车。下车北望，远处层峦叠嶂，黄的迎春花，白的杏花，一片一片怒放在山间丛林，美不胜收。而村中最为著名的拔桨泉，就在这个观景平台下面。

泉西侧就是崖壁，崖壁上挂一斑驳木牌，写着村和泉的简单介绍，泉眼东侧，立着一块石碑，正面刻"拔桨泉"三个大字，北面则记录了几乎每个村民都能"说道说道"的传说故事——据说唐太宗李世民率军东征被敌军追杀到此，人困马乏。此处山高岭峻四壁悬崖，人马口渴难耐，纷纷倒地。而敌军步步紧逼，形势危急。李世民顺手抓过身边将士的槊，绝望地往地上一插，仰天长叹："莫非苍天真的绝我于此地！"说罢欲拔槊自毙，不料一股清澈的泉水随槊而出！将士们一阵惊喜，人马痛饮，绝处逢生。故而此泉得名为拔槊泉。

碑立于2003年，传说当然也只是传说。但是有意思的是，村中有关李世民的传说并不单一，而是有着一个纷繁的"体系"。除了拔槊泉，村周边山上还有饮马池、跑马岭等等名称的由来与拔槊泉的传说"配套"，村民口中的跑马岭是真正的"大跑马岭"，山那边的"小跑马岭"才是野生动物园。最有意思的是跑马岭上的一处酸枣树林。据说当年李世民被酸枣树上的倒钩挂住了袍子，李世民说了句："以后不许长倒钩！"那片酸枣林子此后果然就只长直钩不长倒钩了！

**山色秀美岁月苦**

和拔槊泉同处一个平台，在东北侧崖壁之下，还住着一户人家，石墙引过道，过道尽头是一扇古朴的大门，进门一个小小四合院，破旧而沧桑。外人眼中"很有感觉"的老屋，在屋主人眼里却很不咋地："住了六七辈人了，人家都住楼房去了，我们只能还住这破屋子。"而在小四合院的西侧崖壁之上，正是城里人来建的那幢豪华三层楼。

得知我们要了解村的历史，52岁的村会计沈祥臣帮我们找来了他的"二大爷"，已经88岁的沈传会老人。除了耳朵略背，回忆起山里人家的岁月往事，老人思路清晰："小时候家父有病，一年的粮食兑换成钱，都买了药。借人一斗粮，还的时候就要还两斗；粮食不够吃，就吃糠咽菜。7岁时，父亲去世了，母亲含辛茹苦把兄弟三个拉扯成人。"

1947年，19岁的沈传会走出深山去当了兵，先是在"山东警备团章丘主力营"，后来转到"三野"，新中国成立后又参加了抗美援朝战争。1952年入朝，打了近两年仗，又帮朝鲜百姓搞了两年建设。1956年，沈传会回家待了一个月，母亲哭得泪汪汪，身体也不好。回部队后沈传会汇报了家里的情况，部队就让他回了乡。

回到村里，沈传会就干了村支书，这一干，就是27年。深山里日子很苦，村支书也不好当，去区里开个会，走着来回，"两头不见明"——天不亮出门，天黑了才能回家。

和很多村一样，如今，拔槊泉村的很多年轻人也都出去打工了，

老哥俩

拔槊泉北侧老屋

拔槊泉村口

老门楼

拔槊泉

用沈传会老人的话说:"年轻人也不来家种地,村里尽是老年人,年纪大了干不动了,地就荒了,怪让人疼得慌。"老人的儿子也在济南打工,两个孙女,一个已经上了大学。如今,老人每月能领抗美援朝补助 600 元,村支书退休补助 200 元。村里人说,老人当年要是不从部队回来,那收入"可就大了"。但老人很淡然。邀请我们上家里去坐坐的时候,沈传会也邀请了一位几十年一起在村里忙活的老伙计,两人走在前面,手牵着手,互相搀扶。石墙斑驳、山路崎岖,阳光洒下来,把两位老人的影子拉得很长很长。

沈传会是沈祥臣的"二大爷",今年 88 岁,沈祥臣的父亲今年 84 岁,"大大爷"今年已经 92 岁。沈祥臣说:"去年腊月二十七,电视台来村里录节目,有个杀鸡的镜头,就让我父亲他们兄弟三个出的场。"

因为爷爷在父亲很小的时候就去世了,沈祥臣自然连爷爷长什么样也不知道,"奶奶是 1978 年去世的,我 15 岁,在枣林念初中。深山里的孩子,读书也十分不易。上学放学都是跑着,早出晚归,往返 20 多里山路,要走一个多小时"。

# 石匣村：

## 扑朔迷离"张良墓"

村名：石匣
位置：历城区柳埠镇
关键词：张良墓、老子庙、石头房

3月27日，难得空气那么好。出市区一路往南，天愈蓝，山愈绿，又有春风拂面，水声潺潺，心也便愈悠远，愈开阔。过大门牙、小门牙，快到柳埠大桥时，往西一拐，一条水泥路便在群山中蜿蜒而上。不多时，一个小小的古村落，便展现在眼前。

群山杏花缤纷，小村宁静安详。当市区里的人们成群结队涌往南部山区去吃鸡、游玩的时候，一个距闹市才二三十公里的古村落，却躲在群山之中静享岁月悠长。

### 一块一块，搬来石头；一块一块，垒起房

石匣村其实分新、旧两个村，连接新旧两村的水泥路长约一公里。但因这一公里的水泥路，拐了三个大弯，所以直线距离并不远，站在老村外侧平台俯瞰，能望到新村全貌。

因为事先已经联系好，本该和老伴一起给自家地里的杏树松土的

很多石头房子已经没人住了，但依然保存完好

石匣村：扑朔迷离「张良墓」

老子庙残墙

张良墓旁，一块立于光绪十六年的石碑

山有坡，地基和围墙便高若城墙

老支书张延海，早早就等在了老村村头。老支书今年65岁，肤色黝黑，脸上风刻霜雕，写满岁月沧桑。递上名片，老人说："我不识字，一辈子都是个下力人。"

虽不识字，张延海从1973年就当了生产队长，到1977年就当上了支书，一直到现在。和老支书一样，村里九十来户二百一十来口人也都靠种地、种杏树过活。老支书说，村里也没出过特别大的地主，土改时，有个户主家有9个儿子，分到每个儿子头上其实每人才十亩地。

石匣村何时有村已无可考，按老辈子的说法，"在很久很久以前"，现今石匣村所在的位置还只是大涧沟一胡姓大户的放牛场，如今石匣村的西南方，有个山峪依然叫胡家峪。那时，大涧沟有几户姓张的人在村里混不下去了，就到这里来开荒种地，慢慢就有了村。

村子四面环山，早前吃水困难，得到三里地之外去挑水。张延海小时候，兄弟姊妹9个，一家11口人，人口多劳力少，生活很苦。"1960年和1961年最艰难，到处挖野菜吃。不过好在这里群山环抱，还能挖到野菜。"

从1978年开始，张延海就鼓励村民往下搬，到如今，老村只剩下十来户人家，大部分房子也都已经废弃。老村的房子极有特点，清一色全用石头垒成，房子大多依山而建，因此地势低处的地基和院墙，就高若城墙。张延海家的老房子，其中一面的地基就极高，张延海说，大爷家的三间石头老房子是从祖上传下来的，已经有三四百年的历史，1970年，他在大爷家房子旁边盖了个偏房。"盖房可不容易，每次去地里劳动，就捎回来三四块石头，攒了好几年才攒够石头。"

与别处不同，石匣村的石头房子都是干垒而成，不施石灰勾缝，只在内墙稍作粉饰。老人说，不施石灰不是因为有独特工艺，而是没钱买石灰。

**张良墓的故事**

从老村沿盘山路往下，快到新村时再往西，是一个同样杏花缤纷的山峪。山峪之中，土路南侧，三座石砌墓赫然立于杏树之下。三座墓的下半部分都是石砌方形，其中中间一座的上半部看起来像塔，另两座的上半部则是半圆柱体。根据老人的说法，这是"黄石公墓""张良墓"和"尹宗墓"。传说张良和黄石公曾在这里下棋，树叶一会儿绿一会儿黄，等下完棋下山，才发现人间已经过了好几百年。

传说当然不可信，但墓旁一块立于光绪十六年的"万古流芳"碑，却凿凿其言："张公名良字子房，长清卢乡人也，始焉受书于黄石公，继焉为相于汉高祖"，张良虽与萧何、曹参并称"三杰"，"其高见卓识非二人所能及也",辞官云游后,张良曾在锦云川附近子房洞修炼,而墓的次序"亦与洞同","代远年深,旧址仅存,有黄生士谨者曾重修之,惜功未成,而人去世。其事遂半途而废",后来幸亏"汤家庄有生名芳芝字华三者"触目感怀,又重修了此墓。看碑文落款,乃是"贡生王怀礼撰文并书丹","周华三重修敬立"。

然而,光绪年间毕竟离张良的时代太远。旁边另一块金代石碑,碑文虽已漫漶不清,却有"泰山元阳子张良"几个字。有研究者据此在《金石录》中查到了这块《金天眷元年泰山元阳子张先生坐化碑记》。据碑文,原来"张良墓"中所葬之人并非汉初的那个张良,而是一个号为元阳子的张姓道人。这个"元阳子"不贪名利,随世化人,活了110多岁,最后得道成仙。

不过,得亏有了"张良墓"的名号,这墓和碑都能幸存至今。墓旁边的老子庙就没这么幸运了,如今只剩二堵残墙孤立遗址之上。据村里的老人们说,老子庙有五百多年历史,庙里原来塑着13尊神像。

就地取材盖起石头房

人去物留,篮子里盛着多少往事

石匣新村，1978 年开始，老村居民便陆续往下搬

"才解放就被拆了，民兵扒开神像，发现塑像里面连心脏、肠子都有，还有块红绫布，上面写着'五百年后神灵当止'，神像仿佛预感到了自己的命运。"

聊完天，我要给老支书拍照，他郑重地整理了一下衣服，庄严地坐在石头上。拍完照，老人说，等到 6 月 1 日杏子熟了，一定要来尝尝。

然后，老人冲着对面山峪，扯开了嗓子："收工啦！快中午啦！"这是在叫他的老伴儿回家吃饭。和土地一样质朴的声音在山谷里迎风回荡，久久不息。

# 岳阳：

## 废墟里的尊严

村名：岳阳
位置：历城区柳埠镇
关键词：杜氏民居

和石匣村一样，岳阳村离热闹的大小门牙也不远，石匣村在103省道以西，岳阳村则居省道以东。

不过，由于离省道很近，比起石匣，遗落在岳阳村的岁月痕迹，要少得多。进村，依然很安静，村落里的民居，却大多已成常见于如今农村的粗糙的实用建筑。当我们观察建筑的时候，其实也能窥得见有关时代和审美的隐秘——如果说雍容的古建筑是古人雅致生活的审美映现，那么粗糙的现代建筑则是我们外溢的实用主义心态的表征。

还好有杜氏民居。

从清末开始，一百多年来，它像碉堡一样巍然而立，见证岁月沧桑。如今，和这座石砌二层楼同属一个院落的其他建筑都已成废墟，唯有这栋楼还保存完好，在一片废墟之中，别有一种肃穆的尊严。

杜氏民居，只有这幢二层小楼依然完整地矗立在废墟中

岳阳：废墟里的尊严

## 气定神闲是"碉楼"

杜氏民居位于岳阳村的西北部，北面不远就是一座山，山顶一块方形巨石凌空而起，一眼望去，别有一番气势。背靠大山，杜氏民居稳稳当当地坐定，气定神闲。

院子的门朝东而开，进门，首先映入眼帘的西厢房几成废墟，转过身，才看到院子北侧的二层"碉楼"。从外观看，楼房通体用石头砌成，中间一个拱门，两边各有一扇窗户，窗户上沿，也是同样的石拱形。看起来，整幢建筑极为简洁、牢固，门窗不仅狭窄，而且没有雕饰，

石碾、古树

旱井

木门上的农具

古朴而敦实。

可惜主人不在家，我们无缘进得楼里去一探究竟。根据历城区文物普查的结果，楼内设计十分奇特，一层和二层之间是拱券式楼板，所以室内空间显得很大，墙壁的厚度达到80厘米。楼梯不仅狭窄，而且砌有暗门、暗室和采光瞭望口。从楼内的这些设计以及楼顶上留有的类似城墙的垛口可见，这幢两层小楼具有很强的防御功能。在清末那个动荡的年代，这一幢易守难攻的碉楼，无疑给主人提供了安全的保障。

"碉楼"的主人虽然没在家，但住在院中东厢房的杜延栋老人正好在家。老人已经89岁高龄，他住的东厢房是在老房子基础上改建而成的，"碉楼"的主人则是他的侄子。老人说，建整个杜氏民居的是自己的叔叔杜春兰，早前有四个院子，住着杜氏一大家子人，在他的印象中，这座石楼的楼顶，曾经还有一部分砖砌墙体，砖上覆盖着小筒瓦，人站在墙体内，通过小筒瓦之间的缝隙，可以观察到外部情况。在"大跃进"期间，砖被拆掉送去修了炼钢炉。

1970年出生的岳阳村支书孙德勇记得，在他小时候，杜氏民居的四个院落依然十分完整，"碉楼"只是最后一个院落的最后一幢楼。为了让我明白杜氏民居的规模，孙德勇还画出了大致的平面图，大门朝东，四个院落两两并排，组合成一个整体上的正方形。一直到20世纪90年代，村里一些有钱人开始在杜氏民居周边盖房子，四个院子的很多建筑才慢慢变成了废墟。如今，只有"碉堡"所在院落的南侧房子和西厢房、门楼还在，但南侧房子和门楼的屋顶都已经塌了，西厢房也被改建过了。

## 岁月悠长话沧桑

杜延栋记得，一直由杜氏家族居住的杜氏民居，在1945年土改的时候发生了变化。能盖得起如此院落的必是大户人家，大户人家的"成分"往往又不好。所以，土改一开始，杜家人就全都躲到了济南城里。杜延栋的爷爷死在了济南，死的时候才五十多岁。

一直到了1948年，杜家人才从济南城回到了岳阳村，杜延栋说："贫下中农还是挺好的，让我们住在原来的房子里，也给我们点地，给点粮食。在此后的多次政治运动中，也只有'上头'来了干部，必须召开批判大会时，才会批斗我们。私底下，都挺照顾我们。"

按村人的说法，这就叫"人性好"，朴厚土地上的人性，内心深处总归勾连着淳朴的良善。

按照孙德勇的说法，岳阳村已经有五六百年的历史，最早只有二十来户人家，分孙、杜两姓，一直到如今，在这个有着五百多口人的村子里，孙和杜依然是两大姓。早前杜氏民居是村子的中心，到后来村子又慢慢往西拓展开去。孙德勇说，早前村里缺水，喝水靠挖旱井。所谓旱井，就是挖个深坑，用石灰和黄土当泥子粉刷内壁，用来储存雨水。20世纪五六十年代，村里总共挖了四五个旱井。一直到如今，其中的几个还依然存在，当然，如今村人早已喝上自来水，它们也早已丧失了最初的功能。

孙德勇说，村人主要以种粮食、果树为生，到20世纪90年代，柳埠办起花岗岩厂，村里不少人开始做起了花岗岩的生意，可惜到2000年以后，生意慢慢变差了。

村北侧山头,仿佛一块巨石凌空而立

离开杜氏民居的时候,杜延栋老人坚持拄着拐杖一直把我送到大门外。老槐树下,回首望去,老人的背影单薄而孤独,老人也许会想,如果这个大家族一直延续至今,自己的人生该会是一幅什么样的图景。可以想见的是,"碉楼"应该不会再有变成废墟的命运,它已经被文物部门认定为"反映了清末至民国时期济南南部山区的大户人家据宅自保的历史事实,具有一定的历史艺术价值"。它坚固的石砌结构,也还能抵挡住岁月的侵袭。

老人的身后,挺立于废墟之中的"碉楼"分外庄严。也许恰如余秋雨在《废墟》一文中所言——

"只有在现代的喧嚣中,废墟的宁静才有力度;只有在现代人的沉思中,废墟才能上升为寓言。"

# 亓城：
# 山风清凉，吹落多少故事

村名：亓城
位置：历城区柳埠镇
关键词：杜家大院、泉水传说

群山之中有古村，古村之中有古迹。

要找古村，寻古迹，到群山之中不会错。山路往往难行，深山里头的村落，往往会在封闭中形成自己的节奏，慢时代半拍，有更多纯粹的古风留存。

亓城村便是这样一个美丽的古村。过柳埠大桥不远西行，过著名的九顶塔再西行，到最西边的山峪之中，亓城村就到了。

## 亓城访古迹

37岁的田洪波从小在亓城村长大，从省内一所医学院毕业之后就回到村中干了村医，一干就是十几年。田洪波年纪虽然不大，对亓城的历史却了如指掌。多年来耳濡目染，听老辈的人聊天拉呱，他收集了一肚子的故事。

按照田洪波的说法，亓城村历史悠久，乃是春秋战国时期齐国和

老房子

鲁国的交界处，村南有长城岭，上有齐长城。长城岭往北是亓城，属于齐国，往南就是泰安等地，属于鲁国。亓城地势较低，易守难攻，加上水源充沛，所以当年是齐国用于据守国境的一个边城。早前很多人说，过了十六里河再往南，济南地界就没城了，其实应该还有这个亓城。

在盛夏进亓城村，四周满眼盎然绿意自不必说，村中还有一条小河沟，山水涓涓，让村子充满了灵气。小河沟上小石桥，小石桥上几个村人闲坐聊天，闲暇安静。桥下溪水中，还有几只白鹅悠然浮水，一派山野气象。

亓城：山风清凉，吹落多少故事

村头有一块大大的影壁，影壁底座上浮雕"毛主席万岁"几个大字，影壁主体两面均画着巨大的毛主席像。如今，这块影壁已经成为济南市文物保护单位。

穿街走巷，到西山脚下，进村委会，是一处老旧的四合院，院内南屋北屋都是保存完好的石砌老房。田洪波说，此处原是杜家大院，"早前西山脚下，南北并排着杜家大院和陈家大院，两个大照壁，四合院连着四合院，好不壮观"。到民国后期，土匪经常到村中骚扰，还绑走了杜家的儿子，据说杜家花了八千块大洋，才把人给赎了回来。土改时，杜家大院和陈家大院的房子都被分了，到"文革"，老院落又遭到了严重破坏，如今村委会所在院落，算是幸存下来的一处比较完整的四合院了。虽然如此，走在村中老街，时不常还能遇到几个气宇轩昂的老门楼，斑驳中透出往昔的繁盛和尊严。

村人说，西山上原本还有一座九圣堂，"文革"时也被破坏了，最可惜的是九圣堂院子里的一棵古树，"一开花，全村香"，竟也被"杀"。还好如今村中仍有四棵古槐，稳稳地镇住了村落的古意。

## 泉水有传说

亓城村最大的特点是山泉众多，水源充沛，即使异常干旱的年景，村南亓城水库中也依然水波盈盈。

到村南袁洪峪中探访泉水，是另一件幸福的事。进袁洪峪，在其南岭西侧山坳间，首先就能看到避暑泉。避暑泉之名，因此处丛林茂密，气温清凉，宜于盛夏避暑而得。该泉依山崖而涌流，下有石砌方池，盛水期日涌水量据说可达上千立方米。该泉在崇祯、乾隆《历城县志》

和道光《济南府志》中均有记载，清郝植恭更是将其列入济南七十二名泉。

从避暑泉再往里走，蔽日浓荫之下，另有一琴泉。看泉边木牌上"历下人氏沈明记"之《琴泉源记》，原来这泉还和伯牙、子期有关。伯牙与子期乃是一对千古传诵的至交典范，伯牙善于演奏，子期善于欣赏，子期亡故，伯牙悲痛万分，认为世上再无知音，就把自己最心爱的琴摔碎，终生不再弹琴，所谓"知音"便由此而来。"岂知伯牙所摔之琴，乃一灵物，瞬间扶摇东去……三尺瑶琴飞至泰山北麓，见群山起伏，峪壑纵横，焰云缭绕，林木葱茏，上有祥光笼罩，下有紫气冲斗，便落下云头，隐于峪中。时天清气朗，百鸟和鸣，有樵子闻天籁贯耳，见一道金光从天而降，没入林丛，遂寻迹而来，至峪口坡前，忽闻林中弦声叮咚，子拨丛窥之，有清泉新涌，潺潺淙淙，掬而尝之，甘洌怡。樵子额手称庆，复奔走相告，山民纷

袁洪峪防空洞

苦苣泉

原来的杜家大院，现为村委会办公场所

亓城：山风清凉，吹落多少故事

沓争睹，甚幸天赐。其声韵如琴，如歌如诉，众遂拜称'琴泉'。至后，便常有山民樵子往来泉边歇息小憩，消暑解乏，历代文人骚客，慕名探幽，听泉论道，吟诵唱和。清人孙星衍曾题诗为赞：袁洪峪口白云深，试听琴泉胜似琴。何必思贤寻旧谱，高山流水有佳音。"

所谓伯牙之琴化身为泉，当然只是个美丽传说，但的确也给这山风清泉，增添了些许诗意。

有意思的是，离琴泉不远的苦苣泉，也有一个美丽传说。在泉边石上所刻一篇《苦苣泉源碑记》中，有如下记载："相传唐末，农民起义领袖黄巢率军转战至泰山一带，驻扎义军的黄草峪便改名为黄巢村。黄巢有一女名苦苣，美丽聪慧，武艺高强。当黄巢义军遭官兵围剿时，苦苣姑娘率一队人马杀出重围，来到袁洪峪，又遭堵截。义军殊死抵抗，终因寡不敌众，全部阵亡。苦苣姑娘身负重伤，昏死过去。当她醒来时，见义军兄弟无一生还，痛不欲生，便一头撞向了山崖。百姓们含泪掩埋义军尸首时，发现苦苣姑娘的殉身处冒出一股清冽的泉水，百姓们认为这是苦苣姑娘显灵，便将此泉取名为苦苣泉。"

除此之外，袁洪峪中两处防空洞也已经被列为济南市文物保护单位，山峪中另有一处韩复榘别墅遗址，据说该处的黑松是韩复榘亲手所植。

浓荫清凉听山风。不同年代遗留下来的这些古迹和传说，让这山风，变得更加清凉。

# 黄巢：

## 在这里，听历史的回响

村名：黄巢
位置：历城区柳埠镇
关键词：将军庙、三官庙

去黄巢村的路上，天下起了雨。我以为雨，会让这个古老的小村落变得喧闹。结果没有。在黄巢水库的西南，黄巢村安然静卧，雨落下来，山反而更静，更能让你听得见，一千多年前历史的回响。

一千多年前，黄巢写了两首跟菊花有关的诗，一首叫《题菊花》："飒飒西风满院栽，蕊寒香冷蝶难来。他年我若为青帝，报与桃花一处开。"另一首叫《不第后赋菊》："待到秋来九月八，我花开后百花杀。冲天香阵透长安，满城尽带黄金甲。"

且不说历史最终会给黄巢怎样的评价，这个曾经率领起义军攻占唐都长安的人，至少给这个原本隐于泰山背后的小村落，留下了难以磨灭的印记。

### 黄巢传说到今朝

查阅史书结合实地考察，都证明黄巢村是黄巢屯兵、作战和殉难

古村落里的济南

将军庙下放牛人

的地方。

据《新旧唐书》和《历城县志》记载：黄巢于公元875年率众起义，转战大江南北，号称"冲天大将军"。公元880年攻占唐都长安，即帝位，国号大齐。公元882年退出长安。公元884年6月，东进泰山之阴大黄草峪一带安营扎寨。后遭唐兵追袭，在该村北面的"交战岭"与唐兵展开激战，但起义军寡不敌众，最后在"死人沟"（原名"狼虎沟"）内全军覆灭。黄巢也自刎而亡。

如今的黄巢村，只是一个行政村，但据60岁的黄巢水库管理员陈恩财说，在1984年体制改革之前，黄巢大队的范围比现在的黄巢村要大得多。"黄巢大队下面有七个片，包括长峪片、葫芦套片、车子峪片、菜峪片、黄巢片、裁缝峪片和于科片。1984年之后，七个片各自成了行政村。"

因此，黄巢起义军驻扎和作战的遗迹，其实遍布"黄巢大队"，比如车子峪、菜峪（后改称蔡峪）、裁缝峪，是起义军存放战车、种菜和制作军服的地方；饮马湾、旗杆窝，是起义军饮马和竖大旗的地方；"交战岭"和"死人沟"是起义军与唐兵作战最激烈、伤亡最惨重的地方，"死人沟"也是黄巢殉难之地。

在历史文献之外，有关黄巢的众多传说也一直流传，"黄巢村的传说"甚至已成为山东省非物质文化遗产。有关黄巢为何造反的其中一个版本，是陈恩财听爷爷讲的——话说黄巢出生后，因为长得五官不正，脸面不清，就被父母丢弃在了水沟边，数天之后父母牵挂，又去水沟边看，没想到看到孩子在树上老鸦窝里哭，爹妈一伸手，树上就出现了两只凤凰，他们赶紧把孩子拽了下来抱回家。爹妈觉得这孩子过了这么多天都没死，一定很不凡，又因为他在老鸦窝里待了好几天，就给他起名黄巢。黄巢果然十分聪明，后来考了个文武双料状元，等到见皇上时却出了问题，皇上让皇后先见，结果皇后一见黄巢，觉得他长得太丑，想直接杀了他，幸亏有大臣求情，黄巢才被放走。文武状元没了，还被人以貌取人，黄巢憋着一口气，回来后就写了题菊花的诗。

**将军庙前气浩然**

细雨霏霏中，群山映衬下的黄巢水库恍若仙境。在陈恩财的带领下，我们来到黄巢水库大坝西北"死人沟"旁的"将军庙"。

在村人眼里，"死人沟"的石头之所以至今看起来就跟生了锈似的，是因为当年被血浸染了。将军庙需登石阶而上，庙虽不大，却能俯瞰水库，因而别有一番气势。

看如今贴在将军庙前的介绍，这座庙纪念的是黄巢。但事实上，这位将军应该是孙斌周。黄巢率领的起义军撤退到黄巢村一带时，在起义军与唐兵决一死战的拼杀中，孙斌周与起义军将士一起壮烈牺牲，全军覆灭。人们为了纪念这位为民除害的大将军和缅怀黄巢起义军的英雄业绩，就在他牺牲的地方修建了"将军庙"。时至今日，每年的正月十六日都有人到这里来焚香、叩拜，乞求风调雨顺，五谷丰登。而在陈恩财六七岁的时候，将军庙还有庙会。

据说当年黄巢还在村里设了"金銮殿"，而黄巢村中的"三官庙"是黄巢起义军的大本营，该庙曾于"大清光绪五年""大清道光二十八年"重修，庙内供奉着观音、关圣、土地三位神仙。"文革"时，三官庙就被拆了，如今，在三官庙遗址旁，是一排平房，平房墙上嵌有几块清朝嘉庆、光绪、道光年间的石碑，从石碑上看，三官庙在嘉庆时期曾被叫作"三元宫"。

镶嵌着石碑的房子，原来曾被当作学校，如今住着一位86岁的老太太，我们到的时候，她正在房间里给自己做中午饭。

**山里汉子的生命故事**

陈恩财的父亲是当年黄巢大队下面一个生产队的队长，曾经到珍珠泉参加过表彰大会，拿回来一面"继续革命永向前"的锦旗。

将军庙

黄巢农民起义纪念地文物保护碑

黄巢水库

小时候家里兄弟姐妹多，生活的艰辛可想而知。陈恩财当年是被保送进入的历城六中，读高中时，日子非常苦，谷糠、麸子、果子皮、地瓜叶子、树叶煎饼，什么都吃过。高中时陈恩财在班里当团支部书记和寝室长。"负责给同学们匀饭，五分钱一份的饭，匀到最后，不够了，我就把我那份给了别人。开运动会的时候，我瘦到只有110斤。"

1984年体制改革，政府决定把一些干工业的优秀干部调往农村，陈恩财就到了农村。20世纪90年代，政府又动员村民承包山林，但没人愿干，陈恩财承包了荒山和水库。他在黄巢水库边上开起了南部山区第一家饭店，修路、栽树，"风风雨雨干了近20年，一路走来，很不容易"。

令陈恩财欣慰的是，孩子很争气，"儿子16岁就被保送到山大，后来又到南开读硕士，到中科院读博士，现在在中科院工作，结婚后生了一对龙凤胎"。

年过六十之后，陈恩财觉得身体不如从前，就不像原来那么拼命了，他常会叫女儿过来帮忙，每天清早，他都要绕着黄巢水库走上好几圈。

我想，在老人每天绕着水库走的时候，一定听得到一千多年前历史的回响，而我的黄巢之行，不仅听到了遥远历史的回响，还听到了一位花甲之年的山里汉子的生命故事——在我眼里，这两个故事都很重要。

1. 村名：涝米店
   位置：长清区崮云湖街道办事处
2. 村名：大崮山
   位置：长清区崮云湖街道办事处
3. 村名：皇姑井
   位置：长清区崮云湖街道办事处
4. 村名：钟庄
   位置：长清区崮云湖街道办事处
5. 村名：土屋
   位置：长清区归德镇
6. 村名：黄立泉
   位置：长清区双泉镇
7. 村名：五眼井
   位置：长清区双泉镇
8. 村名：王庄
   位置：长清区双泉镇
9. 村名：尹庄
   位置：长清区双泉镇
10. 村名：马岭
    位置：长清区孝里镇
11. 村名：南黄崖
    位置：长清区孝里镇
12. 村名：小寺
    位置：长清区张夏镇
13. 村名：湘玉泉
    位置：长清区五峰山街道办事处

# 炒米店：

## 湮灭的"辉煌"

村名：炒米店
位置：长清区崮云湖街道办事处
关键词：泰山行宫、佛公井

残破的庙宇、散落的石碑、星散的记忆……对轰然向前的历史而言，这些东西即使完好，也许也算不上什么，但对一个村落而言，它们却至少证明了曾经的辉煌，这种辉煌，勾连着农耕时代人们的精神世界和生活方式。

然而现实往往是，辉煌正在或者即将湮灭。

### 荒草丛中有大庙

炒米店村离济南市区并不远，就在著名的长清大学科技园东侧。冬日清晨，阴霾厚重，街道冷清，村庄仿佛已经开始安静地冬眠。问过村人，我们便直接驱车来到村南头找寻传说中著名的泰山行宫。

所谓泰山行宫，村人其实叫它南大庙。南大庙在村南路东一个高台之上，令人没想到的是，大庙早已没入荒草丛中，而且残破不堪，北山墙几乎已经全部倒塌，屋内一片狼藉，只有墙头的砖雕和努力伸

曾经规模宏大的泰山行宫，如今只剩下一个残破的大殿

向空中的飞檐，还能稍显当年的气势。在大庙前的荒草中，散落着几块石碑，其中一块仙井碑，上面清晰可见"佛大老爷创始，桑大老爷告成"的字样。

问了好几个村人，都说对庙和村的历史不太了解。辗转打听，我们终于找到了一个明白人——69岁的王德安。王德安对村史的热爱发自内心，多年来，他已经收集到了不少文献材料。他和另外几位村民甚至在路基地下找到了一块立于"大明成化十一年"的"新建广惠桥记"碑，并将其立在了村南头。王德安说，2004年，村人在泰山行宫寝殿的墙体内发现了一块立于大明万历年间的石碑，石碑上刻有"重修寝宫碑记"，其中刻有："清亭县治东约二十里许，地名炒米店，南通岱岳，北拱神京，海岱至上游也。南有泰山行宫，后有寝殿，不知创之何时……"王德安认为，这方碑刻的内容说明，泰山行宫的创建肯定远早于明代万历年间。他记得，几年前省里的文博专家郭思克曾到村中考察寝殿柱础，认为柱础雕刻风格肥硕，很可能是唐代建筑。

依托零星的文献记载，王德安甚至手绘了一张泰山行宫平面图，在图上，天王殿、钟楼、鼓楼、主殿、寝殿，以及禅房一应俱全，蔚为壮观。然而如今，整个泰山行宫只剩下一间残破的主殿。而在上了年纪的村人记忆中，新中国成立前泰山行宫的确香火旺盛，"每年三月三，附近的人都会来赶香火会，热闹得很"。到20世纪50年代，神像被毁，大殿被改成了学校。后来学校被撤销，这地方就荒了。

泰山行宫也叫灵岩下院，在王德安收集的资料里，有一篇载于《灵岩志》上的《佛公店灵岩下院说》十分重要，里面这样记载："炒米店泰山行宫者，灵岩下院也。其宫中住僧代系灵岩寺法眷。游人至此，借此息舆马，每以无水为苦，前人卜地凿井，终不及泉，此炒米店所由名也。"

这篇文章不仅记述了炒米店村名的由来，还记录了一个有趣的故事：康熙年间，山东巡抚佛伦来到炒米店灵岩下院，问僧人当地生活情况。僧人说缺水，村人没法煮饭，只能炒米为食，所以得名"炒米店"。佛伦于是决定官方出资为村人凿井取水。井尚未凿成，佛伦就升任川陕总督调走了，他的继任桑格继续完成了这项工作，所以才有了"佛大老爷创始，桑大老爷告成"的石碑，这口井也被村人称为"佛公井"。据说凿井时，到了底依然未见水，经一陌生老者指点往西南一挖，水遂涌，村人觉得这陌生老者一定是仙人，所以也将这口井叫作"仙井"。

大殿墙上残存的精美雕刻

立在村南路边的"新建广惠桥记"碑

村中石砌老屋,随处可见

## 清风徐来,悠然见南山

和众多村人一样,66岁的王庆华老人对泰山行宫的历史也所知甚少,虽然如今大部分时间他都会待在残存大殿南侧的一排石头房子里,帮他弟弟打理承包的林地。

王庆华对泰山行宫的记忆来自小学课堂,那时候,他就在大殿改成的教室里上课。1960年,13岁的王庆华上了小学五年级。他记得,当时五年级也分"快班"和"慢班",学习好点的都进了快班,配的老师也比"慢班"要好。王庆华成绩优秀,进的是"快班"。但那时候正是三年困难时期,肚子都填不饱,实在没钱读书。王庆华记得,他的语文老师兼班主任叫傅建华,"一个月工资25块,但那时候物资紧缺,地瓜干得两块五一斤,25块钱工资只能买10斤地瓜干。虽然如此,老师知道我生活困难,每天还是给我一块煎饼、一碗汤。可惜后来我还是

穿过这个桥洞，就是炒米店

辍学了"。

  因为年纪太小，王庆华在生产队干一天，只能拿大人的一半工分。时光流逝，艰苦的生活终于慢慢改观，如今的王庆华，大部分时间都在弟弟承包的林地帮忙，养鸡、养兔子没成功，种核桃树却收成喜人。侍弄林地之余，王庆华还在门前整了一小块水泥地，砌了一个小池子。到了夏天傍晚，叫来三五个老伙计，坐一块儿，喝点小酒，聊天乘凉，东侧山风徐来，西侧高速公路流光溢彩，惬意得不得了。

  只不过，这种惬意，也许不是这个两千多人的大村子所有人都愿意或者能够享受的。比起原来，生活已经好了很多，但是更多的人总是努力追寻着更好的生活，村中越来越多的年轻人都出去打工了。生活变得异常忙碌，"悠然见南山"的诗意生活，几成奢望。

# 大嵩山：

## 烟云真浩荡

村名：大嵩山
位置：长清区嵩云湖街道办事处
关键词：玉皇庙、青云观

寻访古村落，秋天正是一个好季节，天蓝到深透，树葳蕤而未凋，野径探幽，还能摘几个鲜脆酸枣。望一眼群山巍峨，咬一口酸枣清爽，一股清香酸甜随舌尖蔓延，把个浓烈初秋，点染得意兴盎然。

不仅仅是景色，对大嵩山这座历史悠久的古村落而言，丰富的文物古迹和历史传说，更值得人细细品味。

### 李世民和唐王寨

站在玉皇山顶玉皇庙门口往南俯瞰，最能看清大嵩山村的地理格局：南边山脚下一个幽幽古村被群山环抱，西南方向嵩云湖碧波荡漾，好一番壮阔气象。

玉皇山顶还望得见村东北的宝泉山，宝泉山上的唐王寨和大嵩山村的很多文物古迹都有关联。

韩绍荣，大嵩山义务文物保护队队长，多年来，他不仅义务保护

玉皇庙前的348级台阶下就是大崮山村

大崮山：烟云真浩荡

光明寺大殿

送子殿

关帝庙

青云观

本村文物，带领村民重修了玉皇庙，还搜集了众多本村的传说故事。按照他的说法，有关唐王寨的传说，堪称传奇：话说大唐开国之后，各地依然还有起义军。唐高祖李渊便派李世民率大军攻打刘黑闼起义军，两军在济南府的白皮关对阵，便有了"李世民夜探白皮关"之说。

此时的农民军还很强大，李世民战败，退到东北方向的山寨。山寨四周悬崖，易守难攻，李世民派出两员大将突出重围，直奔长安求救兵增援。李渊于是派齐王李元吉和幽州总管罗艺前来增援，援兵和李世民里应外合，终于大败刘黑闼。后来李世民当了皇帝，认为是神灵保佑他，为了感恩，就在白皮关建起了青云观、光明寺，并修了官道、官井，还在附近小山上建起了玉皇庙。

李世民被围困的山寨，此后就被叫作唐王寨，至今还有众多石屋，有点将台、天水池和一夫当关万夫莫开的山门，唐王寨山下的峪沟，就是现在的唐沟六个峪。

**青云观、光明寺、玉皇庙**

传说中李世民和刘黑闼对阵的白皮关，就在如今的大崮山村，可惜已经踪迹全无。李世民修的官道，当年是大石板铺路，后来也被水泥路面代替了。官井还在村中心，井上还有一个亭子，除了顶子已被换成铁皮，四根石柱据说还是当年原物。

官井旁边，半块硕大的石碑躺卧在地，碑帽还依稀可辨雕着双龙戏珠的图案。按照韩绍荣的说法，这石碑是在"文革"时被砸的，石碑上还有"敬德监制"几个字。"敬德"就是唐初名将尉迟敬德，据说当年李世民就是派尉迟敬德来修的官道、官井和青云观，尉迟敬德当年住在村中白马殿，所以村子原来的名字就叫白马殿村，后来又叫故山，再后来才叫的大崮山。

在官井北侧，是"山东省长清县供销社崮山供销合作社"，韩绍荣告诉我，这建筑就是当年拆了青云观山门后建的。而在供销社北侧后院，青云观的大殿依然还保留着。殿前杂草丛生，且大殿的后墙已经塌了一大块，从后墙豁口望进去，梁柱粗大，或许真是唐代遗存。

青云观往东不远，在新修的村幼儿园北侧，光明寺的大殿也还保存着。黑瓦白墙，石阶木梁，古意幽幽。殿内杂乱放着一些桌椅，两边山墙上还有两块黑板，原来光明寺早在新中国成立后就成了村里的

从玉皇庙门前俯瞰大崮山村

小学。韩绍荣就曾在这大殿里上过学。

这光明寺正是在玉皇庙的山脚下。从光明寺大殿北侧拾级而上,到顶,就是著名的玉皇庙。玉皇庙的山门和大殿都是在原址上新建的,但院子里两座小小的石砌小庙——三官庙和关帝庙,却应该是原物留存。而在玉皇庙外的东侧,还有一座小小的送子殿,殿内两侧墙上刻着八仙过海的画像,十分生动。

值得一提的是,玉皇庙大殿虽然是重修的,但庙内十几通石碑却是原物留存。最早的一块石碑,刻的是"故山玉皇宫义社碑记",落款依稀可见"武周"二字,韩绍荣推测,这可能是武则天时期所立石碑，可惜碑文内容已经基本看不清楚了。此外，明代正德、嘉靖、隆庆，清代康熙等时期的石碑都有留存，其中一块立于正德十一年的石碑显示，那一年修玉皇庙的，乃是德王府。

有意思的是，其中一块明代成化年间的石碑，刻了一首题为《春祁归赋》的七言律诗，乃是"成化丁酉山东方伯陈公廉宪周公泰山春祁归，命长清知县朱义赋诗以纪其事"，诗云："泰岳春祁归兴长，一方草木尽增光。薇垣德泽三春雨，柏府风威六月霜。掌握山河扶社稷，胸藏星斗焕文章。生民喜见丰年兆，满径松花带露香。"

特别值得一提的是，大殿前两根高浮雕盘龙石柱，雕刻精细，柱子下部还刻有文字，显示其是正德年间所造。两侧八棱柱上，也都线刻着众多人物画像，十分精美。

玉皇庙

盘龙柱

**就是觉得文物被破坏，很可惜**

说玉皇庙，就一定要说说韩绍荣和他的大崮山义务文物保护队。韩绍荣今年已经67岁，1998年从莱钢退休回村后，看着玉皇山上残碑满地，就想着重修玉皇庙。他于是组织起了二三十人的队伍，先是以护林队的名义，后来改成了义务文物保护队。把龙柱立起来，把散落、破坏的石碑粘起来，把台阶一级级修起来，把护栏一根一根接起来，直至把山门和大殿一点一点重修起来，多年来，韩绍荣和他的义务文物保护队忙得不亦乐乎。

如今，为了保护玉皇庙内的文物，长清区文物保护队已经在庙内安装了监控，饶是如此，韩绍荣依然常在庙旁小屋里过夜。"总觉得这么好的文物被破坏了，很遗憾！我常在山上，要是见到有人偷树砸碑的，吆喝一声，总能起到保护的作用。"

其实早在退休前，韩绍荣就下了要重修玉皇庙的决心："有一次和村里几个人一起喝酒，说起来要先把通往玉皇庙的石台阶修起来，我说这台阶不是有365级吗，就是一天修一个台阶，我也要把它修起来。"

修完台阶，韩绍荣专门数了数，不是365级，是348级。

# 皇姑井：

## 涌出多少历史的碎片

村名：皇姑井
位置：长清区崮云湖街道办事处
关键词：皇姑井、老宅院

在长清大学科技园和园博园以南的山区，坐落着一个有着四百多户人家的古村落——皇姑井，从大的地形地貌来看，皇姑井村背靠群山，就像坐在一把圈椅里。

从皇姑井往南翻过村南之山，就是赫赫有名的五峰山了。很多人去园博园，更多人去五峰山，却很少有人去这个名叫皇姑井的村子。著名诗人桑恒昌在一首写黄河入海口的诗中有这样一句——再往前一步就是大海。我们总是止步于别人给我们预备好的景点，忘了再往前一步，去品味那更淳朴、更宽广的风景。

### 传说里的骄傲

从村北入村。皇姑井村的村口极为特别，一座巨型的"拱形桥"横跨东西，"桥"上写着"皇姑井村"四个漆金大字。一打听才知道，原来这不是桥，而是渡槽。1978年，还是集体经济大锅饭的时候，镇

石崖高高

　　上搞会战工程，在崮山拦河坝打了几眼大机井，并打算修建渡槽，引水供皇姑井和池子两个村用。到 1980 年，分田到户，形势变了，渡槽随之停工。所以村口的"拱形桥"，其实是尚未修完就废弃了的渡槽。

　　穿过"拱洞"，就是村里的南北主街。沿着主街一直往南，就能看到著名的皇姑井。皇姑井果然名不虚传，走在街上，未见其身而先闻其声。到跟前才发现，原来此井有两个井口，井口北侧还有一个方形大水池，井中泉水从水池壁上争先涌出，水势喜人。

　　80 岁的村民樊铭珂告诉我，皇姑井常年不涸，无论遭遇多大的旱情，井中总有足够的水，保证村民们饮用。从入夏雨季开始，一直到中秋以后，水势都很大，泉水从古井中汩汩喷出，能高出井口约30厘米，随后便涌进井口北侧的蓄水池中，形成了一个小瀑布。水跌落池子，碎而为水雾，笼罩着整个蓄水池，恍若仙境。

有关皇姑井的传说，是村人最为津津乐道的话题，传说纷纭，以至于形成了不同的版本。

其中一个最早的版本，相传发生在隋末唐初唐王李世民东征之时。话说李世民率军路过此处时，人困马乏，四处找水而不得。就在他几近绝望之时，忽见一村姑手提小篮，肩担水桶，飘然而来。士兵们发现桶内仅有半桶水，篮中也只有一张烙饼，都有点丧气，杯水车薪如何能让整支队伍解困？这时，村姑主动上前对李世民说："别看我就

泉水清清入池来

保存完好的四合院

村口

这么一点水，一张饼，你们尽管吃吧。"说着从篮子里拿出一张烙饼递给李世民，再拿，篮子中依旧有烙饼。就这样一张张烙饼像变魔术一样从篮子中拿出，直到所有士兵都吃饱了。同样，那半桶水也让士兵们喝足了。李世民以为一定是遇上了仙人，正准备躬身施礼时，那村姑已脚踏祥云飘然而去。李世民做了皇帝之后，没有忘记这段奇遇，便命人在此地掘了一眼深水井，并赐名"皇姑井"。

传说的第二个版本来自史料，据考证，在明洪武年间，樊姓与尚姓两家从山西洪洞县迁来此处定居，此地干旱少雨，吃水困难，后来有一韩姓人家来村居住，韩姑募工"穿凿数丈，始及泉"。人人都感

行义以达其道，当仁不让于师

老房古街

老房子

念她的恩德，于是就把这口井命名为韩姑井。那么韩姑井后来为什么又变成了皇姑井呢？这里还有一个传说。据传，乾隆皇帝微服私访下江南的时候，路过这里，当时正是大热的天，乾隆皇帝及随从口渴难耐，恰遇韩姑。皇帝上前询问，何处有水能解渴。韩姑见是外乡人，便热情地指引他来到韩姑井边，取水送给他喝。乾隆喝到甘甜的泉水后，龙颜大悦，便认韩姑为干女儿。韩姑成了皇帝的女儿，自然就成了皇姑，韩姑井也跟着"升格"为皇姑井。

**历史遗留下的碎片**

樊铭珂回忆，村里早前还有东南西北四座庙，据说是很早的时候村民为了保护皇姑井而建的。"南边的叫观音庙，就在皇姑井井口的南侧，建在十七级台阶之上。庙里供奉着观音菩萨，墙壁上还有壁画。逢年过节村里踩高跷，谁要是能踩着高跷走完这十七级台阶，谁就会有好运气。"

村北的庙离渡槽很近，叫真武庙。樊铭珂记得，真武庙是四座庙中最大的一座，庙里塑着高大威武的真武大帝。村西则是土地庙。至于村东是什么庙，樊铭珂已经记不清了，只记得庙里好像也供奉着观音。

"文革"破四旧，四座守护皇姑井的庙全部被毁，无一幸免。樊铭珂记得，当时村南观音庙里还有一尊担着水的铜像，一块写着"万古流芳"的石碑，可惜铜像和石碑都被砸了。

四座庙片瓦不留，有关它们的历史碎片只能留存记忆当中，但村里的老房子，却还有几处保存得相当好，百年老屋，风雨矗立，见证古村沧桑。

村中有两处保存完好的四合院，都离皇姑井不远。其中一处的院子里，几棵石榴树和苹果树长势喜人。这四合院的北屋和东西厢房都是一门二窗的格局，墙体底部以大石块砌成，门窗周边用砖砌，墙体其他部分都是土坯，黑瓦白墙，古意盎然。有意思的是，北屋大门上面，还专门做出一个小型屋檐，显得格外古朴典雅。

这座四合院的主人，是76岁的邢振元。他告诉我，这房子是他的老爷爷（曾祖父）盖的，老爷爷名叫邢福春，是个五品官，原本有三个四合院南北贯通，最北还有个后花园。后来分家，南边两个四合院都拆了，后花园也被改建成了一处简易房。

难得的是，邢振元家里还保留着"邢氏族谱"，这一族谱比较特别，不是册页，而是一幅中堂，最上面写着"始祖讳尚周，字化南，元妣孔氏，继妣苏氏神位"几个字，下面一代代罗列着邢氏后代，直到十二世为止。连同族谱保存下来的，还有一副对联，联曰："行义以达其道，当仁不让于师。"每年除夕一家团圆之时，邢振元都会把族谱和对联挂在堂屋墙上。

村中另一处四合院，保存也十分完整，但是很遗憾，因为主人外出，我们没机会一睹全貌，只能从门缝里略作窥探。樊铭珂说，这处四合院是樊氏旧宅，最早的主人是清代进士樊春林，樊铭珂小时候去樊家拜年，樊家院子里还有大官灯，堂屋里挂满字画，中间挂的就是穿着官服的樊春林画像，"听说这画像，在破四旧的时候被烧了"。

# 钟庄：

## "高大门"里故事多

村名：钟庄
位置：长清区崮云湖街道办事处
关键词："高大门"、古井

钟庄真是一个干净优雅的小村，不仅沿街墙面都被刷成了黄色，显得村容村貌相当"统一"，而且大小每条街上，都没有任何杂物。

这个三面环山、历史悠久的古村落，离长清大学城很近，在不远的将来，它即将被拆迁。或许过不了多久，这些老街道、旧房子，古井和古庙，都将被现代化的建筑所取代。走在秋日的小村，仿佛听着秋日的挽歌，那些故事，终究有一天，会消逝风中吧？

### 钟氏家族和"高大门"

钟庄地势南高北低，人往高处走，地势高的地方自然是村里的好地方。村人说，早前村子南边的大部分地方，都是钟家人的房子。至今被人津津乐道的"高大门"，就是钟家的一处大宅院。这大宅院立于村南高台之上，因有"高大门"之名。在"高大门"沿街的墙上，依次排列着六个拴马桩，可见当年钟家确是大户。

老街老房

  进得"高大门",院内格局虽没有大变,但南首第一处院落的房子,却多有改建,院子西侧的房子则基本保持原样,西侧房子地基以巨型条石垒成,墙体则主要是土坯房,门窗两侧都以砖砌,上面一方木头横跨。木雕穿插的窗户,如今已经很少见到。

  66岁的钟广乾,住在"高大门"宅院南边的另一个院落里。钟广乾是钟氏第十一世孙,他是村里的会计。招呼我们落座之后,老人拿出了一幅写有钟氏家族族谱的中堂。细看这幅族谱中堂,从最上面写的始祖钟礼,一直写到十四世钟振国,代代传续,线索分明。始祖钟礼之后,二世有钟奇旺和钟奇章两兄弟,其中钟奇旺之后并无记载,而钟奇章则有四个儿子，从此代代繁衍至今。

钟广乾说，早前钟家有记录了完整钟氏族谱的"族谱本子"，但都在"破四旧"的时候被烧毁了，所幸留下了简单的"族谱折子"，依据"族谱折子"上的信息，才由第九世钟传森制作成了这一"族谱中堂"。配着这个"族谱中堂"，还有一副对联，写的乃是最为朴素的一副对联——"父母抚育后代人，子女孝敬老前辈"。

"族谱本子"被烧毁，上面记载的众多家族故事和迁移线索也就都逐渐被忘却。钟广乾只记得，自己的始祖是从济南的钟楼寺街迁出来的，先是迁到了长清北大沙河以西的西辛，后来又搬到了钟庄。西辛那边有钟氏老坟，所以这个迁徙线路应该没问题。另外，钟氏家族还曾出过两个"武秀才"：第七世的钟繡春和第八世的钟泮林。而此外有关钟氏家族的其他故事，钟广乾却再也说不上来了。

甚至连"高大门"宅院的建造者，钟广乾也不知道究竟是谁。按照72岁的吴世功的说法，他小时候听老人说过，建造"高大门"宅院的那个人好像叫钟有财。据说早先钟有财并不是很有钱，附近大刘村有家地主想找他去当义子，那家有四十亩地。钟有财找了个算命的，算命的说他命里该有四十亩地，钟有财于是决定靠自己"艰苦奋斗"去挣四十亩地，因此拒绝去当别人的义子。靠着勤俭持家，这钟有财果然就发了家，置了地，而且还盖了大宅院。据说钟有财发家纯是靠克勤克俭。过日子过到什么程度呢？上街去赶集，看到路边的马粪、驴粪，他都会拾起来用褂子兜回家去。

据说钟有财不仅勤俭，还很精明，盖宅院盖到挂瓦时，他用小米稀饭汤和灰当黏合剂，屋顶盖得异常牢固，百十年来从未漏过雨。

## 两口井，一座庙

村中如"高大门"一样的老宅院并不多，但村西北的老井却颇有些年月，石砌井台，都被提水的绳子勒出了一条条深深的凹痕。

古井以北，杂草丛中，还立着一块石碑，可惜年久日深，碑上的文字已经很难辨认，但依稀可见"大清光绪八年"，以及首事人"钟保荣、杜光文、郑见龙"等字样。

"高大门"

"高大门"里的老房子

老房

大井

与村西北的古井遥遥相对，村东南山脚，还有一口大井，如今村里的自来水，都来自这口井。说是井，这井却堪比一个小水塘，站在井旁往下俯瞰，颇为壮观。

这井，正是吴世功当年带着村民打的。1961年，18岁的吴世功离开村子去当了兵，1968年退伍回村后不久，就成了村支书。这井从1971年就开始打，一直到1975年才打完。最后打成的井，深36米，井口直径达13米。井壁都是用大石块垒成，当年没有抽水机，为了村民挑水方便，还专门在一侧井壁修了条狭窄的石台阶。20世纪80年代初，吴世功又从铁路部门要来一截铁轨，并在铁轨上架设了辘轳，从此村人可以用辘轳提水。1993年，电拉了过来，抽水机装了起来，村民再也不用挑水，用上了自来水。

耗四年之力修井，而且那时正值"文革"，生活水平也很低，修成如此巨大的一口井，一定费尽心力，但说起往事，吴世功十分平淡，反倒是说起早前村里的"文娱活动"，吴世功显得更为兴致勃勃。"自古以来俺们村就好玩龙灯、划旱船、踩高跷，俺们村踩高跷，在长清都是出了名的。俩人踩着高跷抬着扁担，扁担上还能再坐上个人扮演小丑。这功夫，嘿！"

不过如今，踩高跷、划旱船这些活动已经很少搞了。很多村民都到大学城去打工了。连枣子，也没人去拾，走在村南林子里，去找那间小小的石砌土地庙的时候，到处可见从枝头掉落的枣子。看完土地庙，我们便在路边摘了一把尚在枝头的枣子，走几步，吃一颗，走几步，吃一颗，满口酸酸甜甜。

# 土屋：

## 每个人都可以"悠然见南山"

村名：土屋
位置：长清区归德镇
关键词：老屋众多、民风淳朴

车出市区，高楼和喧嚣迅速退去，天空和大地重新占据视野，心下忽然轰然一声，觉得壮阔起来。

到归德，问路，一位五十多岁的汉子光着膀子停下三轮车来，给我们热情指路。他的三轮车上放满了各种石头，聊起来，说自己平时很喜欢石头，一有空就满山去捡。说得不过瘾，他还盛情邀请我们到他家，满心自豪地带着我们参观完他的收藏，才心满意足地和我们分别。我们也心满意足，因为的确见到了很多"奇石"，也因为见到了他的热情、淳朴，和心里有所钟爱而呈现出来的生命热情。

这种形于色、言于表的生命热情，能直接击中我们虚伪忙碌、叽叽歪歪的城市生活。

即将从国道拐入"村道"之时，狂风起，乌云涌，大地不言，一副坦然接受风雨"吞没"的样子。进村之前，路边庄稼地里一汪清澈见底的水，虽有狂风掠过，却只泛起微微的波澜。

我们十分幸运，一进村就遇见了一位村民，不仅热情，对村里的

老屋

情况也了如指掌。听到我们要看老房子，就领着我们到了一位80岁的大娘家。刚进石头老房子，大雨就急急忙忙下了起来。我们躲在窑洞般的石头房子里，听老人讲过去的往事，看烟熏火燎的灶台和水壶，看刨地的工具，看地排车，看雨飘飘洒洒跌落在院子里的核桃树上，跌落在屋顶，然后汇聚到檐头，奔向地面。

聊了一个多小时，雨也停了，风也止了，一股"空山新雨后"的清爽，铺天盖地过来了。

这个古老的土屋村，让人印象最深刻的，一是这满眼的绿，从山林蔓延过整个村落，再从村落向村外的庄稼地里蔓延，在满眼绿色中，心不由得便会清凉起来；第二，便是那些淳朴的村民，采访过程中，几乎每一个村民都非常热情，一聊完，每一户村民都会留我们吃饭，山里人的心里，像村边一汪水那样清澈。

环境会感召人心，人心又会在岁月的磨砺中生长出一种合适的生活节奏。在村子靠近山脚的那一片区域，老石头房子特别多，几乎蔓延成片，几乎每一扇大门口，都还留着春节时贴上的对联，字都古朴雅正，而石头房子的众多细节，则都透露出手工的温度。那些精雕细琢的装饰，现在的人，已经不会再有耐心去弄了。如今，村民们开始用砖头盖房，多快好省，却没了在石头上仔细琢磨的机会和心情。住

老锅老灶

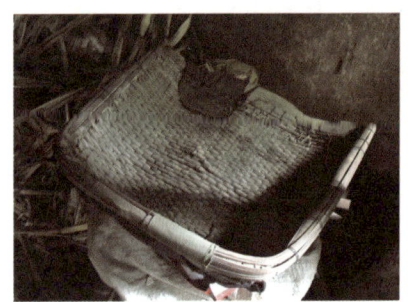

簸箕

等待下锅的面食

墙头碎碗

气势不凡的老门楼

土屋：每个人都可以「悠然见南山」

在大石头房子里的那个自学技术的石匠，说他依然能在石头上雕琢出鲤鱼身上每一片细小的鳞，但已经不再有人请他做这样费工的事情。

那天中午，石匠老两口在家焦急地等待着城里的女儿回家，孩子没到家，菜不好下锅，又不敢老是打电话问孩子车开到哪儿了，怕她接电话分心。这是父母对孩子的心，那一天中午，他们的心只能安放在孩子身上。

离开时，在村口村碑旁，我们看到有三个石磨盘被丢弃在垃圾堆里，我想抬走一个放到自己家客厅里，结果磨盘很重，四个人出手，依然纹丝不动。我不是真想要磨盘，我是想要把"悠然见南山"的情志，长久留在自己心里。

不知道，丢弃磨盘之后，随着年轻人的大量外流，古村落的韵致和淳朴，是否也会被最终丢弃？

# 黄立泉：

## 黄鹂何时再饮泉

村名：黄立泉
位置：长清区双泉镇
关键词：黄鹂泉、三教堂、土地庙

"两个黄鹂鸣翠柳，一行白鹭上青天。"

小时候念诗，念到这两句，脑子里总会浮现出一幅色彩斑斓、生机盎然的画面。所以，一听说济南有个"黄鹂泉村"，村中还有个黄鹂泉，就以为此泉一定秀丽可亲，此村或可堪比桃花源。

在车载导航上输入"黄鹂泉村"，没想到"查无此村"，找了半天资料才恍然，原来"黄鹂泉村"早已更名为"黄立泉村"。一字之差，诗意全无。原来一个村名的改动，会如此"粗暴"地斩断一个古村带给人的美好想象。

### 古树、村碑，黄鹂泉

黄立泉村位于长清的最南端，再往南，就入肥城境了。和很多古村落一样，黄立泉村三面环山，村在山谷之中，沿山脚缓坡而建。北面一条乡间小路，成为村庄和外面世界的唯一通道。

三教堂残存建筑

  村口路中央两株古树森然而立,树下一块石碑,碑上刻的依然是"黄鹂泉村"四个大字,碑的背面,记录了村的历史:"据称,该村为孙氏、谷氏所建,以村有黄鹂泉,村以泉名。1368—1398 年,刘氏明洪武年间由山西平阳府迁居于此,沿称黄鹂泉。后为书写方便,写作黄立泉。清光绪版《肥城县志·地舆志》载:'黄立泉'。1937 年由肥城县划属长清县。"

  原来把村名从"黄鹂泉"改为"黄立泉",只是为了书写方便!

  村名虽改,有关黄鹂泉的传说却至今流传。村人说,很久很久以前,村后山中有一眼旺盛的山泉水,常有漂亮的黄鹂鸟来饮此山泉,久之,泉被命名为黄鹂泉，村也便叫作"黄鹂泉村"。村人还说，那黄鹂泉旁边原来还有个书院，书声琅琅、泉水湍湍，好一幅诗情画意山居耕读图。

在村人的指点下，我们在村后的半山腰上找到了黄鹂泉，泉水隐没在满山的核桃树中，位于一面不高的石壁之下。泉水清清，水势却不再旺盛，更找不到任何记载泉水的碑刻。幸运的是，在黄鹂泉西侧不远，还立着一块"重修黄鹂泉书院"碑，从落款看，石碑立于清光绪二十三年，从已经模糊不清的碑文可以看到，黄鹂泉在当时就很有名，书院则经"国朝累世重修"。石碑背面，还刻着一篇《创修孙氏谱碑记》，可以猜想，当时在修建这座书院时，村中孙氏家族一定出了大力。

有意思的是，这块石碑虽然简易，但在形式上却被建成了"碑楼"，石碑上方覆盖一整块石板，石板被雕刻成了楼顶的形式，不仅四角像檐一样翘起，檐头分别雕刻着兽头，而且"屋顶"两侧边沿和上面也都用浅浮雕雕刻着瓦当和椽子。这个"屋顶"的形式，虽然只是用象征的手法来表现，却也可以看出当事人对这块石碑的重视。

但是可惜的是，书院早已不在。村人说，新中国成立之初，书院就被拆了，建筑构件被运到山下村中，用来建新学校了。到如今，村中连幼儿园和小学都没了，村里的孩子只能到十里地之外的王庄去上学，"很不方便"。

## 钟亭、老人，三教堂

和书院同样命运的，还有黄鹂泉往东不远，同样在半山腰的三教堂。75岁的孙迎远老人告诉记者，在他小的时候，三教堂还很兴盛，

石碑顶雕刻的兽首

三教堂的石拱门

钟亭尚在,大钟已失

"和尚能进,道士能进,'不找主的'也能进,所以叫三教堂"。

老人说的"不找主的",说的是旧时不找婆家的老姑娘,也包括一些孤寡人员,但有关"三教"的更合理解释,显然是"儒释道"。不少学者指出,中国农村的宗教信仰,带有强烈的"实用主义"色彩,和严格意义上的宗教并不相同,村民对"儒释道"并没有严格意义的划分,三教堂的存在,也就可以理解了。

孙迎远说,三教堂里原来塑着好几个神,土改的时候,三教堂里的神像也被砸了。

如今的三教堂,早已一片破败,但从残存的三间屋子可以看出,三教堂当时应该有个独立的院子,而且由大石块垒成的房子做工也相当讲究。其中一间的门楣,还被做成了雕花拱券,三块石头严丝合缝,组成一个半圆形,石匠技术可见一斑。在门楣上,还有一块石匾,上刻"三教堂"三个大字,石匾上的小字显示,这是民国十一年重修,石匾则由"孙培迁、孙建箴、孙传贵"所立。

幸运的是，三教堂东侧的石亭依然完好存在，亭子全由石造，四根大石柱支撑一个大石头顶子。根据孙迎远老人的记忆，当时亭子里有口大钟，敲起来"声震山谷"。让孙迎远最为惊讶的是那大顶子，"这么大一块石头，也不知道原来的人是怎么弄上去的"。

孙迎远的祖上并非黄立泉村人。"我的老爷爷，从肥城孙家庄搬到这里，至于为什么，不记得了。"老人排行老二，兄弟四个，自己和老四一直在村里种地，老大和老三年轻时就出去打工了。老人唯一的孩子，也早已在城里安家，老伴儿帮忙去看小孩了，所以家里就他自己一人。老人说，如今，村里的年轻人几乎都出去打工了。

生于斯长于斯，孙迎远说，让他印象最深的是"不用踩泥巴地了"。老人的意思，如今村里早已都是水泥路，走起路来，再也不会像原来一样，一脚深一脚浅地踩得满脚泥巴了。

三教堂在土改时就被拆了，那么，几十年来，村民到哪儿去"拜上一拜，求个平安"呢？老人手一指："村南头，有个土地庙！"等到我们来到村南头，却发现这所谓的土地庙，不过是个一米多高的水泥笼，里面没有神像，只有一块写有"土地爷爷土地娘娘神之位"的牌位。而这唯一的"土地庙"，也是2012年10月刚刚建成的。

偶尔，村民会来此处烧炷香，拜一拜，至于山腰上那曾经颇具规模、如今断壁残垣的三教堂，除了摘核桃时经过，已经没人再去了。

# 五眼井：

## 天齐庙里槐抱椿

村名：五眼井
位置：长清区双泉镇
关键词：五眼井、天齐庙

### 水声山色映古庙

环庄皆山也，其东南诸峰，丘壑尤美。望之蔚然而深秀者，神楼山也。一山之下，有水声潺潺，触石而泄者，五泉也。泉之北有瓦缝参差，巍然于台上者，天齐庙也……

初读这段文字，恍若以为在读欧阳修的传世名篇《醉翁亭记》："环滁皆山也。其西南诸峰，林壑尤美，望之蔚然而深秀者，琅琊也。山行六七里，渐闻水声潺而泻出于两峰之间者，酿泉也。峰回路转，有亭翼然临于泉上者，醉翁亭也……"

模仿《醉翁亭记》写的这段文字，刻于一块石碑之上，石碑名曰《肥邑感化社五眼井四供社建立碑记》。石碑现在的位置，是在五眼井村天齐庙内四供社南墙墙根，因为已被"平躺"着砌入墙中，而且由于一部分已经没入土中，碑文内容已难看全，作者是谁也难看到，但可

五眼井

五眼井：天齐庙里槐抱椿

以想象，当作者写作此文时，一定是把这里想象成了欧阳修《醉翁亭记》里描述的样子。

事实上，五眼井村的景致的确很美。碑刻中村东南的"神楼山"，如今被村人叫作"东山顶"，山上草木"深秀"，山泉旺盛，水往下渗，古人便利用这一特点，沿山脚挖土修成一条长长的石梁，将渗下来的山泉水汇集到一个泉池，为了方便村人取水，在泉池上封大石板时并排留出了五个方形取水口，五眼井于是得名，村子也被叫作五眼井村。

在五眼井的西头，还立着一块嘉庆二十年的石碑，上刻一篇《合庄重修官井建立碑记》，根据碑文记载，"井东王成德有地数株，请愿施于庙中为业"，也就是说，这五眼井之所以能修成，全仗当时有个叫王成德的人将自己家的地捐献了出来。碑上还记录了众多出钱出力之人的姓名。

泉池之下，一条小溪顺流而下。溪中还留着一座同样修建于清朝的残石桥，石桥如今虽已废弃不用，但由巨石做成的桥墩，还是可以看出当年建桥者的气魄雄心。

与五眼井隔溪相望的，就是天齐庙，院内几座古建筑虽有破败，却依然古意盎然。山色映古庙，水声复潺潺。这一幅精致画面，无怪乎能让人写出《醉翁亭记》般的优美文字了。

**碑刻众多载历史**

对于64岁的五眼井村村民王振华而言，村子的美丽景致和丰厚历史都是一笔财富。我见到他的时候，他正在五眼井下小溪旁，为自己新辟出来的一小块白菜地打农药。老人打着赤膊，挽着裤腿，满身常年劳作的印记，但老人发自内心的笑容难掩他对乡村生活的热爱，他甚至背得出五眼井旁那块石碑上的前几句碑文。

虽然只有小学文化程度，但王振华对村中五眼井及天齐庙的历史颇为了解，在他的引领下，我看到了天齐庙内的多块石碑，其中一进门就能见到的立于院子中的石碑，碑上文字已经模糊不清，只隐约可以看到"乾隆"字样，可见此碑立于乾隆年间。而在院内四供社墙根，除了《肥邑感化社五眼井四供社建立碑记》，还有三块石碑被并排砌入墙中，其中一块为《肥邑感化社五眼井庄建醮碑记》，碑上有"夫五岳为天地间巨镇"字样，一块为《五眼井高家庄四供社修醮碑记》，

正殿内供奉的天齐神像，"天齐显灵"四个字由村民王振华书写

观音殿墙上由一块整石雕刻而成的"金钱窗"

天齐庙正殿

碑文最后写有"肥邑庠生王蓝田撰并书",另一块立于"大清嘉庆二十年"的碑则写有"天齐庙也,有玄天上帝又有白衣大士"等字样。从这些可以辨认的碑文可见,天齐庙在清代就曾屡次修缮。

王振华说,到了大约1946年土改时,庙中供奉的神像被毁,建筑也多有毁坏,后来庙被改建成学校,众多石碑就被砌在了墙中。学校搬走后,庙就一直荒着。到2005年,村人发愿,重修天齐庙,并且在正殿内塑起了神像,平时善于舞文弄墨的王振华还亲自写了"天齐显灵"四个大字,挂在神像头顶。不过,与古人凡修庙则立碑不同,为了省钱,村民只用绸布写成捐资修庙的功德名单挂神像旁边,并写明了修庙缘由:"为重新修补房顶大殿之中顶梁立柱,善人宋绪珍领导群众积极捐资出工出力,做贡献,把所有捐资用于修庙之中。全村百姓如有灾难,望天齐老爷保佑这方人民万事如意、幸福无疆。望您更显神通,有求必应。修庙捐资名垂不朽。"

在王振华的理解里,天齐乃泰山众神之一,"可能是泰山老奶奶的一个兄弟",能保平安。除了天齐神像,庙中也有一个观音殿,不过殿内已无观音像,建筑也很普通,只有左右两扇窗棂非同寻常,是用整块石头雕凿成古钱币的形状,上面还雕有精美的花纹,十分少见。

### 年轻人还是都出去打工了

从大约1946年神像被砸,到2005年村民自发塑起天齐神像,几十年时间村民都没有地方去寻求些许精神寄托。与此相应,在某些特殊时期,艰苦的生活像精神的萎缩一样,把村民紧紧贴在寻求生存的逼仄空间里,用王振华的话说,那时候"能吃上不掺菜的地瓜面就算不错了，哪还有心思去拜神", "现在好了，都能吃上馒头了，60岁以上的老人还能每月从政府领70块钱，地里种的粮食，一粒不用上缴不说，每亩地还能获得补贴，如今在农村生活，条件应该不错了！但村中大部分年轻人还是不愿意过祖辈这种面朝黄土背朝天的生活，都出去打工了"。

王振华自己的三个儿子，也都出去了，一个在长清城里打工，一个做木工，另一个去北京了。只是当儿子们有了孩子，才会放到村里来让爷爷奶奶带。

虽有无奈，但"打工比种地挣钱多"也是现实，但这并没有妨碍王振华自己的农村生活，他依然蛮有兴致地种着地，种着菜，还承包了两亩核桃树，"一年能卖一万多块钱"。

王振华说，当年天齐庙院子里还有一棵巨大的槐树，需两三个人才能合抱过来，槐树中间是空的，久之，竟长出一棵香椿树来，所以原来村人都说"五眼井靠山根，天齐庙里槐抱椿"，并以此为傲。如今"槐抱椿"早已不在，越来越多的年轻人也都不愿继续在村中生活，庙中石碑上所刻的"殿宇辉煌人杰地灵千古迹"，也不知道何时才能重回欣欣向荣的春天。

# 王庄：

## 老戏台，听得见往事

村名：王庄
位置：长清区双泉镇
关键词：古槐老屋、吕祖庙、金星庙

寒冬，走村串巷，格外感觉到冷的凌厉。幸好有阳光洒下来，让斑驳的老屋和萧瑟的树木有了一丝温润。和很多历史悠久的古村落一样，王庄主街的北侧墙根，三三两两坐着晒着太阳的几位老人。大部分时间，老人们都不说话，偶尔聊几句，也是轻声细语，仿佛怕惊了这村的宁静。

三个四五岁的小孩突然飞奔而来，窜进胡同，如同受惊的雀儿躲进丛林。我急急忙忙跟过去，发现他们蹲在地上，兴致勃勃地玩起了游戏——往一个塑料小盒子里装灰土。小脸被冻得通红，笑容却如此烂漫，我心里一动，想他们的快乐一定不会少于家里堆满玩具的城里小孩，就像这安静的古村，她的过往同样写满悲欢离合，同样是历史的见证。

老戏台

## 故事，从明代初年开始

在王庄主街的北侧，李绪忠老人开着一家小商店，听到我们想问问王庄的历史，想了一会儿，他说自己也说不上来，就带我们去找王道珍，"他上世纪60年代就在村里当会计，肯定知道情况"。

走过一个胡同，拐了一个弯，很快就到了王道珍的家，老人正在独自吃饭，一碟菜，两个馒头，吃得兴味盎然。见到我们，老人收起碗筷，坐下来跟我们聊了起来。老人今年已经79岁，村里土改时他五六岁，所以土改之后村里的事老人记得很清楚，但更为遥远的村庄历史，则是老人们口耳相传传下来的。王庄还没修村史，于是口述就成了历史。

按照王道珍的说法，"很久很久以前"，王庄所在的地方还是"一片海"，海水不断冲刷，在南北两座山上形成断崖，后来水退了，两山之间才有了这么一片地。地上原本荒无人烟，到明代洪武年间，政府大移民，从山西洪洞迁来一户姓王的人家，慢慢就有了村。此后肥城穆庄又迁来一户姓王的，一个老太太带着三个孩子，无依无靠，两支王姓互相依靠，村子也慢慢大了起来。

王道珍说，村里最早的"名人"，是王道九。王道九会占卜、看风水，传说有一次他骑着毛驴上泰山，到肥城北地界，遇到有人赶着一群驮着粮食的小毛驴，王道九便问：你这粮食是从哪儿来的？那人答：从山下王道九家弄的。王道九闻言一惊，匆匆赶回家中，发现粮仓是满的，但是用手一戳，粮食却没了踪影。从此，王道九家就败落了。

王道九家败落，邵家才起来，王道珍说："邵家是地主，主人叫邵永香，靠勤俭起的家，有了钱日子也过得很艰苦，土改时邵家房子被分，地也被分。邵永香心中不满，就出走了，后来参加还乡团，回村报复，杀了一个领导土改的王长山，领导减租减息的李宗贤，还有一个青年积极分子王绪典。"

王道珍说，邵永香的孙子邵太鹗（音）参加过上甘岭战役："后来电影《上甘岭》在村里放，看到战士们冒着飞机轰炸的危险背水，他就哭了。那是他的亲身经历。但因为顶着个地主的名头，邵太鹗复员后没有任何名分，一直到后来才恢复了党员身份，重获补助。"

邵家后人后来离开村子，去了东北，偶尔才回来看看。邵家原来的房子，很多都已不在，但至今依然还有几幢老楼，零散分布在王庄主街的北侧。

### 老槐树、金星庙、神泉水

也许是因为怀念老家山西洪洞的老槐树，王庄村主街上也有一棵巨大的老槐树。槐树旁沿街就是一幢体量巨大的老房子，从外墙看，老房子是在四层厚厚石块上再起砖墙，所以看起来十分坚固。据说当年盖房，一块石头就花费一个大洋，石块与石块之间严丝合缝，连个薄铁片都插不进去。

石臼

龙头碑

古槐老屋

离老槐树不远，是村中心的一大块空地，空地南侧一个石砌古戏台早已荒废。紧挨戏台，孤零零竖着一块大影壁，63 岁的刘庆有告诉我，这影壁上原先画的是毛主席像，"成立人民公社时，请一个姓贾的人画的"，只是随着风雨侵蚀，画像早已剥落了。在刘庆有的记忆中，20 世纪五六十年代，戏台是村中最热闹的地方，是村里一处名副其实的公共生活空间。"演戏一般是从正月初五就开始，一直持续到正月十五，此外还有踩高跷、扮玩，热闹得很。如今年轻人都出门打工，村里就剩老人孩子，热闹不再，连过年也没人唱戏扮玩了。"

王庄村南村北都有山，村人分别名之以南山和北山。上南山，在半山腰有一个围着石栏杆的泉池，水从石壁中渗出，村人常来接水，

欢乐的童年

吕祖庙

金星庙

村人说这是"神泉",喝了不拉肚子。

从"神泉"继续往上,一长溜石阶的尽头,一左一右分立两座小庙。左侧是吕祖庙,右侧是金星庙。两庙形制简单,均由石砌。吕祖庙神像上有块石匾,匾上行书行云流水,右侧则以多个文字组成了一幅"魁星点斗"图。相传魁星是神话中主宰科举考试的神,他手里拿了一支笔,专门点考试中榜者的姓名。谁梦见魁星,谁就能成为考场上的幸运者。最有意思的是,细细查看就会发现,这魁星点斗图原来是由"克己复礼正心修身"八个字组成。按照双泉镇文化站站长陈波的推测,民国初年流行这种文字游戏,因此这石匾很可能就是那个时代的。

金星庙的地基比吕祖庙略高,内塑太白金星神像。根据砌于墙中的一块刻于光绪十年的石碑记载,这庙由五眼井、高家庄、尹家庄和张家庄四庄联合所修,为的是"金星老爷灵验不爽,四乡亲友讨荼者甚"。至今每年腊月初一,村里人都会到金星庙来烧香祈福。

离开王庄的时候我又去老戏台边站了一会儿,我想再听听这支离破碎的村庄往事。民国三十二年大旱,父亲和哥哥在外参加抗日,不到十岁的王道珍出门讨饭。1964年,刘庆有的姐姐死在了讲台上,家里的日子艰难无比。说起这些往事,风霜满面的老人们很平静。

# 尹庄：

## 那座没有神像的关帝庙

村名：尹庄
位置：长清区双泉镇
关键词：关帝庙、陈家老宅

2013年8月，从长清区双泉镇的黄立泉村采访下山，一不小心"撞见"了古老的五眼井村，采访完五眼井村，已到中午，我们在路边找了个地方吃了点饭，顺便打听了一下，得知尹庄也在附近，也是个古村落。但是很遗憾，在残墙断瓦间穿行了一会儿，竟都大门紧锁，找不到一个人。

一年多之后，我们联系上了双泉镇文化站站长陈波，再返尹庄，终于拾取了一个古村传奇，一个岁月遗落的故事。

### 没有神像的关帝庙

尹庄紧靠马路，这条马路从黄立泉村下来，经过五眼井村、尹庄村，通往长清和济南。尹庄在水平面上低于马路，从马路下来，到村中一条东西向的水泥街道，放眼一看，街道两边已基本都是后来改建的实用性房子。几位老人在街边晒着太阳。如果不是陈波的指引，我们还

关帝庙

发现不了在街道东头路北，尚隐藏着一座古色古香的关帝庙。

尹庄关帝庙是砖石结构，墙体下半部分以大石块垒成，上半部分则以砖砌成。三开间的房子虽然不大，但黑瓦龙脊，颇有气势，尤其庙前两座石狮，让小庙更显威武。廊前两根六棱石柱立于莲花瓣柱础之上，石柱上的对联极有特点，一手工整、潇洒的楷书，写的是："一双凤眼勘破曹世奸雄，两道蚕眉锁住汉家社稷。"

关帝庙正面中间是一扇门，两边各有一窗，门脚还有抱鼓石。跨门槛进房子，抬头望，房梁都是木结构，墙上还有斑驳壁画。村人说，早前里面的壁画很完整，也很漂亮。

在关帝庙前廊东侧的墙上，还砌着一块立于"民国二十四年荷月上浣吉日"的"创修学堂兼修庙院群墙山门碑记"，碑文所刻文字十分清晰，细细读来，还颇有意思。碑文先说了建学堂、修庙院的缘由："今夫世界之工作仍旧易而创新难，仍旧者踵前人之遗迹从而损益之，创新者独出意见，合且匠心不知几经计划几费营谋，焦心劳思而始未定。忆自民国以来，广兴学校，兹尹家庄本无学堂，地点亦惟诸宅建筑而已。""于是合庄众议"，把庙前石崖和三株柏树腾出来建学堂，"又不足，复捐各户洋元若干，购买旧宅，招工雇匠，修学堂六间"。对于学堂的描述，碑文十分优美："是堂也，门窗相对，空气流通，宏阔敞亮，阳光普照，既利卫生复便学童，清洁焉，称谓爽垲，不其然乎较之雪宫何终让焉，亦未始非教育英才之一助焉。""又于庙之前院建筑群墙，添修山门、便门，更换神衣，校与庙俱焕然一新。"碑上不仅刻录了"陈淑芬、陈淑屏、陈淑坦、温兆伦"等主事人的名字，还刻有"木工孔范清"。

虽然如今关帝庙内已经没了神像，碑上所记的"六间学堂"也早已消失，但留存下来的关帝庙，依然见证了当初重视庙宇、学堂的社会风气。

**陈家老宅，废墟里隐藏的辉煌**

看完关帝庙，陈波挥手向南一指，告诉我，这尹庄中心大街的路南，原本可全是陈家老宅。陈家是大地主，盖的房子院落一个接着一个，鳞次栉比。陈波说，早先老陈一家靠勤劳种地，吃苦耐劳，渐渐地有

胡同中的拱形门　　保存完好的四合院

了自己的家产，奋斗了三辈子已经有了几百亩土地，到了第四辈，大约在康熙年间，出了个能人叫陈廷梅，经营土地有方，家产越来越大，使陈家的土地达到了近两千亩，自家的油坊酒店也越办越大，甚至在济南、上海都有买卖。

村南连片的陈家老宅，如今大部分已成废墟，但走在小胡同里，却依然能真切地感受到当年陈家老宅的气势：胡同中间一个拱形门，两边都是一个接一个的古老院落。可惜如今保存相对完好的，只有两三个院落了。我们穿过石砌拱门，径直往南，先是看到一面影壁，影壁以砖砌成，中间还砌了一个小石龛，石龛中间原本刻着字，后来被磨掉了，影壁上面做出斗拱、屋檐和屋脊的形态。从影壁往东，就是一个保存完好的四合院。院子南侧是主屋，东西各有厢房。主屋正面一门两窗，东西厢房亦是如此。极为特殊的是，门窗上面都覆有黑瓦屋脊，尤其是大门，甚至做成了一个垂花门的形制。根据陈波的说法，古时房子都有规制，垂花门显然已超越了规制。门楼的形制和雕刻象征了吉祥愿望，门楼上的文字、图案等砖雕工艺也非常高，可见当时工匠的技艺，是非常高超的。

如今住在这处保存完好的四合院里的是高家，这是土改时高家从陈家分到的房子。高家的女主人记得，嫁入高家后日子很难，四个孩子没人照看，"老三和老四小的时候，我都是一个胳膊抱着一个"。如今孩子们大了，连孙子都有了，只剩下老两口还住在这老房子里。很多人都来看这老房子，都说老房子漂亮，但是对高家来说，住在这房子里也有不便的时候，"院子里地面铺的是鹅卵石，下大雨时都不能睡觉，得随时看着院子里的水会不会漫到屋里来"。

陈波说，在这片陈家老宅中，还有一处保存完好的四合院，房主人还是陈家的后人，很不巧的是，我们去的时候，房主人正好去长清城里喝喜酒了，久等不来，这处四合院只好留待下次再看了。

# 马岭：

## 莫嫌孤叶淡，终久不凋零

村名：马岭
位置：长清区孝里镇
关键词：关帝庙、石头房

车驶原野，远望有村时，往往就能在路边看到一块村碑。马岭村的村碑背面，写的是："据传唐初建村，因村坐落在马陵山西脚下得名，后写作马岭，1939年由肥城县划归长清县。"

村里人传说马陵山上有古道，石板踩得油光，就是战国时齐魏马陵之战中和孙膑庞涓有关的那个马陵道。这个说法当然只是附会，因为历史上的那个著名的马陵道，《史记》早有记载，是在河北大名境内。

试图把自己生活的村落与著名的历史人物和事件联系起来，是很多古村都有的"传统"。其实，无论哪个地方，无论是否和"大历史"相关，每个村落，都有自己的生命，都隐藏着历史的些许隐秘。

### 从五圣堂到关帝庙

马岭村最有名的是位于村中心的关帝庙。庙前一个小院，院门锁着，但这小院的后面，还有一个大院，大院荒草满地，北侧是一座废

古村落里的济南

石头屋

弃的石头房子，一门三窗，条石整严。院子里还有一个大的莲花柱础，不知是哪个建筑物的残留。

关帝庙小院西侧围墙中，砌着几块石碑，其中一块立于康熙四十七年的石碑记录了一段重修庙宇的过程。碑文上刻的村名还是"马陵"，碑文说该村由"数家聚族而居，敬信神明"，"有古三代之遗风焉"，"村之中旧有五圣神祠，创建不知出自何年，父老相传最焉灵感，凡有祈年禳福者无不响应"，可是年久失修，庙宇多有损坏，风雨飘摇，"善士李君讳耀目睹心伤"，于是组织大家出钱出力，重修庙宇。

村人说，马岭村最早的住户姓栾，李家是从肥城迁来的，后来成了村里的大户，石碑上记录的"善士"李耀，估计就是比较有名望的李氏族人。直到如今，村里总共大约320户人家中，李家就有大约150户。

在关帝庙小院外面等了一会儿，村支书李忠山给我们拿来了院门钥匙，进门左转，古树掩映之中，一座大殿赫然而立。大殿坐南朝北，砖石结构，三层石板铺成地基，中间有四级台阶，大殿墙体的下半部分亦由石砌，上半部分则由砖砌。门廊上两根硕大的六棱石柱直顶屋檐。大殿屋顶上覆黑瓦，虽是级别并不高的硬山顶，正脊上却雕着双龙戏珠的图案。

事实上这个大殿应该是五圣堂，五圣堂东侧的石砌小屋才是关帝庙。有意思的是，院子里一块立于"大清同治七年"的石碑，记录了由五圣堂变为关帝庙的过程："自古至大至刚莫如关圣帝君，若夫我村素有五圣堂而帝君置诸偏位，未尝非亵尊也。乡人目睹心伤，欲安正位……咸丰十一年，南匪屡扰西山西，同治五年，黄巾作乱东山东，相隔孔迩孰不悚恍，惟祈帝君健护，果尔匪侪毫无临扰，我村永保平安，宜若神功默使者然，故乡人感德无极，更于五圣堂东建修一殿，庶乎

关帝庙　　　　　　　　　　　　　关帝庙北侧小院

正位，可安至尊不亵，众愿已随矣。是以为记。"

**不谢东君意，丹青独立名**

关爷保一村平安的"神功"是被记录在石碑上的，而有关关爷的其他神奇事迹，则被村人口口相传。李忠山说，老辈子有个说法，说是有一年村里大旱，于是就上关老爷这来祈雨，祈雨的时候村人许了愿，说要是真下雨了，村里就给关爷立块石碑感念功德，结果没过两天，果然天降大雨，村人于是集资，给关爷立了块碑。

这块碑构思非常巧妙，乃是一幅由字组成的画，名曰《风雨竹》，画分两帧：左为风竹，右为雨竹。竹叶即为笔画，组字成诗，构成一首美妙的五言绝句。雨竹组成的诗句是"不谢东君意，丹青独立名"；风竹组成的诗句是"莫嫌孤叶淡，终久不凋零"。诗的大意是："我不感谢曹操上马金、下马银赠美封爵的情意，我不会因环境变化、独处曹营而变节，我身在曹营心在汉，矢志不移。"

此画不仅是一件构思独特、形象逼真、线条流畅的艺术珍品，更重要的是相传它出自关公本人之手。关公以诗言志、以画藏诗，隐晦而深刻，其忠义品德更是昭然于世。这一切，都使得《风雨竹》成为散发出亘古魅力的千古绝唱。马岭村能将这幅作品翻刻于碑上，可谓用心良苦。

　　幸运的是，这块立于民国二十九年的石碑，至今还完好地保存在关帝庙院子里，吸引着不少人前来参观。

　　从关帝庙出来，李忠山又带着我们看了村南的一处石头老房，可惜原来的石头院落只剩下北屋。规模浩大的成片石头老屋，出现在村北，这是一片依山而建的石头房，院落连着院落。李忠山说，早前这是张家大院，每个院落中间都可以从山脚一直穿行到山上。由于是依山而建，这些院落和传统的四合院有所不同，基本只有南屋和北屋，并无东西厢房。在这成片的石头院落里穿行，随处可见刻着"福寿康宁"字样的石雕，让人恍若回到从前。下山的路上，我们还看到路旁斜卧着的一块巨大墓碑，露在地上的部分，可以看到刻有"光绪二十八年""皇清处士张公"等字样，可见这片石头院落，原来的确是张家所有，只是如今，这里早已无人居住。

　　莫嫌孤叶淡，终久不凋零。那些废弃的石头房子，那些零星的古村落，就像孤单的叶子，但愿在城镇化的大潮中，他们不会随风凋零。

# 南黄崖：

## 名山怀抱见气势

村名：南黄崖
位置：长清区孝里镇
关键词：神仙井、石头院落、黄崖寨

久堵城市，一驶上乡间公路，开车的乐趣就会陡然而增。清风徐徐，田野漫漫。偶与一驴车"错车而过"，铃声叮当，蹄音笃笃，乡野之趣，真是无处不诗情。

我们这次去的是南黄崖村。和很多古村落一样，走在村中街道，人很少，很安静。这和现在不是农忙时节有关，更和外出打工的人越来越多有关——城里人眼中的诗意换不来更好的生活条件，即便是这名山怀抱的南黄崖，也有众多废弃的老房子，兀自收藏村落记忆。

### 石头院落，气势恢宏

南黄崖三面环山，而且山都极有名，村东南山上有黄崖寨，西北的山上有齐长城，村西南则是赫赫有名的大峰山。

就地取材，村里的老房子也都是石头房。很多村民都是在原来老房子的基础上翻盖新房，所以完整保留的石头房子并不是很多，但在

石头房

南黄崖：名山怀抱见气势

277

三座四合院的外墙连绵在一起，恍若城墙

村南沿西侧山坡建的一组南北向排列的四合院，却气势宏大。由于这几个四合院沿街的外墙都连绵在一起，墙又很高，所以远远望去，恍若城墙。

城墙般的四合院外墙实际上由三个四合院的外墙组成，我们先进了中间一户四合院，院门朝南，进门之后左拐，紧接着就是一个石质拱门。院子的主人、61岁的王永林正在整理西厢房的地基。西厢房基本已塌，只剩下一小部分残墙断壁，院子南边、北边和东边的房子都保存完好。房子都是用大石块垒砌到顶，石块非常规整，砌得也极为整齐。石块之间的缝隙，偶尔还可以看见铁锅残片，这说明当年在垒石块时，即使不太齐整，缝隙也只有薄薄一片铁片的厚度。同为石砌的门窗之上，偶有石雕，亦极为精美。东厢房门框两侧，分别雕有一条跃动状态的鲤鱼,活灵活现。

　　如今,这个院子里只有王永林独自一人居住,他从小就在这个院子里住,却说不清楚院子究竟建于何时,"可能得从我开始往前数五代"。王永林说,祖父辈流传下来的说法,祖上并不是什么有钱的大地主,建这房子时买不起地,就在山坡上开出一块荒地来当地基,最先盖起来的是北屋和南屋,整个院子盖得断断续续,"那时候盖房子用粮食当工钱,盖着盖着,家里没粮了,就停下来了,等收了粮食再接着盖。光东屋和大门,据说就分四五次才盖好"。

　　王永林家南边的院子里,住着王永泉老两口,这个院子也只剩下东西厢房。王永泉告诉我,院子里的北屋是二十多年前才拆的,南边原来有个拱形过门,往南还有一个院子,在他小时候,"这院子可漂

村中街道

废弃的四合院

神仙井

亮了"。

王永林说:"爷爷挺能干,奶奶摊煎饼,做点小买卖挣了点钱就买地,母亲进王家门刚三天,爷爷就让分开单独过,分家时只给了一只破碗,一个泥巴瓮子。住的房子倒是有,可是没给分地。结果,到了土改的时候,爷爷被定成了富农。他要是早给父亲分了地,也许就成不了富农。不过幸亏富农没大遭罪,'文革'时反'地富反坏右',富农一般光坐着陪批,主要是斗地主。"

**神仙井,有传说**

南黄崖有一口古老的井,石壁森森,井水清澈,至今依然在被使用。这老井被称作神仙井。有关它,还有着一个神奇的传说。

据说当年村中没井,村人吃水,需上东庄去担。后来,有一白胡子老者骑着一匹马路过这里,马渴而止步,欲饮却无水,老者伸手一指,说此处地下有水,村人一挖,果然有水涌出,遂喜而掘井。据说这老者叫三元公,村人为了感念老者,还专门修了一座三元宫。

传说只能姑且听之,类似的故事在不少缺水的村庄都有流传,而且所谓"三元",有各种说法,也不大可能是老者的名字。不过离古井不远,的确有一座三元宫,门上石匾"三元宫"三个大字公正肃穆。院内正殿还留着,但20世纪80年代,庙被分给了个人。村人说,早前三元宫院子里石碑很多,后来都被埋到了地下。

和很多明代初年从山西洪洞迁来的村落一样,南黄崖也有一棵古老的槐树,槐树在一个废弃的院子里。领着我们去看这槐树的村人说,院子的主人原来是个老师,20世纪80年代辞职去北京"收破烂",

鲤鱼石雕　　　　　花卉石雕

后来赚了钱，还在北京买了房，一家人就都去北京生活了。

让村里人骄傲的是，很多外地驴友都会经由南黄崖去登村东南的黄崖寨。黄崖寨十分有名，南黄崖、中黄崖和北黄崖的村名都和它有关。它是清咸丰六年江苏仪征县太谷学派第二代传人张积中所建，当年张积中在济南知府吴载勋等人的帮助下，来此讲学传道。他积德行善，劝道诲教，四里八乡不分贫富听从教化，纷纷弃家投寨，数以万计。山寨四周悬崖陡壁，只有北门顺山脊一条小道往返，易守难攻。由于聚众日多，张积中大规模修筑山寨，建成石屋一千二百余间，总建筑面积达六万多平方米，规模之大，可为传奇。至今，山寨遗迹依然历历在目，只是，当年热闹早已不在，只有残存的寨门、寨墙和石头屋，静立山崖。

# 小寺：

## 那座消失了的神宝寺

村名：小寺
位置：长清区张夏镇
关键词：神宝寺、玉皇庙

灵岩寺名声在外，而在灵岩寺的山北侧，曾经还有一座比灵岩寺建造更早的寺庙——神宝寺。群山之间，岁月流转，神宝寺如今已经不见踪迹，但山里头的这个因寺得名的古村落，却安然地矗立至今。

令人惊喜的是，村南浓荫蔽日的山峪中，成片的石头老房保存完好，而位于村东南曾经的神宝寺和位于村东北至今依然矗立的玉皇庙，更为这个风光优美的古村落增添了厚重的历史感。

### "先有神宝寺，后有灵岩寺"

小寺村的村名来自神宝寺。据清康熙版《灵岩志》载："北魏孝明帝间（公元520年—525年），法定禅师先建寺于方山之阴曰'神宝'，后建寺于方山之阳曰'灵岩'，世传神宝寺小于灵岩寺，故神宝寺俗称为小寺，唐代李张二氏建村，后人以寺命名小寺庄，后称小寺。"

村中也有"先有神宝寺，后有灵岩寺"的说法，而村里至今还在

四方佛

小寺：那座消失了的神宝寺

使用的神宝泉，据说也因寺而得名。可惜神宝寺早已消失在历史烟尘中。在村民薛玉平的带领下，我们在村东南两座民居的小夹道间，见到了现存村中的唯一的神宝寺遗物——四方佛。面朝四个方向的四尊佛像大小相同，背靠背端坐在莲花宝座上。四方佛通高130厘米，佛像高62厘米，莲花宝座高68厘米。四方佛装饰精美华丽，莲花座造型古朴，整尊佛像雕刻细腻，表现出盛唐时期的典型艺术风貌。不过令人遗憾的是，四方佛的佛首均已不在。

薛玉平说，早前神宝寺遗址上还有一块唐开元二十四年所立"大唐齐州神宝寺之碣"，1965年移到了岱庙炳灵门内，1983年又移至岱庙碑廊。碑文记载："至我大唐御宇，重迁九鼎，再修二仪，四海廓清，

山峪里的古村落

关帝庙

玉皇庙

万邦一统。……以此寺北有宝山，东有神谷，因改为神宝寺尔。其寺也，望鲁开基，临齐作镇，堂宇宏壮，楼阁苕峣……寺内有石浮屠两所，各十一级，舍利塔一所。众宝庄严，胡门洞启，石户交晖……"从碑文中可知，当年的神宝寺宝塔高耸，规模宏大，殿舍辉煌，高僧云集。唐中期神宝寺达到极盛，并与灵岩寺齐名，至唐武宗会昌五年灭佛，神宝寺和灵岩寺一样遭到空前劫难，从此败落，再也没有兴起。而据薛玉平说，早年村民盖房挖地基，还曾挖出过大方砖、风铃和铜火盆，很有可能是神宝寺的遗物。

**"为恶必败，作善必昌"**

和消失的神宝寺不同，玉皇庙则至今保存尚好。在村东北林中小路漫步，走到半山腰，往北一条长长的石阶，石阶尽头就是玉皇庙。

玉皇庙的最南端是山门。山门和玉皇殿、东西廊房组成了一个小型的四合院。薛玉平说，早前山门里左右分别塑有青龙和白虎，大殿里也有神像，东西廊房则是漂亮的卷棚顶。可惜"文革"的时候，东西廊房和庙里的神像都被砸了。到了20世纪80年代，为了保护散落的碑刻，村里从政府申请到了五千元资金，再加上村民募捐，重新建起了东西廊房，对石碑进行了集中保护。

如今，站在小小四合院中，最令人震撼的正是东西廊房中的这八通石碑。石碑内容基本都是"重修玉皇殿记"，年代则有明嘉靖六年、崇祯十一年和清康熙二十七年、乾隆二十八年、乾隆四十六年、道光十四年、同治三年、光绪二年。另外，在大殿南墙外侧，还镶嵌着两块明嘉靖年间的小型石碑，而在院子西侧墙根下，还有一块清雍正八年的石碑。小小一座玉皇庙，明清两代的石碑竟然多达 11 通！

在道光十四年石碑碑文的两侧，还刻着一副颇有意思的长对联，联曰："为恶必败，不败祖父尚有余德，德尽则败；作善必昌，不昌祖父尚有余殃，殃尽则昌。"对联寄托了明显的扬善惩恶的思想，甚至带有威胁、诅咒的意味，却淳朴体现了古时庙宇道观在乡村伦理道德结构中的作用。

薛玉平说，新中国成立前正月初九玉皇大帝生日，村里都会请道士来打醮，还会请戏班子来唱戏，一般都要连唱三天。"刚解放那会儿我爷爷是村长，照例请了道士和戏班子给玉皇大帝过生日，结果被叫到镇上给熊了一顿，说是搞封建迷信。"此后，戏就不唱了，"文革"时拉神像，在玉皇大帝神像肚子上还发现了一面镜子，专家看了之后鉴定其为明代铜镜。

在村人心中，玉皇大帝还是蛮灵验的，据说有一年村里请了戏班

石头屋

老街道

子给玉皇大帝过生日,戏班让村人点戏,村人没注意,点的一出戏中有一个告玉皇大帝的情节,结果当天晚上,唱戏的大棚就被刮倒了。

在玉皇庙院子的西侧,还有一座简易的钟楼,挂着一口铸于乾隆年间的重达500公斤的大铁钟。铁钟上还有花纹、文字,可惜文字已经很难辨认。大钟的口上有八个瓣儿,其中一个是被日本鬼子用枪打掉的,另一个则是"文革"时被砸的。据说当年大炼钢铁时,这大铁钟也差点进了火炉,但因为实在太沉搬不动,才躲过一劫。

小寺村的好处,不仅有庙有寺,还有成片的石头老房子。走在村南山峪之中,清一色的石头房连绵成片,浓荫之下,山风徐来,别有一番意趣。而在这成片老石头房的最北侧,还有一座小小的关帝庙。这关帝庙虽比普通民居要小不少,旁边却也立着一块乾隆四十六年的石碑,碑文起首便是"尊礼明神自古为然,况关圣帝君之刚方正直见重于我朝者哉"。有意思的是,关帝庙木门上贴着的一副对联也相当有"文化含量",写的是"汉封侯清封帝今为财神,兄玄德弟翼德同心同德",一副短短对联,也让人一窥关老爷在民间广受欢迎的原因。

# 润玉泉：

## 泉如玉村古朴，悠悠岁月稠

村名：润玉泉
位置：长清区五峰山街道办事处
关键词：石头房、润玉泉、"十三太保"

以泉为名的古村落，往往环境优雅，美不胜收，长清区双泉镇的黄鹂泉是一个，五峰山街道办事处的润玉泉也是一个。

润玉泉村几乎四面环山，只在村东南有一条进村小路。古村泉水润润，古柏葱葱，石板绵延，老屋林立；又有古木柴门，白发翁媪；石碌石磨石碾点缀其中，鸡鸣犬吠人声偶然相闻，如若恰逢夕阳西下，落日熔金，真真恍若世外桃源。

### 补一村之气脉，壮一方之远瞻

润玉泉村的具体位置，在五峰山街道办事处驻地南偏东3.5公里，青崖寨山东南脚下。村子东临张夏镇，南近会字峪。明洪武八年，高氏由山西洪洞县迁此建村，因村中崖间有"润雨泉"，村以泉名，后改为"润玉泉"。岁月沧桑，如今已有230余户、700余人，已经是张、王两姓为主了。

崖上石墙，崖下古泉

我们在村里找到了76岁的王九水老人，老人一听说我们是寻访古村落的，兴致很高，立马领着我们逛了起来。老人说，现在村民们基本都已住在新村，老村和新村连着，在新村的东南方向。往东山坡上拐入老村，脚底下是光滑的石板路，两边都是依山而建的石头老屋。早前人们盖房，都是就地取材，所以老村中基本都是石头房子，而且这石头和石头之间未用任何黏合剂，全是靠石头干插垒砌而成。由于房子大多依山而建，所以靠下面的院墙往往垒得很高，殊为壮观。

村中最有名的润玉泉，就是在一面极为高大的院墙之下。到了泉边，我们首先看到的是一个石砌井台，井口二尺见方，井壁挂满苍苔，

润玉泉：泉如玉村古朴，悠悠岁月稠

盈盈碧水，清澈见底。王久水说，泉水长年不绝，冬天时泉池内的水位要比夏天时低近半米，雨季时，池水溢出，沿街旁石渠漫流，是小村中一道奇特的景观。

在井的北侧，还立着一块民国十八年的石碑，石碑正中被村民贴上了一张写有"井泉兴旺"四个大字的红纸，细看碑文，乃是一篇《重修碑碣记》，碑文曰："润玉泉鏊池蓄水，乡人便之意历有年，原立碑碣今已倾圮。乡人张公凤顺目睹心伤，独倾己囊聘工整理，加盖碑帽，重为起立。虽所费不赀，而张公处之淡如也。而后巍然翼然，可补一村之气脉，壮一方之远瞻也。"从碑文内容看，张凤顺当时家境并不富裕，但看到村中景物凋败，依然倾囊修之，他的这一"义举"，也使得多年之后，我们依然能记住这个令人尊敬的名字。

**消失了的古戏楼**

从润玉泉继续往东山坡上走，废弃的老院落随处可见。王九水老人还带我们"参观"了他们家曾经住过的老院落，老院正屋和东厢房还在，西厢房已经消失。按老人的回忆，在他父亲那一代，这个小小的院落曾经住过8户人。

离王九水家的老房子不远，还有一个古戏台遗址，如果不是老人指点，已经很难发现它是个古戏台了。在老人的记忆里，这戏台上原来还矗立着一个戏楼，四根石头柱子，支撑起一个顶子，好不壮观。早前村里演戏。都是在秋后农闲时，一般都是一年一场戏，请外边的戏班子来演，老人说，当年村中柿子树很多，"一棵树摘一个柿子，合起来去卖了钱，就能请人来唱戏"。20世纪50年代，村里成立了剧团，就不用请外边的戏班了，唱戏的频率也增加了不少，"一般是秋后先唱上个四五天，到春节会再唱上六天"。每逢村里唱戏，四里八乡的人都来看，好不热闹。"文革"时，小小山村也紧跟形势，演的都是《红灯记》《智取威虎山》这样的样板戏。到20世纪70年代末，村里扒了戏楼盖学校，戏也就不演了。

戏台旁边，众多古柏郁郁葱葱，数一数，竟然多达12棵。王九水说，原来古柏有13棵，村人为了讨个吉利，就管它们叫"十三太保"，到了大炼钢铁的年代，树底下支起打铁炉子，"熏死"了一棵。

在老人的记忆里，古戏台旁边曾经还有一座关爷庙，人民公社时被当作了村里的食堂，"文革"破四旧时被扒了。

石板路

老街

影壁

## "润玉七峰"古有名

站在古村之中，往北望去，青崖山、黄山等七峰联袂，险不可状，这"润玉七峰"自古有名，是五峰外八景之一。清康熙年间，长清进士于绍舜曾有咏五峰外八景诗，可惜唯独《润玉七峰》一首不存。光绪年间，肥城县令邵承照补之曰："五峰南望七峰连，岚翠遥笼润玉泉。指点初阳刚上处，参差车笏俨朝天。"

王九水老人也带着我们到青崖山山脚走了走，原因是山脚下有一座大墓，大墓四周都有监控，早前还有甬道以及地上建筑，我们在大墓以南不远处还发现了一个巨大的石柱础，可见当时大墓的地上建筑必然非常壮观。村人说此前考古人员曾来考察过这座大墓，认为它很可能是明德恭王的墓。

和很多古村落一样，风景虽然美好，村人曾经的生活却很艰苦。由于土质的原因，小麦很难生长，只能种些地瓜和高粱，王九水七八岁的时候，父亲和爷爷都曾为了生活而"闯关东"。几乎有一半的村人还曾扒火车到济南、兖州、徐州等地捡过菜叶子，"捡回来的都是没人要的菜叶子，回来后马上洗洗晒干，留着慢慢吃"。出去捡菜叶当然是迫不得已，王九水记得，1967年年底，村里每人分到的白菜是三颗。

1. 村名：贤子峪
   位置：平明县榆山街道办事处
2. 村名：翟庄
   位置：平明县榆山街道办事处
3. 村名：大麦子顾
   位置：平明县锦水街道办事处
4. 村名：南泉
   位置：平明县玫瑰镇
5. 村名：南石硖
   位置：平明县玫瑰镇
6. 村名：停山头
   位置：平明县玫瑰镇
7. 村名：孔子山
   位置：平明县孔村镇
8. 村名：前转湾
   位置：平明县孔村镇
9. 村名：高路桥
   位置：平明县孔村镇
10. 村名：书院
    位置：平明县洪范池镇
11. 村名：东峪南崖
    位置：平明县洪范池镇
12. 村名：小屯
    位置：平明县东阿镇
13. 村名：衙前
    位置：平明县东阿镇
14. 村名：直东峪
    位置：平明县东阿镇
15. 村名：兴隆镇
    位置：平明县安城镇

# 贤子峪：

## 一颗隐居的心

村名：贤子峪
位置：平阴县榆山街道办事处
关键词：三泉庵、观音堂、伏魔殿

视山之美而茹，摘木之鲜而食。坐石临流，逍遥徜徉……椒杨成列，佳水向莹，生香不断，玉树连云，向阳而垂，甘露遥峰，倚空映日……

这是贤子峪《重修观音堂记》碑文所记，没错，这处恍若人间仙境的自然村落，就在平阴县城东南五公里处，距离济菏高速平阴出入口也只有大约三公里。刚刚还在川流不息的高速路上飞奔，下高速，几分钟不到，一个世外桃源般的地方就出现了。

原来喧闹和安静，能如此迅速地转换。

在这个如今只剩下一家住户的古村落晃悠，看茂林、甘泉、石头房，读石碑上那些书法俊秀、文辞优美的文字，听村人悠悠然讲出一个个旧时光里的故事，真恨不得就此赖下不走，搬进这从明朝矗立至今的老房子。

古村落里的济南

三泉庵内的观音堂

**桃花流水观音堂**

贤子峪又名函山峪、岱西村,是平阴镇东蛮子村的一个自然村,村东、南、北都是山,只在西面留出一个小的出口,坐落群山怀抱之中,村子处处林木茂盛,浓荫蔽日,清新幽静。

按照62岁的村民张吉才的说法,早前村口只有一条羊肠小道,加上古柏粗大、密集,任何车子都进不来,只能步行入村。入村,古树便遮天蔽日,"都看不到阳光"。只是到大炼钢铁的年代,很多古树都被砍了去炼钢铁了。饶是如此,如今村中柏树、桃树和杏树依然数量众多。

进村几步,北侧山坡上就有一个小小的土地庙,张吉才说,村中但凡有人去世,都会先来土地庙"报到"。庙虽是十几年前才刚刚重修,但小庙有檐有窗,且俱由石块砌成,雕刻精美。

一路前行,山路曲折,石砌老屋层层叠叠,南山坡上一块桃花流水的石碑赫然在目,石碑下一块石头上,更刻有年岁久远的"桃花"两字。张吉才说,这几日雨少干旱,若是雨水旺盛,山泉层层涌下来,若又恰逢桃花盛开,便真真是一幅桃花流水的如画美景。

"桃花流水"碑之上,是村人口中的"送子观音堂",庙很小,只有一间,前面却立一块大大的影壁。观音堂本有一块写有"白云阁"三字的牌匾,却被人弄走了。

从南山坡下来,穿村到东山坡,则是规模更大的三泉庵。三泉庵坐北朝南,庵内正殿是东西三间的观音堂。可惜如今,房顶已经基本坍塌。院内东侧的伏魔殿极有特色,这个长宽各约4米的正方形石结

送子观音堂

桃花流水

土地庙

构建筑,有着一个攒尖叠石顶,顶子虽然由石块叠成,但据说从未漏过雨。在朝西的门楣上,篆书阴刻"伏魔殿"三个字古意盎然。院子内还有明代正德、嘉靖年间创建、重修观音堂建筑的四通石碑。张吉才说,三泉庵门口原来有两个一人多高的石狮,"文革"时,一天之内,两个石狮就被砸了。

**那些晒满院子的书,一把火都烧了**

三泉庵的东北侧,还有一处古老的石头房子,说起来,这处房子直接关联着贤子峪村落的形成。

明朝时,本住平阴南门的贡生张宗旭,偶然间来到这处山峪,深深喜欢上了"曲涧潺潺,古木翁蔚"的美丽景致,于是在半山腰上建起了"函山书院",山峪发展成村之后,张宗旭也开始在书院里教书。

张吉才确认自己就是张宗旭的后人,因为从小,他就生活在这书院里,而房子是祖上留下来的。七八岁的时候,大家庭分家,父亲分到了书院,张吉才就在此生活,一直到 1978 年搬到山下。早前书院南侧还有一道很厚的石墙,墙内有个夹道,墙根还有一个大洞,张吉才推测,这大洞应该是用来藏书的。

书院下面住的是张吉才的奶奶,"一棵老皂角树,一丛丛丁香,一排排蔷薇,花一开,香气扑鼻"。小时候印象最深的是帮奶奶晒书。"奶奶有很多很多的书,足足装了四个大箱子,书都是奶奶的父亲留下来的。每年六月份,奶奶会招呼我们四五个小孩子,帮着她晒书,满满一院子,上午晒出来,下午收起来。忙完了,奶奶还会给些玉石小玩意儿犒劳我们。可惜那时候不知道珍惜,玩着玩着就把它们给弄丢了。"

"文革"破四旧,奶奶的四大箱子书,被一把火烧了。奶奶屋子里挂着的一幅带镜框的喜鹊图和一个漂亮的古老花瓶,也都被砸了。

村中小路

伏魔殿

20世纪70年代,张吉才在村中当了十年的会计,"那会儿村就很小,只有三十来户大约150人",山区交通不便,"都娶不上媳妇"。从1978年开始,村民陆续往山下搬,如今,老村子里只剩下一户还在"坚守"。而新村子里的很多人也陆续到城镇生活,只有十多户六十来个人了。

其实张吉才不当会计后,也曾长时间在城里生活,2008年从平阴一家建筑公司的会计岗位上退休后,他才真正"完全"生活在贤子峪。"山上有我爷爷的坟,有我爷爷的父亲,爷爷的爷爷的坟。"跟着张吉才,我看到了他"爷爷的爷爷"坟前立着的一块光绪三十二年的墓碑,上面刻的字清晰而肃穆——皇清例赠登仕郎张公讳同峨暨德配例赠刘孺人之墓。

张吉才的两个儿子,一个在平阴城里,一个在烟台,已经不会再回村生活,自己之所以"留守"贤子峪,不仅仅因为"根"在这里,还希望能有人慧眼识珠,来开发这处比较完整的明代古村落,还能给村里增加点儿收入。"这么好的村,荒了就可惜了。"

# 翟庄：

## 在黄河岸边，听历史回响

村名：翟庄
位置：平阴县榆山街道办事处
关键词：翟进士墓、黄河古渡口

从地形地貌而言，翟庄真可谓壮阔：它环绕在莲花盆山和翟山这一南一北两座山的山脚，它的西面，滚滚而来的黄河拐了一个90度的大弯后，奔腾而去。村人说，水大时，听得到河心传来的隆隆之声，仿佛笼中猛虎，啸而欲出。

一个风景壮丽的村落，一个历史文化积淀异常深厚的古村，然而历史上，也受尽了黄河之苦。悲欣交织，千年翟庄的往事，像黄河水一样奔涌不息。

### 进士墓前思春秋

在莲花盆山和翟山之间的平地上，村里建了一个文化广场，一幅壁画，一首诗，把翟庄的风貌和历史概括得恰到好处。诗是今年6月刚刚写上去的，题为《文韵翟庄》，诗曰："千年古村渊源长，新型社区蕴书香。进士及第金朝事，古贤吟赞溪湖忙。莲花盆里荷尖动，

古村落里的济南

树和墙

浮雪锁桥雾苍茫。黄河公园闻涛声，落日彩霞映辉煌。"

诗中所写的"进士及第金朝事"，写的正是金代进士翟升的故事。翟升是金代明昌二年进士，后被授予山西省洪洞县主簿之职。按照《文韵翟庄》的作者翟恒民的说法，翟升最有名的事情，当是他所写的《题左丘明墓》一诗，此诗的诗碑至今还立在肥城左丘明墓，诗曰："春秋好恶圣人同，闻说英雄葬此中。愚俗岂知贤者墓，荒村易作焚王宫。垄头籍籍人相践，泉下悠悠恨莫穷。前弊革除今可喜，尽归醇德作诗功。"所谓"尽归醇德作诗功"，写的乃是此前有两位诗人王去非和王去执，看到左丘明墓十分荒凉，写了一首诗，当时的县令看到了诗歌，遂将墓重修。多年之后，翟升来到此处，没想到墓地又现荒凉。有意思的是，当时的县令也看到了翟升的诗，也重修了左丘明墓。

如今的翟进士墓，在翟山的半山腰上，一座方形大墓，墓前石碑刻"翟公讳升"几个大字，此碑一左一右，分立"翟氏家族续谱纪念碑"和"建坟捐款名单"碑。在这两块石碑的南面，还立着两块碑，其中一块上刻着"吾族迁居历史初步认定"，另一块的正面刻着"吾族翟升遗著纪念碑"，上有翟升所作之《题左丘明墓》，背面所刻，乃是三首《谒翟公进士墓》，这是2000年12月翟进士墓刚刚修建竣工时，时任肥城市石横镇史志办主编、中国左丘明文化研究会理事王庆吉，肥城市石横镇史志办编辑韩继庚，以及左丘明第七十五代裔孙邱国川前来瞻拜翟升墓时所赋之诗。

翟恒民说，翟升的祖上可能是靖康之难时随宋徽宗宋钦宗北上途中流落到翟庄定居的，翟升到山西做官后，后代就定居山西，到明代洪武年间大移民，后代中有一部分移民到了河北枣强，到嘉靖年间，又回到翟庄。如今，有着1200多人的翟庄，其中95%的人都姓翟。

### 一通守志碑，万滴辛酸泪

在翟庄文化广场北端，还躺着一块巨大的石碑，惜乎碑首、碑身和碑座已经分离，碑首雕双龙戏珠图案，中间还刻有"圣旨"二字，碑身正中刻"彤管流芬"四个大字，另刻"表扬节孝事访举翟景义之妻孙氏节孝详请咨部注册给予奖励"，表明这是一块节孝碑。

一通守志碑，万滴辛酸泪。这翟孙氏志碑背后，还有着一个曲折的故事：翟景义约生于1880年，身材魁梧，自幼习武，练就了一身好功夫，是路见不平拔刀相助的侠士。1902年左右与孙氏结婚后，以从事黄河长途运输为业。一次航行至泺口附近，突遇劫匪袭击，他左手持木棒，右手撑铁锅，击退了几次围攻，后终因寡不敌众，被劫匪抓住辫子砸入河中毙命，时年约22岁。

翟景义的妻子孙氏是平阴县北山人，自幼心灵手巧，贤惠勤劳，做得一手好针线活。结婚后精心伺候公婆，丈夫外出期间，将家务整理得有条不紊，受到街坊邻居的赞扬。丈夫去世后，孙氏悲痛不已，回想起恩爱的夫妻生活，看眼前无儿无女，失去了生活下去的信心，多次欲随丈夫而去，却被公公婆婆以及街坊邻居救下。久之，她看到公婆对自己慈爱又期待的眼光，慢慢将眼泪擦干，暗自下定决心撑起这个家。从此，孙氏自强自立，贞洁守志，孝敬公婆。其事迹令众乡亲敬仰，十里八乡传诵。孙氏去世后，族人将其事迹呈报县里，经报皇家批准，委其侄子翟化远为其立碑，以示表彰。

传说立碑时曾经发生过惊险一幕。因为民间流传着一种迷信，志碑如果顺利站起来，说明守节女人是真正的贞洁，否则就是不贞洁。

该志碑树立之时，按照一般方法，在周围堆起土堆，用土填在碑下，慢慢一点点抬高，直至整座碑立起为止。但是志碑将要站直时，再填土却不起作用，周围的人们都为此捏着一把汗，这时，孙氏亲侄翟化远毫不犹豫弯腰钻到碑下，使劲将碑扛住，碑立了起来，一段遥远的历史故事，也终于流传后世。

**百年渡口诉沧桑**

从翟山西坡下山，过一条山脚马路，人就站到了黄河岸边。此处原是翟庄渡口。翟庄渡口是一处具有一百五十余年历史的黄河老渡口。

"彤管流芬"碑

碑首

翟进士墓

据史料记载，清咸丰五年六月，黄河在河南铜瓦厢决口，夺大清河道，流经平阴，包括翟庄在内的沿黄低洼村庄被淹。清咸丰八年，在翟庄村西山根处开始有人摆渡，初具渡口雏形，此后又成为黄河航运一处重要的中转站，历经兴衰荣辱，直至2005年随着黄河浮桥的建成通车，最后一只渡船退出了河道，翟庄渡口的历史使命才算完成。

黄河给翟庄带来的不仅是壮阔的风光，还有曾经苦难的生活。翟恒民回忆，在他小时候，村里还都是沙土，尤其春秋两季，风一刮，沙土漫天，都看不到对面的人，这样的沙土当然也不适合粮食生长，所以新中国成立前后，村中去闯关东的人很多。

翟恒民出生于1956年，上有一个哥哥，下有一个妹妹，大约在他6岁时，家里实在困难，爹妈怕他饿死，就把他送了人。然而翟恒民一走，爹妈就病倒了，后来就又把他给要了回来。到1970年左右，村里的土壤条件终于获得改良，也不用再让国家供应粮食了。到1975年，村里还向国家交了20多万斤麦子，日子也终于慢慢变好。

1976年，高中毕业的翟恒民回到翟庄，当了13年的村干部，后来又到乡镇和县里工作，但村里每遇大事，他必定热情参与。用翟恒民自己的话说，他和翟庄的感情"非同一般"——这不是一般意义上的故乡，是儿时印刻着自己生命印记，记录着无尽历史沧桑的地方。

# 大李子顺：

## 林密果香岁月长

> 村名：大李子顺
> 位置：平阴县锦水街道办事处
> 关键词：关帝庙、李氏宗祠、水母娘娘庙

去了那么多古村落，很多时候心里都会生出"废墟里的尊严"的感慨，在城镇化潮流涌动的今天，许多年岁久远的村落都破落了，只有残存的一些老建筑，点染出别有一番沧桑的尊严。

然而，大李子顺村却丝毫不给人这种感觉，此村年代虽久，老街老房却保存很多，且古庙、宗祠都无破败之象，最令人心仪的是，村南一片山林，苍翠葱茏，果香四溢，端端一个人间仙境。

### 李家有子很孝顺

从平阴县城往西大约1.5公里，105国道的南侧，就是大李子顺村，"大李子顺"四个字，让人颇感怪异，于是一进村，就急急找村人，问起这村名的由来。

没想到说起来，这村名还真隐藏着一段动人的故事。相传在五六百年前，在莲花山麓有一户姓李的人家，他们日出而作，日落而息，

老街老房

过着温馨和睦的农家生活。家里有一个聪明伶俐、非常懂事的男孩,是父母的掌上宝。不想天有不测风云,在孩子七八岁的时候,母亲不幸染病身亡,后来父亲再娶,继母又生了两个男孩,从此对继子百般虐待,还逼他干许多大人才能干的脏活累活。每到吃饭的时候,继母总让继子去拾柴或喂牛。等他回来,继母和两个弟弟早已吃完饭了,而他只能吃点残羹冷炙。父亲看到儿子如此受罪,曾下决心休掉此妻,儿子却劝慰父亲:"现在是我自己受苦,如果母亲走了,两个弟弟不也成了没娘的孩子了吗?母亲叫我干活是让我知道生活的艰难,弟弟们还小,我不做谁做呢?"父亲听后十分感动,继母知道后愧悔交加,从此待他如亲生,疼爱非常。李家男儿顺从继母的故事也很快流传开来。从此,人们敬慕地把李家孝子居住的地方称为"李子顺",几百年来,随着人口的不断增加,逐渐形成了一个很大的村落,竟发展成十八子顺,于是,原来的"李子顺"便被称为"大李子顺"。

**宗祠庙宇诉沧桑**

李家男儿的传说,虽然看起来很像是脱胎于闵子骞"鞭打芦花"的故事,但村人却颇以此为荣,村里还打算以此为由头,打造"顺文化"。

不过,李姓的确是村里的大姓,村中一处李氏宗祠,至今保存完好。据村支书李淑金说,这是清末一位名叫李邦庆的双榜进士带头修建的。祠堂面宽五间,庭院式设计,轴线对称布局,梁上鎏金木雕,至今看来依然十分精致。院里立一块光绪元年的龙头碑,左右还刻有一副对联,联曰:"锦水同流绵世泽,榆山并寿振家声。"碑上这"锦水"和"榆山"两个地名,至今依然在使用。李淑金说,一直到如今,逢年过节,方圆数百里的李姓子孙,都会来烧香、上灯,祭祀祖先。

距李氏宗祠不远,是始建于明嘉靖四十年的关帝庙。关帝庙也是一个小院落,但门楼上挂的牌匾,却有一个"子"字。原来,此处木

关帝庙

关帝庙梁上彩绘

两层小楼

李氏宗祠

牌匾上,原来雕刻的是"山西夫子"几个字,此处原来也叫"山西夫子庙",盖因大李子顺村的先民,乃是明朝初年从山西洪洞迁来,村人遥念故土,故有此名。

如今的关帝庙,主体只剩一间石头房子,房子里供奉着手拿大刀的关公像,但据村人说,原来这关帝庙规模可不小,不仅有钟楼、戏台,还有大牌坊,可惜"文革"时都被砸了。关帝庙大殿内墙,依稀可见绘有《岳飞传》内容的壁画,可惜也已面目全非。据说当年有人使坏,想把"山西夫子"牌匾上的几个字抠下来,结果抠到第三个字的时候,木屑崩了眼睛,没过多久,眼竟然就瞎了。

62岁的李淑金打小就愿意听村里老人们讲这些神神秘秘的故事,他还曾听老辈子人讲,村中凡有人去世,头三天晚上,都能听到关帝庙内有铁索的响动声。从关帝庙内立着的康熙、乾隆、道光、光绪年间的诸石碑上可知,关帝庙原来也曾叫过"三圣庙",该庙原立于村东山上,但因"水冲神座",才被移到现在的位置。

水母娘娘庙

## 林密果香岁月长

关帝庙、李氏宗祠所在区域,还有很多老街老房子,据李淑金的统计,一二百年的老房子,还有25到30处。这些房子虽然基本无人居住,但村里并不打算把它们拆了。古风掩绿树,不啻好风光。

老房子多以石头砌筑,门楼讲究,其中一座保存完好的两层石楼,如今看来依然蔚为壮观。在这片老房子往南,是早前村里的主干道——马道,至今,道路两侧石墙上,还依然留着不少拴马桩。村人传说,早前村里出过一位县太爷,话说这位县太爷才三岁的时候,跟着妈妈在马道上看人表演魔术,结果,魔术失灵了,"你看这县太爷,虽然才三岁,已经颇有威仪,别人已经不敢在他面前搞骗人的把戏了"。

走马道往南,穿过整个村子,上得莲花山来,又能见到一座"水母娘娘庙"。这庙虽被村人用灰泥子整修过,乍看颇不古旧,但却也是始建于明嘉靖年间的老建筑。有意思的是,这庙很小,无梁殿殿顶还有一个小小突起,村人说,这是因为当年村人是用轿子把水母娘娘从山西洪洞抬来的。水母娘娘香火旺盛,如今已经成了附近有名的"送子娘娘",而有关她的故事,又是一个悠长而动人的传说。

这些故事李淑金都记得,但他更关心村人的生活。小时候挨过饿,杨树叶子、槐树叶子都吃过,如今,985口人的村子,种着总共900亩苹果、300亩核桃和100多亩玫瑰花。全村人均收入已经达到了11000元。

我们去的时候,苹果刚刚收完一茬,九十多岁的老村民给我们拿来苹果,一咬,芳香四溢,老人皱纹纵横的脸上,笑容烂漫。

# 南泉：

# 石头房，安静的力量

村名：南泉
位置：平阴县玫瑰镇
关键词：石头房、关帝庙

  古村落，因为都是在千百年岁月沧桑中自然形成，所以，一者，村民往往仿佛地里生长起来的庄稼，讷于言，却性情淳朴；二者，村中很多老房子，往往因势而起、就地取材，平原用泥坯，山区以石垒。

  南泉村在云门山下，村东一大片民居，就都是石头房子。此处石头房子的特点十分鲜明，数量极多且历史悠久。成片的石头房子，将山路隔成一条条规整的小胡同，小胡同的地面则用石板铺成，这些房子如今虽然基本无人居住，且至少有着上百年的历史，却依然保存完好。

  走在老房子间，踏在石板路上，阳光从茂密的树木上洒下来，光光点点，时间变得安静异常。偶然碰到一位老妇人，扯开嗓子和我们聊上两句，方言俚语，山石一样滚落，天地复归安静。此时，此处，成片的石头房子和山林一起沉默不语，它们仿佛深谙一个道理——有时候安静，比喧闹，更有力量。

古树石屋相掩映

## "现在人老了,也落后了"

南泉村的石头房,一概石头到顶、白灰勾缝,窗虽小,却都用两块石板当支架,做出一个"檐头",挡着雨水。最有意思的是,几乎每一处四合院进门的影壁中间,都掏有一个小洞,做成龛,用来敬"宅神",每年春节和正月十五,村人就会给宅子上灯(点蜡烛)、烧香。

依山路上行,进一西向大门,一个石头房子组成的四合院里,几位老人正坐在院子里聊天。问起房子的"年龄",76岁的韩淑兰老人精神抖擞地说"不知道",因为它"早就在这儿了"。老人现在住院子北侧三间石屋,南侧三间则已成杂物间,不过老人说,她结婚的婚房,是在南侧那屋里,北侧正屋,住的是公婆。

聊起过往,韩淑兰一番"忆往昔峥嵘岁月稠"的感慨:"那会儿南泉、北泉、高套、韩套四个村组成一个'联大社',我是妇女社长,才十六七岁吧,给妇女同志们开会,下地干活,都是热火朝天的,可神气了。那会儿翻身解放才没几年,热情也高涨,不像现在,人老了,也落后了。"

身为"联大社"的妇女社长,韩淑兰的工作当然不仅仅是开会,逢年过节,她还指挥四个村的人联合起来搭台唱戏,《小放牛》《王汉喜借年》《王定保借当》什么的都演过。18岁,韩淑兰嫁到了同村的吴家,结婚那天,是"自己走着来的",一个大立橱,一张带抽屉的桌子,一床被子和一床褥子,在当时,这样的陪嫁品算不错的了。

韩淑兰有两个妹妹,嫁到吴家也是因为丈夫有兄弟六个,劳力多,"想着以后能养我老娘"。事实证明,嫁人嫁对了,丈夫家不仅兄弟多,还是个"革命家庭",丈夫的叔叔吴铁民在当地就很出名。用韩淑兰的话说,有了孩子之后,她就"慢慢落后了"。三个儿子,如今都不在村里住,韩淑兰却不愿跟着孩子去城里住,嘴里说着是怕和儿媳妇闹矛盾,心里舍不下的却是从小踏着的这片地。过了年,门口一丛迎春柳就开花,那么大一丛鲜艳、旺盛的黄花,把日子都点亮了。

**从这片土地上长起来的,都值得留下去**

比起韩淑兰年轻时的"神气",在65岁的村主任孙士朋的记忆里,

石头房

四合院

拴马石

自己十几岁时可够苦的,放了学就要去挑粪,到半夜又要起来去挑水。那时候,全村喝水都靠南泉和北泉,白天去挑水要排长队,半夜去可以节省很多时间。直到1989年,村里才吃上了自来水。

当然也有开心的时候,小时候,孙士朋经常和小伙伴们跳入家门前的河沟,在南泉北泉流出来的溪水中,摸泥鳅、抓螃蟹。快乐的时光,像天一样明朗。

孙士朋兄妹五个,一家七口人,就住在南泉和北泉的北侧高坡上。这两个泉子相距只有四五米,同出一脉,四季长流。两个泉皆为石砌方池,南泉池长2.5米,宽2米,深1米,水从北侧流入小溪。北泉池呈正方形,边长2米,水从西侧流入小溪,两水汇流,流入玉带河。

事实上,南泉村和北泉村这两个村名,就来自这两个泉池。如今因为已经有了自来水,除了到这里来洗衣服,村人已经很少来此取水。不过孙士朋说,前一阵子,还有个二十里地外的人，天一亮就来取水，持续了十多天，"听说是用这泉水当药引子"。

南泉村是从明朝洪武年间从山西洪洞迁此建村，这一点已经被刻在村头村碑上，得到村人的认可，但对于泉子的历史，孙士朋已经说不大明白，只记得北泉池是20世纪70年代修的，"文革"前，泉边还有块古石碑，可惜"文革"时被人砸了丢到泉池里了。碑上的文字，也没人再记得。

同样被砸的还有孙士朋口中的关帝庙，关帝庙离南泉不远，在村北林地，遗迹全无，只有半块刻于"大清咸丰八年"的石碑立在林地之中，碑额刻有"永垂不朽"四个字，从碑文所刻"圣堂此墙垣倾圮，庙貌零落，何以继先人之志"等字样来看，庙在咸丰年间就已残破，于是有人捐钱重修，立碑记事，"永垂不朽"。

临走，孙士朋领我们到自家的玫瑰地里，指给我们看他保留至今的原生玫瑰，"比起后来引进的玫瑰品种，原生玫瑰产量低，但香气浓，出油率也高"。

虽然跟其他人一样，孙士朋自己种的也主要是后来引进的品种，但他觉得应该留着原生玫瑰，"它们就是从这片土地上长起来的，值得留下去"。

# 南石硖：

## 分香岭下玫瑰香

村名：南石硖
位置：平阴县玫瑰镇
关键词：泰山行宫、三贤祠

5月9日，艳阳高照，古村南石硖早已浸润在一片玫瑰的芳香之中。这个时节，几乎所有的村人都在地里忙着摘玫瑰。虽然比起去年来，今年玫瑰的价钱并不好，但汗水依然得洒落在土地上，千百年来，这早已是村人的一种生存方式。

除了芳香四溢的玫瑰，南石硖古老的历史和遗迹同样令人神往，虽然村中的三贤祠、七圣堂等等老建筑早已被破坏，但分香岭上残破的泰山行宫，依然浩然而立，诉说着这个古老的村落，曾经的如烟往事。

### 玫瑰飘香往事稠

南石硖的小广场上，80岁的赵大爷独自坐在阴凉地里，旁边是一个米舂，米舂是用来舂米的，由一块大石头凿成，其形类于碾子。米舂石痕斑驳，年岁已经久远，一如一旁皱纹纵横的老人，如今都能闲然独坐了。

泰山行宫

南石硖：分香岭下玫瑰香

与赵大爷聊了没两句，68岁的赵学文骑着三轮车悠悠然过来。赵学文是南石硖村果林协会会长，身形瘦小，性格却极开朗，他让我坐上他的三轮车，一边蹬，一边居然亮开嗓门，唱起了小曲儿。

按照赵学文的说法，南石硖种植玫瑰的历史，"那可长了"。南石硖东有灵芝山，西有翠屏山，北边又有玉带河环绕，风光秀美。据说唐太宗李世民登基后，在翠屏山建了座等级很高的塔，同时也把玫瑰带到了村里。

赵学文记得，他小时候，还曾挎着装满玫瑰的篮子，到附近去卖，村里的父辈们，则都是推着独轮车，往济宁去卖玫瑰，那独轮车的轮子是木头做的，来回一趟往往得两三天，一车玫瑰，辛苦推到济宁，玫瑰都成花瓣了。

等赵学文到了二十多岁，村里不用再跑济宁那么远去送玫瑰了，改成挑着担子往平阴县城送。他记得，那时候送玫瑰的地点是在平阴的文庙。"一百斤玫瑰才能卖五毛钱，挑着担子走着去，遇到下雨，一路泥泞。而一担玫瑰一般只有二十五斤，一次只能得个两毛五分钱。"

时过境迁，玫瑰依然飘香，生活却已经越来越好了。如今赵学文自己有四亩多地种着玫瑰，大儿子也有四亩半，去年一年靠种玫瑰就收入了七八万。推车挑担卖玫瑰的景象当然也不复存在，如今，村口就有个玫瑰加工厂。

**万善同归分香岭**

南石硖历史文化底蕴深厚，在唐代曾是石河小县的县治，是金元时期王去非、王去执、李之绍三贤故里，村里因此建有三贤祠。但是可惜的是，三贤祠早已被拆。

与三贤祠同样命运的还有七圣堂、张家祠堂、土地庙等。据说旧时张家在村中是个大家族，其祠堂虽已不存，但老石头房却留存至今。从堆满杂草的胡同口望进去，老宅幽深而神秘。村人说，胡同口原是张家大门，大门石砌，中间有卡槽，具有很强的防盗功能。到民国时期，据说张家因为犯了什么事离开了村子，房子也卖给了马家。

赵学文记得，早前村南的大土地庙可是相当精致，庙里不仅供奉着神像，还有精美的壁画，壁画上画的是戏彩娱亲的故事，"壁画上的老莱子，一个七十的老头了，还把自己当个孩子一样哄着父母高兴。"

村南的大土地庙虽已不存，但村北砌于墙中的小土地庙却依然还在，小庙中虽已没有神像，石龛额上却刻着"敬神如在"四个字，左右分别刻着"身居五行末，位列三才中"一副对联。

真正让人惊喜的，是上了村东灵芝山之后。一条东西向的山路蜿蜒而上，到一个山岭，高台之上，石阶长长。石阶之上，是一个大大的门洞，门洞厚若城门。穿过门洞，一个小平台的最北侧，是一座三开间大殿，大殿屋脊饰有二龙戏珠图案，可见其等级不低。虽然大殿的西山墙已经有点外鼓，墙体存在坍塌的风险，但大殿的整体构架依然十分完整，殿内梁架，看起来也依然结实：梁是大圆木，柱是石柱，石柱上部还刻有"信人王门田氏捐石砖一根""信人廉门张氏捐石砖一根"等字样。

村人已经说不清这处古庙的始建年代了，只知道早前庙里既供奉着泰山老奶奶，也供奉着观音菩萨和关公。返回门洞一看，才明白原来此处乃是"泰山行宫"。门洞顶上一块大石板上，刻有"泰岱遗风"四个大字，两侧石碑林立，其中一块立于光绪五年的"重修分香岭泰

张家大院

三贤祠建筑残件

玫瑰飘香

山行宫碑记",表明此地名曰分香岭,而此处古庙的身份,乃是"泰山行宫"。但显然它不仅仅是泰山行宫,另一块立于清宣统年间的"重修分香岭玉皇阁观音等殿记"的石碑表明,此处也曾有玉皇阁和观音殿。刻于民国二十六年的一副对联,写的则是"岭古名分香可信灵神来东岳,殿崇尊大士方知宝刹亦南溟"。中国乡村的信仰有着浓厚的实用主义气息,无论是哪方神圣,能保佑自己就供奉,因此,诸神同处一庙的现象也就可以理解了。

最有意思的是,门洞旁一块光绪年间的石碑上,不仅刻有隶书"万善同归"四个大字,还在左右两侧分别刻有行书"明月松间照"和"清泉石上流"。可见此处庙宇,不仅供奉诸神,祈求"万善同归",还寄托着古代文人士大夫"处江湖之远"的人生意趣。

# 停山头：

## 群山止步望平川

村名：停山头
位置：平阴县玫瑰镇
关键词：三清观、金牛洞

　　停山头只是个小小的自然村，它隶属的行政村叫大站西村。村虽小，在地理上却意义重大：作为天堂山南行支脉的分支，由东而西，到此戛然而止，"停山头"的名号便来源于此。放到更宏阔的地理概念上来看，从东海之滨到泰山山脉，群山绵延，到了停山头，往西便是一马平川，广袤的平原一直到太行山才重新遇到高山。如此，海拔并不算高的停山头，便陡然有了一种分割山脉和平原的浩大气魄。

　　只有270多人的停山头村，安然卧于山脚，而村西不远，就是黄河。停山头村就像一个幸福的孩子，被群山和黄河环抱。东靠群山西望平川，传统意义上背山面水的"风水宝地"，让这个历史悠久的小村落，显得分外安静祥和。

### 山脚，四合院里的故事

　　去停山头村，首要的目标就是三清观。村人说三清观的钥匙在村

停山头上,洞窟众多

民魏庆良手里,所以我们进村后的第一站就是魏庆良家。

魏庆良家在停山头山脚,木门古旧,两个门扇上贴着一副墨迹浓厚的春联。进门,是个宽敞的四合院,71 岁的魏庆良听到声音迎了出来,热情地把我们让进堂屋。堂屋西侧一间卧室床上,坐着一位白发苍苍的老人,正在用高粱秸编着盖垫,一见到我们,赶紧起来要给我们倒茶。

这白发苍苍的老人,正是魏庆良的母亲,今年已经 92 岁。

说起来,魏庆良早先并不是本村人。1958 年黄河发洪水,他所在的李屯是滞洪区,于是举家搬到了站东村姥姥家。但是站东村没有姓魏的，那时候，村里如果没有同姓人，独门独户，就容易受欺负，听说停山头村姓魏的不少，魏庆良又举家搬到了停山头。

那是在1960年，从李屯带过来六亩地的家当，又盖起一个石头房子，魏庆良一家从此定居停山头。"盖房子的石头是从山上弄下来的，找人帮忙，三个人拉一辆地排车，那时候找人盖房子的工钱才一两毛，盖个房子才几百块钱，如今我大儿子翻盖个房子，花了10万。"

魏庆良从未见过自己的父亲，两岁时，父亲在淮海战役中阵亡，得亏有政府对烈士家属的补贴，1960年，母亲每月能领到8块钱，如今一个月能领800元。魏庆良有了孩子之后，也因为政府照顾烈士家属，免去了学费。对一个失去支柱的家庭来说，生活艰难可想而知，但他们终于跟跟跄跄走到了现在。

魏庆良没有说自己有多苦，也没说自己的母亲有多苦。见我们要走，老母亲颤巍巍从里屋走出来送我们。我说大娘，您身体这么好，我给您拍个照吧，大娘一边笑笑说，人这么老了，有什么好拍的，一边整理了一下衣服，在皱纹纵横的脸上，绽放开来一丝微笑。

**山顶，悠远的古迹和传说**

从魏庆良家出来，我们便爬起了停山头。走几步回望，走几步再回望，视野越来越开阔，风光也越来越好，直到登上山顶，往下一看，小小村落掩映在树林之中，村西田地一望无际，美而壮阔。

可惜的是，山顶的三清观古建筑群，虽经村人维修而保存完整，但却被清一色漆成了大红色，耀眼刺目，与本该让人心神安静的宗教建筑很不协调。

停山头上的古建筑群

新春财运旺　佳节福满堂

老街道

　　三清观坐东朝西，根据《山东平阴风物志》一书记载，可能为明清时期的建筑群。紧靠悬崖的是魁星阁，正殿是罗汉堂，南有关帝庙，北为阎王殿。整个建筑群东西20米，南北40米，规模虽然不算很大，但因地处山腰，仍然气势逼人。紧靠三清观的南侧，有一个三清洞，洞口西向，进洞北转，是一个小小的平台，平台以东，又是一个宽大的洞窟。洞窟口上砌着一道墙，墙中间开了一扇门。墙上放着雕有双龙戏珠等图案的老建筑构件。进洞窟内，供奉着元始天尊、灵宝天尊、太上老君三尊神像。这是如今村人来烧香磕头的地方。有意思的是，从神像底座下猫着腰穿过去之后，洞窟依然十分幽深。

　　村人说，停山头大小有28个洞窟，且各个洞窟都是连着的，所以有一洞点火，满山冒烟之说，停山头因此也被称为窟窿山。山上有名的洞窟有三清洞、金牛洞、通山洞、通天洞、山神洞、担山洞、五眼洞等。其中的金牛洞，传说原来里面住着一头金牛，每到秋耕时节，就会在夜深人静之时，下山为贫苦农民耕地。有一次被一个坏人发现，砸去一支牛角，金牛负疼逃去，不知去向，只留此洞供人凭吊。通山洞则传说深不可测，能通往神仙洞府，据说曾有年轻人进洞见到仙山楼阁，还遇到仙女与之喜结良缘，过上了幸福的生活。村人还传说，明代于慎行于阁老曾在停山头的洞窟中学习，晚上出来小便，眼前就会有小鬼给他掌灯。

传说林林总总，真假难辨，但到了民国时期，平阴县保安大队队长刘绪安的儿子刘传海曾在停山头占山为王的故事，却似乎是真的。据说刘传海曾逼着村人在山头上建起炮楼和住房，威风一时，而如今的确还能在山上看到围墙、炮楼、水池的残迹。

可惜的是，停山头上所有石碑都已被毁，只有一块立于咸丰十一年的石碑还相对比较完整，碑文记述了三清观为了避免庙场被践踏，与村民换地的经过。村人说，早前每年三月三，村里还会在停山头山坳里搭台唱大戏，声音在山间回荡，连花草树木，也能享受到戏曲之美。如今，戏早就不唱了。

# 孔子山：

## "杏坛遗响"何处寻

村名：孔子山
位置：平阴县孔村镇
关键词："杏坛遗响"碑、孔林书院

### 紫盖郁苍茫，孤峰标圣堂

公元前503年，鲁定公七年，49岁的孔子偕弟子北上，来到鲁国西北边城京兹，也就是如今的平阴县孔村镇，授徒传教，隐居求志。相传，某一天，孔子与弟子出游，站在一个小山头往东望，但见东边山头紫云笼罩，久聚不散，孔子很高兴，于是曰："山有祥云定有福地！"遂问不远处的农夫山名。山本无名，但农夫听得孔子之言，于是笑言，山顶紫云笼罩，山名紫盖山。紫盖山因此得名。孔子也移到紫盖山讲学。

此后，孔子又两次游历紫盖山，一次走的水路，《庄子·渔夫篇》写道："孔子游于缁帷之林，休坐乎杏坛之上。弟子读书，孔子弦歌鼓琴。"据考证，缁帷河就是平阴的紫柳河，也就是如今的紫柳沟子。另一次是走的陆路，来的那天恰逢除夕，传说村人听闻孔子的车马声，纷纷挂起灯笼为他照明，在路旁点燃火堆为他驱寒，这叫作为圣贤"照廷"。直至今天，当地人仍有除夕夜在家门口点火堆，为圣贤"照廷"

清朝雍正十年"杏坛遗响"碑,此处正在兴建新型农村社区

孔子山:「杏坛遗响」何处寻

孔庆栖收集了很多残碑

孔子山山坡上废弃的老石头房子

明代万历年间残碑

的习俗。

根据平阴县政协委员、杏坛文化艺术中心主任、太平拳第十一代传人王大庆的考证，东汉时，紫盖山山顶就有杏亭，亭内竖有"杏坛遗响"碑。北宋熙宁五年，于孔子教书堂遗址处修建孔林书院，亦称孔庙。明万历二十四年，知县姚宗道将孔庙从山顶迁至山东坡。因孔庙故，紫盖山亦名孔子山。山下村落于是也被命名为孔子山村。明代《兖州府志》中"紫盖郁苍苍，孤峰标圣堂"的诗句，说的就是紫盖山上的孔庙。

## "命运"各不相同的三块"杏坛碑"

王大庆说，孔子三游紫盖山的事，不仅有文献记载，还有三块"杏坛碑"为证。其中最早的一块立于东汉年间，碑上刻"杏坛遗响"四个隶书大字，此碑竖立年代早于曲阜孔庙内的杏坛碑，当是中国最古老的"杏坛碑"。

东汉"杏坛遗响"碑原立于孔

山山顶，明万历二十四年随孔庙一起搬迁，当时此碑已断为四截，工匠们将其小心搬运，用铁条锔合立于孔庙门台左侧。可惜的是，到了1964年，碑还是被砸毁了。

幸运的是，立于清雍正十年"仲春吉旦"的"杏坛遗响"碑却完整地保留至今。这块碑立在如今孔子山村东侧的一块荒地中，与孔子山上的东汉"杏坛遗响"碑遥相呼应。碑首刻"大清"两字，碑身刻"杏坛遗响"四个大字，碑上文字显示，该碑由"知平阴县事汪傃书"，据王大庆说，汪傃当年之所以立此碑，乃因平阴数年未出进士，故立碑以求孔夫子来此地"点状元"。

这块碑之所以得以完整保存至今，全仗如今已65岁的村人王保甲。"文革"时，碑被推倒，村人欲将其砸碎，时任生产队长的王保甲说，这么大块碑，石料难得，可以用它来盖氨水池子。后来他用玉米叶将石碑盖了起来，得以保存。令人感动的是，因为石碑立在自家地里，最近这些年，王保甲一直在碑旁简陋小屋里自发看管这块碑，大约在2000年，有人想用两万五千块钱买走石碑，王保甲报警后，买石碑的人才离开。

如今，在石碑北面，孔村镇的新农村社区已经盖了起来，石碑所在之处也将矗立起崭新的楼房。孔村镇文化站工作人员说，村人不让动此碑，镇里也会对其进行妥善的保护。

王大庆所说的第三块"杏坛碑"，我们在69岁的村人孔庆栖家的老院子里找到了其中一小部分，说"一小部分"，是因为碑已残。院子里光影斑驳，碑上一个大大的"杏"字还被砸去了一角，此外，除了碑首"孔子山"三个字和右侧"大明万历十二"几个字，其余的部分都已经消失不见。据文献记载，碑上"杏坛"两字是明万历十二年，

孔庆栖在小店墙上写的论语和解释

由平阴知县张性诚手书。这是二座杏坛碑中唯一一座双面刻字的，两面都是杏坛两字，但字迹略有不同，据说一面是张性诚酒后所书，另一面是没喝酒时所书，刻碑工匠不知如何取舍，于是一并刻上。

**所有跟孔庙有关的遗物，他都收集了起来**

除了这块明代杏坛残碑，孔庆栖家院子里还有众多残碑，这是他二三十年来陆续搜集来的。在孔庆栖的内心深处，一直念想着曾经繁盛的孔庙，他记得，曾经的孔庙有五座大殿，"南边有魁星楼，北边是孔子讲书院。每年二月和八月，周边的读书人都会来此聚集，同时，附近十里八村的人也会来赶集。可惜，'文化大革命'时期，庙里塑像被砸，整个庙也被毁了"。

因了这念想，孔庆栖不仅广泛收集跟孔庙有关的一切残碑，还在自己开的小卖部外墙上常年办起了宣传孔子思想的黑板报。黑板报的内容，大部分跟孔子有关，也有对现下政府政策的一些宣传。其中有一部分是《论语》中的经典语录，孔庆栖还把这些经典语录翻译成白话文注在一旁。在堆满货物的小卖部里间，孔庆栖还珍藏着一件磬，这件半球形磬底部有三个布局规则的洞，磬的表面不仅铸有花纹，还铸有"山东兖州府东平州平阴县城南孔子山圣人铸造磬"的字样，此外还有"主持人""铸造人"的名字，最后是具体负责铸造的工匠"东阿县金火匠人任天禄"。孔庆栖说，这件磬原来是学校里用来打铃的，他以废铁的价格给买了下来。

在小卖部，还有一块咸丰九年的"金声玉振"牌匾，这也是孔庆栖收来的，"镇里说即将在孔子山恢复孔庙，到时候我会把所有收集的东西都捐出去"。

交谈中，老人一直感慨，自己收集孔庙遗物的举动开始得"太晚了"，以至于很多都已经流失。老人深信孔子思想的价值："古人说半部《论语》治天下，孔子的仁义礼智信、温良恭俭让肯定是有用的。就说我们村，正是因为孔子曾经来过，而且在漫长的时间里都有孔庙，所以村里人性都很好，没有小偷小摸，我在小店里要是给人多找了钱，也会给退回来。"

孔子山村历史足够悠久，文化积淀也足够深厚，但"杏坛遗响"也只能在一些残碑、牌匾等碎片化的遗存中去寻找了。所幸，孔村镇企业较多，村里年轻人大多不用外出打工，在本地就能找到活干，传统的村落形态虽然将汇聚到新型的农村社区，但一俟孔庙复建，各种碑刻汇集，孔老夫子无疑将传递给现代人更大的"遗响"。

# 前转湾：

## 廉氏故居访沧桑

村名：前转湾
位置：平阴县孔村镇
关键词：廉氏故居、廉家"少奶奶"

平阴县孔村镇，因为两千多年前孔子的三次到来而名气大盛，其境内不仅有孔子山村、孔庙遗址，还有杏坛村，也就是孔子当年从水路而来，下船设坛讲学之地。杏坛村如今已更名为王家屯，除了几块残碑，再无当年遗迹可寻。

惊喜出现在与王家屯相邻的前转湾村。村前一棵古树枝干横卧，到一半突然90度转弯凌空直上，枝繁叶茂。进村不远，一处古建筑群便赫然眼前，有意思的是，这处古建筑群，还和战国时期赵国名将廉颇有关。

### 荒草漫屋顶，小楼独巍峨

根据村人约定俗成的说法，这处宅院约建于明代中期，由战国时期赵国名将廉颇的四十代传人廉一桂授怀远将军时兴建。如今宅院大门紧锁，从门缝往里看，院内早已荒草遍地，院中大厅也已十分破败，

廉氏故居东楼正面

屋顶长满荒草。

村人说,兴盛之时,廉氏故居可谓规模宏大,蔚为壮观。宅院东西宽200米,南北长200多米,东、西、北三面引溪水环绕其外,溪内四面高墙封闭。不仅南面正中开大门,东南、西南还开有侧门,中轴线上的主体建筑就包括大门、前厅、中厅、厢房、堂楼、东楼、西楼和花园。东西两侧还有跨院,东南还有祠堂。

可惜当年胜景早已不在,如今的廉氏故居,已经被村中之路、菜园和简陋民居包围,老建筑雕梁画栋依然精美,但真正完整的建筑,却只有最北侧的一座东楼。东楼西向而建,共有二层,门开在一层中间。

村口古树，姿态奇崛

　　门上雕刻着象征福寿的蝙蝠形石雕。有意思的是，石雕中间上部是"寿"字的上半部，"寿"字的下半部则用一只展翅的蝙蝠替代。四角各雕一展翅向中间飞翔的蝙蝠，寓意五福同寿。从这一生动庄严、意味深长的雕刻中，或可一窥当年院落主人的富贵生活。

　　在东楼的西侧，还盖了间简易房，村人说，简易房里住着的是廉家的媳妇。在运动不断的岁月里，大宅院被分了，只留一幢东楼给廉家，如今老太太年事已高，腿脚不便，就住在了东楼旁的这间简易平房里。

### 廉家"少奶奶",穷的时候还要过饭

村人口中的廉家媳妇,便是如今已经85岁的牛兰珍。平时,老人独自住在前转湾村,我们去的那一天,她去了镇上女儿家。女儿在镇上开了一家小商店。

85岁的老人,身体和精神都很好,只有满头的白发和纵横的皱纹显示着岁月的沧桑。虽然现在依然住在廉氏宅院,但当年没享受到大宅院的繁盛,如今也只能住在宅院一隅,宅院的大部分,则已属"公家"所有,满目荒芜。

廉氏故居东楼侧面

廉氏故居前院

雕刻

老人从小家穷，七八岁的时候，家里给她裹小脚，那种撕裂心肺的疼痛一生难忘，到了15岁，不时兴小脚了，又把裹着的小脚放开了。这"半成品小脚"让她十分气恼，"别人都笑话我这脚不大不小像芋头！"

也是在15岁那一年，牛兰珍嫁到了廉家。在她的印象中，那时候廉家宅子气势仍在，三进院落，前厅后堂，游廊花园，好不气派。可是好生活却已一去不返，因为公公滥赌，败光了家产，就把宅院里的不少房子租给了别人，以至于牛兰珍嫁进廉家时，只能住在门房里。丈夫兄弟三个，老大当八路牺牲了，只有老二和老三在村里。

生活越来越艰难，贵为廉家少奶奶的牛兰珍，什么粗活累活都得干，"拿两块芋头就下地，什么活都干"。穷的时候，甚至都没上衣穿，光着脊梁，被人看到，别人都以为这人疯了。大概到了1956年，家里实在没吃的了，牛兰珍只好出去要饭，"到了春天，没吃头了，就出去要两天"。

在牛兰珍的记忆里，从20世纪80年代开始，日子终于好过些了，大儿子17岁去当了兵，后来转业到了政府机关上班，小儿子也当过兵，女儿在镇上开着商店，日子也过得不错。如今，老人偶尔会到儿子和女儿家小住几天，大部分时间，她都独自住在廉氏宅院东楼旁的小平房里。几十年风雨沧桑，那里，毕竟承载着她一生的苦难与希望。

# 高路桥：

## 古桥老树，锁不住时光

村名：高路桥
位置：平阴县孔村镇
关键词：千年楷树、古石桥

人们都说，老树，古桥，还有那些星星落落的老房子，是岁月的见证，隐藏着一个村落的"秘史"，但是见证，却不是记录。"物是人非事事休"，当人们关注历史的欲望日渐稀薄，当越来越多的年轻人外出打工，村落里那些口口相传的故事，也就会慢慢消失。此情此景，让人多么羡慕古时那些奔走在山野田间，以收集民间歌谣、风物为业的"乐府"工作人员。所幸，在高路桥，我们看到了古桥、老树，也听到了这古桥、老树所见证的岁月故事。只不过这故事，已经支离破碎，仿佛即将断线的风筝。

### 高路桥和高家故事

高路桥村，因桥而得名，桥虽名"高路"，如今却远低于路面。按照平阴县政协委员、杏坛文化艺术中心主任、太平拳第十一代传人王大庆的说法，明清时期，这桥是高于路面的，只不过后来路越修越高，桥却荒废了。当然，之所以叫高路桥，也和桥的建造者有关。建这石桥的本是村中高姓始祖，在明代于慎行于阁老所修的《兖州府志》中，这桥被记作"高鲁桥"，而在"文革"之前，村人也将它唤作"高老桥"。

有关高家，还有一个神奇的历史传说。话说当年高路桥村，以高家和李家最为富足，所谓"生金高家，铜钱李家"，最有钱的还是高家。高家有三个女儿，三个女儿长大成人，各自嫁人，大女婿是文状元，二女婿是武状元，两家都很富足，唯有三女婿家境贫寒，很为高家所看不上。有一次三女儿在娘家受了冷眼，哭哭啼啼走在路上，遇到了一个老头，老头问她为何伤心，三女儿就说，自己回娘家，却被老爹看不起。老头安慰了她一番，并认她做了干女儿，让她再回娘家，并且告诉她："听到几声大炮响，我就到了，你就能不受这委屈了。"三女儿回到娘家不久，果然就听到几声炮响，文武状元一看原来是于慎行于阁老驾到，吓得赶紧鞠躬作揖。原来三女儿在路上碰到的老头，正是微服私访的于阁老。从此以后，高家就日渐败落了。

老院深深

高路桥，如今已比地面还低

和很多民间传说一样，这个朴素的"寓教于乐"的故事也只能是后人编造的一个故事，但高家的确是村中的大户。按照高路桥村支书赵敬连的说法，早年有人到村西墓地盗墓，盗的都是高家人的墓，如今李沟等地的高家后人，也时常到这里来上坟。

如今，古桥早已废弃不用，被路边沟坎里的荒草包围着。现在的高路桥，只剩由大石块砌成的拱洞，还有立于桥边的一块石碑。石碑上的文字早已看不清楚，据此前曾来仔细查看的王大庆说，当时他逐字辨认，也只认出了"金乡县石匠"几个字。

### 古楷树，老宅院

高路桥村有一棵罕见的千年楷树，可谓镇村之宝。对本地历史文化有着持续热情的王大庆说，前一阵子他专门请了林业部门的专家前来考察，专家们认为这楷树应当已有大约2400年的历史，而且此树体形巨大，堪称"华夏第一楷"。

61岁的赵敬连记得，1958年，这老树因雷击而死，村里有人用了其中一根树枝打了一张八仙桌，到第二年，老树又冒出新枝。到夏天，枝繁叶茂，枝叶覆盖的面积，能多达一亩地，"树枝上都能放张桌子打牌"。尤为奇特的是，这树一年四季都没有虫害。

因为年岁久远又有死而复生的神奇经历，所以村人渐渐觉得此树有神性，就不敢再去动它。据说这树上住着一位女神，男人不能在树底下睡觉。而那枯死的树洞，能同时钻进两三个人去。

在老树旁边，还有一处石头筑成的老四合院，院子的大门朝北，位于院子的西侧，往南一条过道，过道尽头是一面影壁，影壁上浮雕

古村落里的济南

千年古楷树

一个大大的"福字",四个角上雕刻的花纹,看起来也极像四只蝙蝠。"蝠""福"同音,一块影壁,寄寓了"五福临门"的美好愿望。影壁西侧的二门,朝西而开,门上的石雕构建,也异常精致。难得的是,院子里东、南、北面的三间房子都保存完好。北面主屋,一门二窗,门和窗上都有一条巨石压着,让整个房子显得古老而稳重。

在村中另一处残存的老宅,我们还看到了一个巨大的石槽。如此巨大的石槽,应该是原来的大户人家用来喂牛马的,如今,石槽被分成两半,只有一群鸡,在石槽里飞上飞下,抢食吃。赵敬连说,他小时候还见过村里的关帝庙,墙壁上都有精美的壁画,"可惜后来都被毁了"。

高路桥村原名中茅峪,和周边的南茅峪、北毛峪同处山区,但比起南茅峪和北毛峪的崎岖不平来,高路桥村平地最多。因为缺水,这个有着219口人的村落修有几个蓄水池。生活波澜不惊,辛苦隔不离厚朴。17岁就在村里当了生产队副队长的赵敬连,一路从下地挣工分过来,岁月和土地已经在他脸上留下了明显的印记。闲聊中,我们得知,赵敬连有个弟弟,先是生病,后来去世了,弟弟有个闺女,从十个月大开始,就由赵敬连养着,如今,侄女儿已经上大学了。我们说:"你可真不容易。"赵敬连说:"一母同胞,应该的。"他说得云淡风轻,像极了那棵两千多年来一直屹立至今、波澜不惊的老楷树。

# 书院：

## 泉飞万壑音，谁听水龙吟

村名：书院
位置：平阴县洪范池镇
关键词：东流泉、黄公祠

小桥流水人家，或许写的不仅仅是江南风光，也是写的平阴这个古老的村落——书院村。

书院古村真的让人恍若进入了另一个世界。这个三面环山的小村落，泉水丰茂，水渠环村而建，潺潺水声不绝于耳。不仅如此，小村历史悠久、底蕴丰厚，村人亦素朴宽厚。羊鸣犬吠，一派恬静安然。

饶是如此，和众多古村落一样，村里很多人也都外出打工了。泉飞万壑音，谁听水龙吟。长住于此的村人也许早已不稀罕这山色泉声，待到夏季泉水旺盛之时，慕名而至的外地游客反倒越来越多。

### 消失的书院，历史的回响

泉名东流泉，又名书院泉。"东流"之名，出自其地理位置，泉居村东天池山山根，自东向西流淌；"书院"之名，则源自此处曾有一个远近闻名的书院。

小桥流水,恍若江南

对于书院和书院泉的历史掌故,万肇平了然于心,他曾在镇上中学任教,当过镇文化站站长,如今还在写着镇志。万肇平说,东流泉畔原有东流寺,后称洪福寺,相传为隋唐时期河南洛阳白马寺的高僧所建,后因寺僧殃民为朝廷所闻,遂派张凤梧前来毁寺。明代正德年间,中丞刘隅奏请将寺改建成东流书院。到了清初,黄雨公自嘉祥携家眷到这里来教书,于是全家安居了下来,黄氏繁衍生息,至今,村里大部分的村民依然姓黄。道光九年,书院移至洪范池西院,黄氏于是就把这个村也叫作书院了。

寻觅村中,书院早已不存,但在这书院上过学写过书的大名鼎鼎

书院:泉飞万壑音,谁听水龙吟

的于慎行于阁老，却依然为后人反复提及。于慎行"文冠一时"，是明朝万历年间的礼部尚书东阁大学士，三代帝王师。万肇平说，于阁老的二姥爷是书院村人，于阁老不仅在此上学，后来还曾在此撰写《兖州府志》，写府志需要到各个地方进行实地考察，故而需要上马、下马，频繁出行，所以至今，村中小路旁，依然还留存着上马石和下马石。

名士吟咏东流泉，还有泉边一座诗刻碑为证，碑分两块，并肩而立，被一个严密的玻璃罩罩住。有关这两块石刻碑，文献和实物能被严密对照起来，因此也成为东流泉深厚历史的一个铁证。因和文人雅士游山玩水、吟诗作画有关，所以故事总是充满诗情画意，先是朱维京赋诗《东流泉》："院傍三家市，泉开十里岑。石状云做幔，丹壑水成音。转树林飞玉，冲波月散金。不知行役苦，但觉空人心。"然后，身为当时东阿县令的朱应毂作《东流泉上和朱可大年丈韵》："清流环曲径，翠色映遥琴。山静少人迹，林深多鸟音。雨余云破练，月上洒浮金。千里来知己，同流惬素心。"

事实上，同行的还有于慎行，他作的是《雨中东流泉上和朱可大》，但诗碑并没有在村中。根据村里人的说法，新中国成立初期，于慎行的后人就到村里把诗碑给拉走了。

**流淌的泉水，惬意的人生**

书院泉事实上是一个庞大的泉群，《山海经》和《水经注》都有记述。泉水旺到什么程度？在紧邻书院泉的一户民居中，我们就亲眼看到从屋里经墙角流淌出来的汩汩泉水！

家家饮泉水的景象，也让流传至今的那个神奇传说变得真实可信：

据说在清朝的时候,村里人在厨房做菜,做完一盘,人不用出厨房,让盛着菜的盘子顺着泉水就漂到了客厅饭桌处。"却怪山阴王逸少,不知此地可流觞。"王羲之要是知道此处泉水的好处,说不定也会来演上一出曲水流觞的佳话。

万肇平说,冬季书院泉的泉水其实并不算丰茂,水最多的时候是夏天,不仅泉池水漫,东山坡还会跟瀑布一样。当地政府曾经请地质部门前往查看,虽没有确证,但地质专家却推测,在泉池东侧的天池山中,很有可能隐藏着一个巨大的溶洞。

书院泉,滋养古村落

泉水清冽

黄公祠

犬不吠

由于泉水常年恒温,所以丰茂的泉水让书院村冬暖夏凉。尤其绕村而建的复合水渠,使村妇处处均可浣衣洗菜。有意思的是,水渠在西南转角处还建有一个分水枢纽,根据水量多少,可以随时调节其流向,为附近数个村落提供用水。

泉水养人,更养美女,万肇平说,村里有个七十多岁的老人,年岁已高,却依然俊俏不减,令人称奇。而因了书院悠长的文化滋养,从"文革"后恢复高考起,这个村子几乎每年都有考上大学的人。

然而,即便如此优美的泉声山色,也抵挡不住村人外出打工的潮流。村中一间黄公祠,虽然有门额上一块皇上御赐"清德世家"的牌匾昭示着它曾经的辉煌,如今逢年过节,村人也依然会来焚香祭祖,但建筑还是显得有点颓败。明代朱应穀、朱维京、于慎行同游此地,丁慎行的石碑虽已不在此处,其诗却留在文献之中,诗曰:"风雨鸣丹谷,林亭倚翠岑。一樽今日酒,千里故人心。树勤三秋色,泉飞万壑音。夜凉横吹起,欲听水龙吟。"随着外出打工的人越来越多,不知道谁还会在幽静山色中,惬意地倾听那荡涤人心的"水龙吟"。

# 东峪南崖：

## 大村近城

村名：东峪南崖
位置：平阴县洪范池镇
关键词：立交桥、文昌阁

　　大村近城，意思是，有些比较大的古村落，其整个村庄的布局和城市类似，有城门，有寺庙宗祠，有公共活动空间，也有街和胡同。

　　平阴县洪范池镇东峪南崖村，就是"大村近城"的典型。

　　曾将东峪南崖村当作写生基地的平阴县博物馆馆长翟建平，在村中生活过两年，这里优美的风光和淳朴的风情让他念念不忘，以至于在离开村子多年之后，他甚至专程到村里去过年，"感受古村落里的春节"。跟随翟建平在村里晃悠是件让人无比惬意的事情，他对村里的古迹了然于心，也会突然推开一扇吱呀作响的木门，对着坐在老宅台阶上做针线活的老太太大声说："大娘，还记得我吧？"然后喜滋滋地和大娘拉起家常。

　　时光在古村变得缓慢，而很多时候，恰恰是这种缓慢，最能安抚我们内心的慌张。

位于村西北角的城门和文昌阁

## 却说大村近城

东峪南崖村位于洪范池镇的最南端,与东平县接壤。它坐落在南北走向的一个巨大山峪之中,因村东山峪绵延十余里,宽约百丈,人近其间如临深不可测之悬崖,故而得名。

村东的高山就是大寨山,山上怪石嶙峋、峭壁奇险,其中有一段通向峰顶的石岩,长约50米,顶宽仅2米余,两侧皆深谷,俯视不可见底。人行其上,心惊胆战,为攀登大寨山之最险绝处。相传心地不善者难以通行,故人称此处为"扪心桥"。据说明朝万历年间,于慎行于阁老在此经过时,提心吊胆,冷汗浇身,过后甚觉庆幸,遂挥笔写下"阿弥陀佛"四个大字刻于岩顶。

村西不远也是大山，但村却是在近山峪沟底处起高台筑城门而成。沟底必有水，如此一来，整个村子就形成背山面水的格局。村子西北角的城门是当年进出村子的唯一通道，城门是一巨型石砌拱形门，上书"文昌阁"三个大字，并有康熙二十年的落款。城门之上，就是一座文昌阁，黑瓦石墙，古意盎然。

文昌阁以西一条东西大街，是村中公共活动空间，有意思的是，这条街的中间部位还有一座石砌立交桥——街在桥下，而桥上也可行人。根据翟建平的推测，这座立交桥应该和文昌阁同属一个时代，因此，或可断言此乃山东最早且使用至今的立交桥。据村人说，早前立交桥往东还有一个大戏台子，每逢演戏，不少村民就坐在这立交桥上看戏。

村子内部的布局也十分规整：立交桥以北，是高家街，有围子墙，围子墙南面是一座精美的山门，屋

"立交桥"

守望

高家街

东峪南崖：大村近城

檐雕花、石鼓石槛俱全。高家街"片区"往南，则依次为崔家街和万家街。整个村子三大姓氏聚族而居，布局明朗。有意思的是，因为全村由三个姓氏分属的三条街组成，村中原来还有一座三义庙，庙中供奉着刘备、关羽、张飞三座塑像，寓意村中三姓之人要像刘关张一样情同手足。另外，村中还曾建有一个大钟楼，一旦村中谁家遭遇失火等不测，大钟就会敲响，村人都会跑来帮忙。可惜的是，岁月沧桑，三义庙和大钟楼都已化为尘土。

### 仿佛被时代落下了

大村近城的特点不仅体现在三大街区的规整排列和城墙城门的巍然而立，还有布局讲究的公共建筑，文昌阁既主文，村中自然就是"主武"的关帝庙。

关帝庙至今保存完好，门前两副对联刻于石柱之上，气势凌人。其一曰："圣神兼优凌云浩气镇乾坤，文武双全保汉忠心贯日月"；其二曰："英灵镇清年年国泰民安，忠义遐流处处风调雨顺"。其中

武举阁

老门楼

第二副对联落款处有"乾隆二十二年"字样。翟建平认为，一座小小的关帝庙，浓缩了很多传统文化的因子：其一，关帝庙中所立的一块"戒赌碑"，说明了村里的自治情况；其二，关帝庙所在之处，不仅地势较低，而且是五条小路的岔路口，风水不佳，因此关帝庙也有解风水之恶的作用；其三，关帝庙前还曾多次重修过街棚，以供村人避雨、歇脚，充分说明了传统文化中的人性关怀。

村中另外还有武举阁和高家祠堂。相传清朝中期村中辛家出了一个武举，辛家胡同西侧三进三出的大院落和辛家楼都为其所建。位于文昌阁南侧的高家祠堂则创建于清光绪八年。祠堂门口所立《高氏祠堂碑记》开头便是"家礼有云君子将营宫室先立祠堂"，现任村支书高峰祥告诉我，高家的祖上是孔门七十二贤的高柴，高柴小孔子三十岁，孔子赞他明大义善保身。高姓的辈分依孔家而论，高孔两家也世代有交。民国初年，高光烈曾在衍圣公府担任重要幕僚。高光烈养着一个戏班，据说有一次他带着戏班往河北演出，结果被人截住，高光烈骑着小毛驴迅速前往曲阜，讨得衍圣公书信一封，戏班遂获放行，他坐的小毛驴因此也被称为"小神驴"。

我们在村中晃悠的时候，正碰上村里党支部开会，一帮老党员热闹而和睦。根据翟建平的说法，东峪南崖村至今有着大集体遗风，"仿佛被时代落下了"，"村中有什么事，支书都会在大喇叭中喊话，就连谁家地里该锄草了，支书也会喊话"。支书说，这村是明朝洪武年间从山西洪洞迁来的，而据翟建平推测，此处有古鄎国遗址，村落历史显然要久远得多。

不管怎样，大寨山下这处古风犹存的古村，足以让人悠然其间，乐而忘返。

# 小屯：

## 石门晚照"卖炭翁"

村名：小屯
位置：平阴县东阿镇
关键词：石门、郭邑故城遗址、"卖炭翁"

从平阴县城出发，沿220国道往西南方向行进大约20公里，有个叫"黑风口"的山冈，车进黑风口，恍若进入桃花源，和外面的世界截然不同：绵延的云门山从东、南、北三个方向将一个小村落抱入怀中，站在山上往下望去，但见林木葱郁，村舍点点，绿意盎然。

这，便是小屯村，村子往西不远，便是黄河。根据村人的说法，原来天气好的时候，站在云门山顶西眺，便能清楚地看到黄河。

### "石门斜照到林丘"

我们之所以从"黑风口"进村，一是为了先从空间上把握小屯村的地理风貌，更重要的原因，是为了更方便地到达石门。从"黑风口"进入云门山，一条只容一车通过的路沿着山腰蜿蜒。正在山上的地里收大豆的村人说，今年天旱，大豆很多都被晒死了。

车沿山腰由南往东，行至东山头，一个凿峭壁而成的石门便赫然

石门，开凿于东周时期，古为咽喉之道，至今依然在使用

出现在眼前。说是石门，其实是一个高 3 米、宽 5 米、长 19.5 米的山洞。根据考古部门判定，这个石门为东周时期由人工开凿而成，历史之悠久，根据平阴县博物馆馆长翟建平的说法，它不仅是济南最早的古代建筑，在全国也是最早的古代建筑之一。对现代技术而言，开凿一个山洞并不是一件难事，但是在大约 2500 年前的东周，在石壁上凿出如此一个山洞，则绝非易事。在漫长的古代，石门一直是平阴通东阿的咽喉要道。洞底的石面上，至今仍可见车马长期通行的车辙。清光绪二十一年《平阴县志》记载的"春秋隐公三年，齐郑会盟于石门"，说的就是这个石门。

石门不仅是穿越石山的古隧道，也是一处诱人的景观，旧志载"薄暮时，日色返照，赤霞从洞中透射，如长虹"。"石门晚照"于是成为平阴八景之一。石门旁一块立于 2012 年的石碑显示，唐开元二十四年，李白约杜甫到鲁中徂徕山游玩，观光泰山后，又到平阴石门，杜甫见此自然和人工合力完成之美景，诗兴大发，写下七律一首："春山无伴独相求，伐木丁丁山更幽。涧道余寒历冰雪，石门斜照到林丘。不贪夜识金银气，远害朝看麋鹿游。乘兴杳然迷出处，对君疑是泛虚舟。"

**"满面尘灰烟火色，两鬓苍苍十指黑"**

对村人而言，有关石门从东周时期开始即为"咽喉要道"的历史并不重要，重要的是，它至今依然能用，而且看起来"很安全，完全不会坍塌"。

和很多偏僻的山村一样，小屯村的大部分年轻人都进城打工了，留在村里的，除了种地，还做着一项同样历史悠久的营生——烧木炭。村里烧木炭兴盛之势，黑烟袅袅飘到山冈，"黑风口"于是得名。

走在村子里，处处可见一个个小窑和一袋袋木炭。说起烧木炭，很多人都会想起唐朝诗人白居易刻画的卖炭翁形象："卖炭翁，伐薪烧炭南山中。满面尘灰烟火色，两鬓苍苍十指黑。"当然，比起白居易笔下生计艰难、生活困苦的卖炭翁，小屯村"卖炭翁"的日子好过多了。

52 岁的村民陈元栋便是一个典型的"卖炭翁"，在他的记忆里，这个村子烧炭的历史十分悠久。1976 年，陈元栋开始跟着别人学烧炭，一干就是 37 年。村人烧炭，都是自制小窑，所用木材多为当地盛产的枣树、苹果树和榆树。

陈元栋家有四口窑，烧窑挣的是辛苦钱，小窑一般三四天能烧出一窑木炭，大窑则要七八天。一窑木炭也就卖个百十块钱。因为全用手工，辛苦不说，关键是脏，"手永远是黑的"，年轻人大多不愿意干这活了。

年轻人不愿意干的另一个原因，是炭越来越难卖了。"今年根本卖不动，"陈元栋说，"原来兴盛的时候，村里有七八十户烧炭的，如今只剩下三十多户。四五年前，一个窑要给工商交150块，给税务交100块，后来这些费都不用交了，但是生意也越来越差了。"

**郜邑故城谁人识**

穿行村中，除了一个个小窑，我们在一户人家的墙外还看到了一排晾晒着的绿豆粉皮。村人说，这家自制的绿豆粉皮在当地十分有名，但是"因为食品安全的事管得严"，所以做粉皮的人不愿意让外人参观。

作为山东省历史文化名村，小屯不仅有石门，还有历史更为悠久的郜邑故城。郜邑故城在村西头，如今只是一个大高台，高台上种满了大豆，在高台周围，随处可见陶

三官庙

郜邑故城遗址

烧炭的小窑

从石门往外眺望，风景优美

器残片。根据《山东平阴风物志》一书记载，现存遗址东西长130米，南北宽100米。断崖上暴露有灰坑、灶坑、红灰陶器残片、兽骨、蚌壳等。平阴县东阿镇文化站站长王化琦说，考古人员还在此处采集到石斧、陶片等文物标本，据此考证，此居住遗址的年代上限是岳石文化，下限在战国时期。

而在石门旁边，还有一座同样历史悠久的"三官庙"。王化琦说，庙旁原来有块石碑，现在已经找不到了，从庙的建筑风格来看，应该始建于唐朝，明朝重修。"文革"时遭遇破坏，1995年村人又进行了重修。庙里供奉的是"三官老爷"，按照陈元栋的说法，"三官老爷"能"祛病消灾"。我们看到，庙里现在还挂着一面制于2011年11月的感谢"三官老爷"的锦旗："良医有情结病，神术无声除疾。"

# 衙前：

## 古城繁盛，唯留记忆中

村名：衙前、西北门、南门里、东门
位置：平阴县东阿镇
关键词：东城门、永济桥、少岱山

衙前、西北门、南门里、东门是平阴县东阿镇的四个村子，从村名就可以看出，它们应该和一座古城有关——事实正是如此：从1947年东阿县城迁至铜城，也就是现在的聊城市东阿县之前，这里一直是老东阿县的县城。

而老东阿县城的历史，就更为悠远，它甚至可以追溯到商周时期的谷邑，春秋时期的谷城。春秋时，此处是诸侯多次会盟之地，齐国名相管仲也受封于此。到明朝洪武八年，谷城改名为东阿，成为东阿县城驻地。明朝的三代帝师于慎行于阁老，就是东阿人。

### 风流总被雨打风吹去

古城总是抵挡不住自然或者人为的破坏，就像那风流，总会被"雨打风吹去"。在83岁的衙前村村民张道宽老人的记忆里，东阿古城有五个城门：东门少岱门、西门安平门、南门聚宝门、北门清溪门、东

老东阿县城东门

南门天池门。据说东南门是专门为了于慎行于阁老出行方便而开。彼时城门雄峙，城墙高耸，气度不凡。

　　老人记得，古城的破坏从被日本鬼子占领的时候就开始了，此后战火不断，古城都有一定程度的破坏，到"文革"时期"破四旧"，古城的命运也就可想而知。到如今，城墙早已被毁，五座城门，只剩下一座残破的东门。

　　张道宽的家就在东门斜对面，须发皆白的老人，就像这座雄壮的东城门，见证着岁月的沧桑和古城的变迁。在老人的印象里，最能体现古城繁盛的是少岱山上的庙会。少岱山也叫小泰山，山上建有碧霞元君祠，俗称泰山老奶奶庙。老人说，古时人为了不跑那么远到泰山去，附近的人就都来这小泰山了,"最热闹的是从每年阴历三月廿八日一直持续到麦收的庙会,聊城、阳谷等地的人都来赶这少岱山的庙会,香客特别多。我印象很深的是,经常看到有人用比竹竿还长的木头卷上鞭炮,从城里点着,往少岱山上走,一直走到山顶鞭炮还没放完,好一派繁盛景象"。

热闹的庙会同时也给当地百姓带来了不少生意,张道宽记得,外地香客来了总会租百姓的房子临时住几天,"多的时候,一个月能有八九拨香客前后租同一间房"。

东阿古城老北门里人,现为山东大学教授、博士生导师的贺立华先生,也曾撰文回忆古城的繁盛:"正月十五元宵佳节更是热闹,'东门的高跷,南门的玩意儿(杂技),北门的狮跑,衙门前云龙灯(花灯)',五座城门,十条大街,争奇斗胜,扛着膀子比热闹。"

永济桥上的石雕

有的石雕已被破坏

可惜的是，1947年东阿县城迁走后，老城便不再如此繁盛，新中国成立后，尤其是"文革"期间，少岱山上的不少庙宇也都被扒了。

如今的少岱山，又被重修一新，山脚的少岱广场上矗立着一尊于慎行的塑像，山顶之上，管仲亭和碧霞宫毗邻而立，此处成了人们休闲娱乐的好地方。但据村民说，虽然每年这里依然有庙会，但毕竟随着时代的发展，超市遍地，人们买东西也越来越方便，如今的庙会，早已不再有昔日的繁盛。

### 浪溪河上永济桥

除了东城门，现存最有价值的古城遗物，当属距离东城门不远的永济桥。当地有句俗语，叫"东阿县城两半，浪溪河中间穿"，说的正是东阿古城独特的地理结构：古城被一条浪溪河分为东西两半，连接这东城和西城的，便是永济桥。也因此，在当地人眼里，东阿古城的城门其实不止五座，而是七座，除了城墙上的五座门，永济桥东西桥头还曾分别矗立着两座城门——太白门和得月门。可惜的是，在解放战争时期，这两座城门均毁于战火。

永济桥原名浪溪桥，桥长55米，宽6.25米，整座桥非常雄伟壮丽，远远望去，好似横卧在浪溪河上的彩虹，因此驰名古今。根据《泰安府志》记载，浪溪桥应修建于明弘治十三年。当时为三孔石桥，后来因为发大水被冲坏。嘉靖三十三年改建，更名"永济桥"。隆庆三年重修。现存永济桥重建于明万历年间，全部用当地青石砌筑，由楔形青石砌成一个大券拱，在拱额的中心，南面和北面分别雕有一个大龙头。龙头栩栩如生，獠牙瞪目地注视着河面。根据当地人的说法，这两个

碧霞宫

老东阿县城文庙不远处一幢二层小楼

老东阿县城文庙，只剩下棂星门

龙头很了不得，有"镇水"的作用。

　　永济桥最有名的是两侧石栏和石柱上的雕刻，石柱上所刻的石狮、石猴和蘑菇头，雕琢精细、形象逼真，大小挟依、神态各异，被誉为明代石雕中的精品。人们把这些石雕编成歌谣传唱至今："十八个狮子一对猴，二八一十六个蘑菇头，独石一百〇八块，南北三十个流水沟。"然而遗憾的是，石柱上的石狮和石猴，不少在那个疯狂的年代被砸坏了。

　　历经数百年风雨沧桑，永济桥至今依然在被使用。东阿镇文化站站长王化琦先生说，不久前，永济桥已经"升格"成为全国重点文物保护单位，古桥的维修保护方案正在制定，在不久的将来，它一定会获得更好的保护，焕发出更为夺目的光彩。

# 直东峪：

## 山谷里的隐秘传说

村名：直东峪
位置：平阴县东阿镇
关键词：房家大院、天爷庙

直东峪四面环山，是个很小的村落。按照村人的说法，早前庄里树高林密，从外面往这里望，都望不见房舍，仿佛一个300多口人的村庄只是这小小山峪里的一个隐秘传说。

也得亏这四面环山的地理风貌，此处民风淳朴，一如从前，若不是那破败的房家大院和天爷庙墙壁上被人为破坏的壁画，你都看不到时光给直东峪留下的印记。

### 房家大院留残迹

像诸多古村一样，进直东峪，村口也是一棵大树，枝叶茂盛，直横过路面。大树以北，是一条小胡同，胡同两侧，石砌老屋连绵成片。老屋无一例外都有一斑驳木门，门上无一例外，都有一副斑驳春联。

进胡同没走几步，西侧石屋之门吱呀一声，走出来81岁的李学常老人。老人听闻我们是来访古村寻老屋，指着门口一块嵌入墙中的石碑，

直东峪东山半山腰的天爷庙

直东峪：山谷里的隐秘传说

365

说:"我们村虽小,好歹也出过土财主。财主姓房,想当年,那房家大院可是气派得很。"

老人如今所住的房子,正是当年房家大院的一部分,这嵌入墙中的石碑,上头横刻"诗书传家"四个大字,底下一副对联分刻左右,写的是"治家以勤俭为本,立身惟孝悌当先",对联中间,还刻了一个大大的"福"字。老人说,这房家要是果真能如对联所写,厉行勤俭,也不至于三代就败了家业。

话说这清朝道光年间,直东峪一个名叫房丁甲的庄稼人,忠厚老实,克勤克俭,终于成了一个土财主,起房盖楼,一时风光无限。只可惜,到了第三代,房家主人抽上了大烟,家业也就随之败了。

房家大院的门楼

碧霞宫

东山

从李学常家往北走，胡同尽头，赫然可见房家大院的二层门楼，门楼全用石砌，门是发券拱门，两扇木大门，不仅都有铜质门环，每一扇上还都有25颗门钉，可见当年房家在盖房子时有多讲究。门楼右侧残留的高大围墙上，还建有垛口。清末社会动荡，或许只有这坚固的门楼和围墙，才能给主人带来安宁。按照58岁的李学诗所说，早前这门楼还有兽脊，漂亮得很，门楼内也有梯子，可直上二楼，"那时候的房家大院可是很大，光牛棚就有三间"。

土财主的故事，早已成为传说，山里小村，几乎每个人都有艰辛的生活。李学诗出生于1956年，"刚会走路，父亲就没了"，母亲带着他和两个姐姐，辛苦了一辈子，"困难时期那几年，柿子叶、杏树叶、杨树叶，什么都吃"。二十多岁到北京打工，后来母亲年纪大了，李学诗就回了村，一边照顾母亲，一边务农，到今年，老母亲已经90岁了。

和李学诗一样，李学常一辈子也很辛苦，老伴儿去世得早，他又当爹又当妈，把三个闺女拉扯成人。对现在的生活，老人十分知足："孩子们时不常回来看我，现如今，光吃零嘴也吃不完哩。"

### "天爷"坐镇东山上

村人传说，当年有人站在西山上，往东一指，说了句"从这儿直着往东，整个山峪都是我的"，这村就有了个"直东峪"的名字。村人把环绕村子的山分别叫东山、南山、西山和北山，但也有人觉得四周山势起伏，恍若巨龙，因此也叫九龙山。在东山半山腰上，有一座天爷庙，庙虽小，却居高临下，能俯瞰整个村落。

天爷庙的确很小，只一间石屋，屋为圆顶，门口廊下却立着两根大石柱。石柱后面，当中一门，两旁分别开一小窗，窗口窄小，所以进门之后，屋中光线昏暗，屋内亦无梁柱，房顶是由几块大石板螺旋形盘叠而上，十分精巧。有意思的是，屋内墙上还绘有大量壁画，可惜"文革"的时候"破四旧"，这些壁画上人物的脸面都被抠掉了。

天爷庙其实原本叫九圣堂，庙门口一块立于"大清光绪二十三年"的石碑，刻的就是《重修九圣堂记》。碑文文辞优美，把当年修庙的情由写得明明白白："盖闻庙者貌也，昭其制也，神者神也，昭其敬也。昔直东峪庄东蝠山下，旧有九圣堂一座，不知立自何时，创自何人。但庙宇倾颓，神像残危，不知几历年所矣。然有目共伤，无人倡率，迟之悠久，莫能焕然。爰有耆老房兆松者，年虽高迈，善欲同归，遂约同乡亲族人商议，重修此堂。于是各输资财，不必募诸四方，共出丁夫恰好，乘此农隙，经之营之，庶民攻之，不数月而厥功告成也。故志之以昭不朽云。"碑文落款，是"邑庠生房垂玺篆文""儒生阎淑典书丹"。而在"首事者"名单中，房姓占了多数，可见当年，房氏一脉果然家业兴旺。

时光悠悠，昔日九圣堂，已成今日天爷庙，昔日房氏一族，也终随房家大院一起，隐没于岁月无痕。不过，幸好还有这石碑，幸好还有这二层门楼，记录了这个"隐蔽"的小村落，一段意味深长的往事。

# 兴隆镇：

## 一辋开三辙，古风今犹存

村名：兴隆镇
位置：平阴县安城镇
关键词：齐鲁要塞、清代关帝庙、真武庙、民国修路碑亭

名为"镇"，兴隆镇其实是个村，隶属平阴县安城镇。村子坐落在山谷之间，当地号称"虎豹川"，"以虎豹名，意险极也"，"虎豹川虽名不见经传，然昔为齐鲁要塞，今为平肥通衢，群山拱抱，泉壑萦回"。

何时有村，已无确切时间记载，但可以确定的是，春秋时齐晋平阴之战就发生在这里。既为齐鲁要塞，南来北往，便有商户落脚，村子历史之悠久可想而知。

难能可贵的是，历经千年沧桑，如今的兴隆镇依然古风犹存，不仅村南村北各有一庙，不仅古道尚存、碑亭森然，村人厚朴之民风，也让人恍若回到理想中的乡土生活。

### 进了虎豹川，一辋开三辙，步步打响鞭

因为有些耳聋，74岁的李尚玉说话的声音特别大，当说到村里古

古村落里的济南

虎豹川修路碑亭柱础

道难走，村里因而有一句流传至今的俗语时，老人声似洪钟："进了虎豹川，一辆开三辙，步步打响鞭。"

这话说的是古道难走，车轮子滚上一圈，就得拐上三拐，每一步都得打个响鞭。千年古道，至今依然存在，只不过已基本隐没到村边的庄稼地里。石路上的车辙印痕清晰可见，深处可达两三厘米，当年车来人往，热闹景象，可见一斑。

虎豹川行路之难，一直到民国时才有所改观。村中一块立于民国十八年的"虎豹川修路碑"，记载了当年修路的情形："好义诸君，抱移山填海之志，历尽艰辛，百折不挠……募集巨金，自备赀斧，度越巉岩，不辞劳瘁，培洼缺，补崖墈，伐乱石，崎岖危径，飔成坦途。"碑刻对修路之举也颇有赞誉："自齐晋平阴之战迄今……沧桑屡变，世代迭更，历二千余年而此川之险恶如故。未闻有恤行旅乏困，兴役平治者。直至今日，始化险为夷，易陂为平。"

此碑碑柱非常独特，是八面体。一层碑座亦呈八面体，每面都有不同种类的花木浮雕图案。碑外还覆罩八角挑檐攒顶式碑亭，碑亭外由八根方面石柱支撑，每根石柱的外侧都刻有楹联一条，柱础上的高浮雕也非常精美。

修路碑至今保存完好，并于1996年被定为平阴县重点文物保护单位。个中原因，还和毛主席语录有关，李尚玉说："'文革'时，因为兴隆镇地处偏僻，村里没有大乱，但古物还是被破坏了一些。有人在八面体修路碑的每一面上部都印上了毛主席语录，所以没人敢动，保护至今。"

兴隆镇：一辆开三辙，古风今犹存

### 没有到庙里拜一拜这些事，村民会觉得没意思

但凡古村落，都有村民寄托精神之处，兴隆镇有两处古庙，一处在村北，与村中唯一的池塘隔路而望，另一处在村南修路碑旁。村北是真武庙，庙门钥匙在附近村民手中。庙门上一块石碑，上刻"玄天上帝"四个大字，进门一座碑亭，碑上文字显示，此碑立于清雍正二年。大殿在院子最里面，殿内塑着真武大帝神像。李尚玉打开大殿的门，在神像前跪倒便拜。

在村南关帝庙内打开大殿之门后，李尚玉也是跪倒便拜。事实上，两座庙荒废破败由来已久，都是在2007年左右，李尚玉等人发动村民重修的。比起来，关帝庙的大殿保存得更好，除了屋顶，墙体和柱子都是原来的样子。两座庙的神像也是李尚玉和村民一起塑的，他说，真武大帝的神像刚塑完，下起大雨，所以塑像头部略微有些变形，导致神像的脸看起来特别扁平，比起来，"关老爷"的神像就更好一些。

在李尚玉看来，自己之所以会发动村民修古庙、塑神像，是因为农民有精神上的需要，"没有到庙里拜一拜这些事，农民会觉得没意思。这也是个寄托"。

虽然逢年过节的确会有村民到庙里"拜一拜"，祈个平安，但显然，信仰的荒芜已经和庙里院内、屋顶上的荒草一样蔓延。修葺后的两座古庙，之所以要锁上门，一是平时到庙里去的人不多，二是也怕不懂事的孩子破坏，人们心里究竟还留存着多少对神像的敬畏，已很难说得清楚。为了让村民了解真武大帝，李尚玉还专门在长清五峰山上抄得一条简介，回村后刻成简易石碑立在真武庙院子里，简介上写的是"真

虎豹川修路碑亭

关帝庙

石头老房

武帝君是道教尊奉执掌北方三界的重要天神，奖惩三界中的功过善恶，世人崇祭"。

**"我们村人性好，吃亏也不吱声"**

和李尚玉一样，今年64岁的翟咸润也是生性厚朴之人。为了看看村里的石头老房子，我们直接"闯"进了翟咸润家，老两口正在做午饭，见到来了客人，热情地留我们吃饭。翟咸润说，自己现在住的石头老房子，已经住了9代人，有二百来年历史了。

和不少农村家庭一样，翟咸润家平常也只有老两口自己，他们的两个孩子，一个在山东交通学院当老师，另一个在江苏当记者，老两口勤勤恳恳，硬是靠做豆腐供出了两个大学生。一聊起孩子，翟咸润沟壑纵横的脸上就漾开笑容："你们来得不凑巧，周末我家孩儿就要回老家来啦。"

　　李尚玉家的情况则不同，两个儿子一个女儿都住在村里，用老人自己的话说，"孩子们都很团结"。有了孙子之后，老人心里就更踏实高兴了。

　　李尚玉出生于1940年，1956年高小毕业，1960年，作为"支边青年"，他去了哈尔滨，在黑龙江省第一建筑公司当保安，两年后回村，此后一直住在村里。早年收庄稼卖粮食，都靠肩挑背扛，辛苦得很。但生活的重担没有压垮他，养大了三个孩子不说，李尚玉还承包了一片柿子林。此外，他还会做根雕，是个地道的手艺人，家里有一整套做根雕的工具。

　　虽然高小毕业后李尚玉就没再上学，但他却非常好学，不仅会书法，还会自己写诗，在他家客厅的四面墙上，挂满了他的书法作品，其中一首"山水真如画，无处不销魂"，就是他自己创作的诗。也因为这多才多艺，村里但凡有个红白喜事，都会请他帮忙写字。

　　对目前的生活状态和村里的情况，李尚玉很满足："我们村人性好，吃亏也不吱声。从外地来村里定居的人也从来不吃气。"

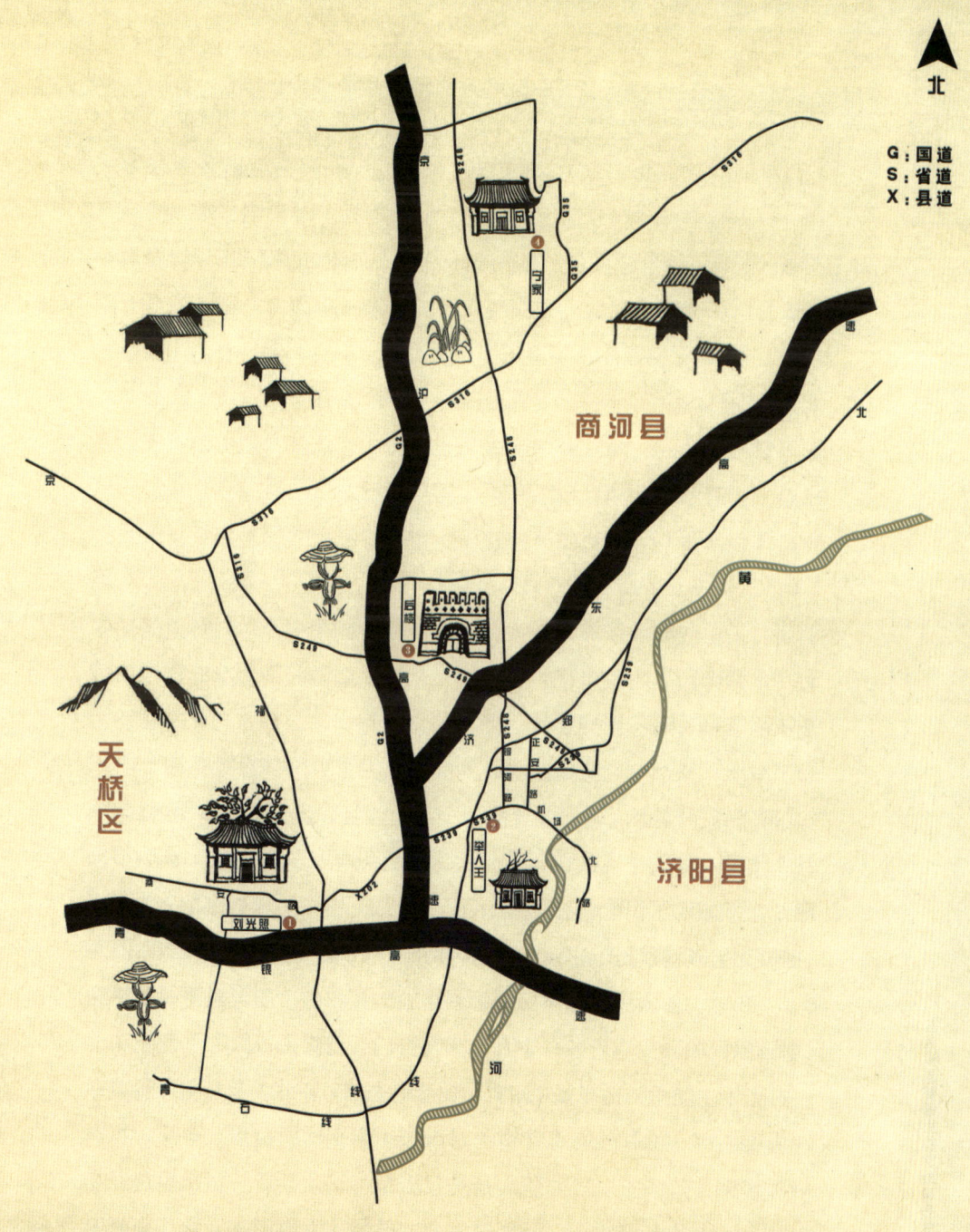

# 刘光照：

## 一个家族和一处老宅院

村名：刘光照
位置：天桥区大桥镇
关键词：清末老宅

出济南城，过著名的黄河大桥，便是天桥区大桥镇的地界。在大桥镇的西北角，与济阳、齐河两县交界处，有一个名叫刘光照的村子。

村以人名，在济南并不多见，而村中一处清末老宅，则让这个黄河北岸的村子平添了一股来自历史深处的气度。老宅虽已破败，却依然颇有气势，尤为重要的是，这老宅，见证了一个家族和一个村落不为人知的历史。

### 颓败古宅今犹在

和很多村子一样，健身广场已经成为刘光照村的重要公共活动空间。我们到的时候，村里的党员、干部正在广场周边大搞卫生。健身广场东侧，一排老宅自南而北赫然而立，古意盎然。

老宅其实是由两个四合院南北相连组合而成。南边的四合院已经十分破败，只剩北屋和东西厢房，西厢房曾被当作商店，北屋曾被

刘氏老宅的北侧四合院，至今保存完好

当作学校。后来，这个院子又曾做过多年的村委会办公场所，一直到2000年，村委会在健身广场北侧盖起新楼，才搬了出来。村人说，早前这个院子的东南角还有一座漂亮的门楼，院内南侧还有两座屏门，十分讲究。如今，东厢房南侧墙上的影壁依然还在，影壁上部做成屋檐的形式，十分精美。

北屋虽然破败，但却是五开间的砖木结构大屋，梁柱粗大，颇有气势。可惜的是，这个院子自2000年后就被废弃，破败得相当严重。

与南侧四合院的破败不同，北侧的四合院保存得相当完整。这个院子的大门如今已经开在院子的西侧。院子虽小，房子却保存完好，北屋也是五开间，东西两间的屋顶要比中间三间低一些。院子里两棵石榴树已经硕果累累。

按照《大桥镇志》"刘光照村清朝民居"条目的记述，早前刘氏老宅的总建筑面积达一千多平方米，"四个四合院呈'田'字形，南侧两个院大门均朝南，门两侧雄狮把门，并置有上马石、下马蹬，四个院堂屋均为五间，东西厢房各三间，大门和二门之间为车库、鸡舍、猪圈和马棚等。院内种有象征日子红火和多子多孙的枣树和石榴树，也有象征年寿岁高的槐树……四个院由侧门互通，所有建筑均由青石、蓝砖、绿瓦构成，梁、檩、椽采用东北松柏，桌、椅、橱、阁全由红木制作，门窗多为楸杉雕刻而成，室内雕梁画栋，山泉流瀑，龙飞凤舞，狮吼虎啸，鸟语花香"。可惜这等气势，只能到文字中去细细体会了。

**刘氏家族有故事**

刘光照村现有村民930人，其中七成都姓刘。村人只知刘氏先祖中有一个叫刘光照的很有名，所以村子的名字也叫刘光照村，至于这位先祖有什么事迹和故事，村人却都说不上来。在刘氏族谱中，刘光照的名字也只出现在"支派失传祖宗之台名"中。

按照刘氏族谱原序的记载，刘氏一族原籍河北枣强，明初，"始祖讳璜、昂移居城东朱家庄"，没过几年，刘璜和刘昂又搬到了如今的刘光照村，"先世无谱牒，欲追踪而莫由，欲臆断而不敢。夫亦无可如何矣"，族谱中有确切记载的刘氏先祖，因此始自九世刘嘉和刘振。"所幸者九世支派犹得，族人齿颊相传"，世系绵绵有条不紊，于是修了族谱，"读斯谱者油然而孝敬生，蔼然而礼让接。重本笃亲，

石雕

影壁

南侧四合院北屋

勿忘所自"。

刘氏第一次修谱，乃是嘉庆丙子年，写《原序》的是刘氏十二世孙刘良谟、刘洪河。此后，十三世孙其雷、十四世孙元善、十六世孙西堂都曾重修族谱。最后一次修谱，则在民国年间，由十七世孙庆芬发起重修。

在十四世孙元善所写的刘氏族谱续修序中，记载了刘氏家族开始"雄起"的过程，这篇序文中如此写道："从来追远莫大乎祭祀，而合族更须乎祭田。乃先世祭田无多，未尝有所建树，自吾祖讳洪河公管社以来，经营者累日，积蓄者有年，始得以置田若干亩，栽树若干株，与合族立碑，传之久远……当时一岁两祭，少长咸集，善相劝过，相规虽异，地如同堂，和睦抑何其欤。噫，吾祖之功大矣！"

到了十五世，刘氏出了一个五品官刘恩生。刘恩生，字泽普，例授宣武大夫五品衔，候选守御所千总。现存刘氏老宅的建造者，正是这位刘恩生。

刘恩生也是眼下还住在老宅子北侧四合院中的刘维勇的曾祖父，刘维勇今年已经72岁，是刘氏十八世孙。他说："我的老爷爷（曾祖父）1840年生人，1886年去世。老爷爷虽然是个五品官，但很会过日子，盖这宅院都是亲力亲为，用的砖都是自己家烧窑烧的。据说后来房子还没完全盖完，老爷爷就心力交瘁去世了。"

到刘维勇的父亲一辈，刘家逐渐家道中落。1946年，刘维勇的父亲替八路军藏了几把枪，结果被人出卖，枪被国民党的部队拿走，父亲怕八路军来了不好交代，就带着一家人上济南北坦躲灾。1948年济南解放，一家人又回到了村里。刘维勇说："1950年土改，我们家只有八亩地，摊到每个人头上，比村里的平均数还少。但因为解放前父亲没干过活，而且雇过长工，家里还是被定成了地主。那时候我大哥、二哥和姐姐都出去当兵了，所以土改完了后父亲到村里去开会，先开'地主会'挨批斗，然后又开'军属会'受表扬。"

1956年小学毕业后，刘维勇就在村里务农，受了"地主后代"这一身份的影响，生活很不容易，到三十多岁才结婚。虽然生活历经艰辛，但如今老人十分开朗、乐观，他希望这处2005年就被济南市文物局定位"市级文物保护单位"的老宅院，能被修复起来，重获新生。

# 举人王：

## 流风遗韵到今朝

村名：举人王
位置：济阳县回河镇
关键词：卢氏祠堂

村之古者，一在历史悠远，二者在风貌古朴，而无论历史还是风貌，总会归结到人的身上。一个村落，如果曾经出过名人，那么即便古风古貌已经保存较少，也能让人感受到历史深处荡漾出来的流风遗韵。

举人王村，便因了名人而意味悠长。早在明朝，村里就出过好几个举人，到民国时期，村里更是出了一个"北洋上将"卢永祥。如今，卢氏祠堂虽然残破，但主体建筑依然还在，举人们好读书，卢永祥也重视教育，名人的流风遗韵，让村人受惠至今。

### 每隔几年王家就能出个举人

举人王村位于济阳县回河镇政府驻地东南4公里，从国道220线往东走大约两公里，就能进村。举人王被东南西北四个村子包围在中间：在它南边是安家村，北边是邓家村，西边是齐家村，东边是吴家寨村。56岁的村支书卢纪生记得，原先，村中老人有个说法，从这东南西北

卢氏祠堂,坐落在举人王村一条东西向水泥路的北侧

四个村子的村名中各取一个字,是"安邓齐寨",将其中三字谐音处理,便是"鞍凳旗寨",于是举人王村便"前有鞍,后有凳,左有寨右有旗",上凳骑马,竖起大旗,安营扎寨,这气势,不出大人物才怪!

  这个看起来牵强附会的说法,映现的,却是村人的一种自豪感。村的历史,可以追溯到明朝之初,洪武年间,有几户人家从河北枣强迁来此处,渐渐就形成了一个村落。王姓家族落脚后,卢姓也从村南安家迁了过来,王卢世代友好,于是村子也便叫作王卢村。到了明朝万历年间,王姓家族的王良相考取了举人,出去做了官。那时候,考个举人可不是件容易的事,不然《儒林外史》里写的那范进,也不至于因为中举喜极而疯。了不得的是,王良相中举之后,王家每隔几辈就会出个举人,于是渐渐的,王卢村成了举人王村。根据史书记载,

卢氏祠堂院内

那王良相考中举人后,先是被调派天津静海县任知县,后来又当上了大理寺少卿,主管审核地方奏劾和疑狱大罪之事。史载王良相任职期间,秉公办事,避免了很多冤案,是个不错的好官。

## "北洋上将"卢永祥

如今,走在举人王村,问过路的村人,知道举人名字的人不多,但知道村里的另一个名人卢永祥的人却很多。卢永祥名震一时,在民国历史上曾留下浓墨重彩的一笔。早在袁世凯天津小站练兵时,卢永祥就和段祺瑞、王士珍等成为密友,后来一同成了皖系军阀的骨干。民国时期,他曾任北洋军队陆军第十师师长、淞沪护军使、浙江督军、陆军上将等职。

说起军阀，人们总会有一些不好的印象，但卢永祥却是北洋军阀中的"另类"。他权重东南半壁，首行废除督军，推动地方自治，友结孙中山，南北建联盟，视穷兵黩武为耻，主张在国民监督下依法行政，兴商筑路惠政一方，时人赞他"实在正直可风"。孙中山更是称赞他："惟身任督军而肯牺牲个人权力以救国者，实以此为第一声。"因此，相比较于同时期的其他军阀，卢永祥更加"进步、开明"，"且具有现代化意识"，是"北洋武人中最有头脑的一位"。

卢永祥对家乡举人王村一直念念不忘，大约是在1917年到1919年之间，他在村里买了七亩多地，盖起了宅院和祠堂。卢纪生记得，20世纪60年代，这一大片房子还很好。"文革"时"破四旧"，老房子被扒了一半还多。新中国成立后，卢氏祠堂做过粮管所、学校，学校搬走，老房子就废弃了。

"文革"时被扒的大部分是南部的卢氏旧宅，而北部的卢氏祠堂，

卢永祥墓

卢氏祠堂门前石狮

则保存得相对完好，它坐落在如今村中东西向的一条水泥路的北侧，虽然建筑大多已经破落，但依然气度雍容，安详而倔强地拒绝着岁月的遗忘。

卢氏祠堂的建筑图纸，是卢永祥在江浙地区担任军政要职时让专家设计绘制的，建筑本身体现出中西合璧的鲜明特色。按照济阳县博物馆馆长熊建平的说法，仅就大门而言，中间的门洞是中式的，而东西两侧的门洞则是西式的。

**墓重起，屋将修，流风遗韵泽今世**

"文革"时受难的不仅仅是卢氏旧宅，还有卢永祥墓。归葬故里的"北洋上将"，恐怕想象不到多年以后，自己的墓还会遭遇如此劫难。

卢纪生说，几年前，卢永祥的儿子卢洪芳从上海来到村里，80多岁的老人给村里留下了5万块钱用作教育基金，用来奖励学习好的人，村中凡考上本科的，每人奖励2000元，考上专科的，奖励1500元。卢洪芳走后，村里也趁机重修了卢永祥墓，并立碑纪念。从村中往北走大约两里地，茫茫田野之中，远远就能望见这一处墓地，兀自立在寒风之中。

卢洪芳在村中设立教育基金，也是延续了其父的做法。当年建成卢氏祠堂后，卢永祥就在祠堂西面设立嘉惠小学，让村里小孩得到教育。也许正是因为有重视教育的传统，2007年和2008年，村里连续两年有人考上山大，其中一个从复旦大学研究生毕业后，又出国留学深造。

熊建平说，2013年，卢氏祠堂修缮方案已经制定，作为省级重点文物保护单位，它也将迎来新生。

# 后楼：

## 一个人的守望

村名：后楼
位置：济阳县垛石镇
关键词：周氏庄园

因为已经事先联系好了，我们的车一到后楼村周氏庄园门口，周传山就从庄园大门西侧的超市里迎了出来。51岁的周传山身材微胖，面容憨厚，说起话来不疾不徐。他是周氏始祖周大公的第二十世孙，也是如今周氏庄园的主人。

寒暄毕，周传山又转身从超市里拿来周氏庄园的大门钥匙。开锁，推门，吱呀一声，厚重的门板缓缓开启。院子里干净整洁，历史的沧桑仿佛随着这一声"吱呀"扑面而来。

### 马踏千里无别人田，人行百里不住他人店

走进雕梁画栋的门楼，迎面便是一面大影壁。影壁上的砖雕非常精美，福禄寿喜、富贵花草，丰富的图案仿佛要把人间一切美好的祝愿都凝固在这一砖一瓦上。

进门往西一拐，一个干净整洁的小院子让人觉得豁然开朗，然而

院子东侧,周传山自己修了一个拱形门

所谓的老建筑，却只剩下南北两座三开间的房子。在南侧和门楼连成一体的房子里，周传山自己制作了一个周氏庄园的原貌平面图，房屋鳞次栉比，规划周整，颇有气势。

事实上，作为明清乃至民国时期济阳的第一大家族，周氏家族的辉煌早已载入史册，即使在如今后楼村村头立的村碑，上面写的也还是"周家后楼村"。

周传山口中的周氏始祖周大公，名叫周训。根据家谱记载，周训自明朝永乐年间迁到济阳垛石。周氏庄园建于明代天启年间，建造者是周训的第六世孙周耀德。周家的第十五世孙湖北道台周成民又在此基础上进一步扩建，逐步形成规模。当时，整个庄园非常庞大，共有宅院6处，18进院落，12座楼房，花园楼阁、亭台400余间，另外还有土地4000多亩，被外界称为"六厅十八进"，可见当时周氏庄园规模之宏大。

据悉，当时周家有众多产业，在景德镇有瓷器厂，在扬州还经营盐业，在济南、济阳等多处设有钱庄、当铺、客栈等。当时的百姓用这样一句顺口溜来形容周家的富裕："马踏千里无别人田，人行百里不住他人店。"

周家不仅富极一时，而且乐善好施，颇受百姓敬重。尤其是周耀德，更是坚持"日行一善"，其所作所为深受百姓爱戴。在民国《续修济阳县志》中，有关于周耀德这样的记载："周耀德，字龙光，号六惜居士，廪生，天启七年贡生……创义学以育英俊、仗义疏财，拨狱底之沉冤，捐金赎帷中之去妇，种种善举，笔不胜书……晚年声望欲隆，巡抚吕纯如匾曰'东土吉士'；巡案御史黄宪卿匾曰'善行可风'……"从县志中我们看到，周耀德和周成民均为乐善好施之人。或许是由于

屋脊

周氏庄园北门，上刻"拱辰"二字

周氏庄园北侧老建筑东侧面

周家人的为人善良和勤奋好学，周家从周耀德之后陆续出了不少大官。从明代天启年间到清末，周家出了5位贡生。

在如今依然保存着的北侧三开间房子上，挂着"善行可风"的匾额。

出院子往北走不远，周氏庄园气势恢宏的北门在路南赫然而立。这北门地下是石砌拱门，上面被筑成城墙的形式，石刻"拱辰"两字，蔚为壮观。大门不仅厚实，而且防范严密，门内有两个人门柱，还有两条铁链。有意思的是，为了节约门洞的空间，方便马车进出，拱门内侧两边还特意凹进去一块，为大门留出了空间。1996年拍摄电视剧《武训》时，剧组还曾到这里来取景，拍完后，院子里的其他建筑也都被扒了，原本这大门楼也要被扒，周传山听说之后竭力制止了。

周传山说，当初为了建造这规模浩大的宅院，还在周氏庄园以北三里处建有窑厂，专门为庄园的建设提供材料，前些年考古人员曾对

周传山和他的周氏庄园

窑址进行过勘探,证实了窑厂的存在。

**维修老建筑的费用,比盖新楼还高**

1948年、1949年那一段时间济阳搞土改,附近十几个村的人都来分周氏庄园,"打倒济阳头号大地主"成了当时土改的重要政绩之一。饶是如此,周传山小时候和小伙伴们进庄园玩,还会觉得大得像迷宫一样。

庄园先是作为济阳县委的驻地,政府撤走后,不少房子分给了贫农,当时老百姓也没多少文物保护意识,就把不少建筑材料都拆下来卖了。"文革"中,对老房子的破坏更是接连不断,就连周氏始祖周大公的坟也被扒了。

聊天的时候,周传山只谈遗憾,却把所有辛酸埋藏心底,没有些许表露。1979年,他到济阳县毛巾厂上班,2000年下岗回家,到庄园里一看,房子快被扒没了不说,院子已经像个破窑厂。院子南侧的房子养着牲口,还漏雨,破砖残瓦,一片荒凉。后来落实政策,周传山就把这老宅子给买了下来,凭着一己之力,一点一点开始修复,"这些年来,维修老建筑的费用,比盖新楼花钱还要多"。

修老房子是一方面,从村里收集、收购老建筑的构件也是周传山持续不断的重要"工作",进大门正对着的影壁,原本早已被砸,周传山苦心孤诣把它的建筑构件慢慢收集了起来,自己把影壁给复原了。而在院子里的地上和窗台上,还放着不少老的建筑构件,周传山希望这些精美的构件有一天都能派上用场。

在院子北侧的房子里,周传山还专门打了一个博古架,放置自己收藏的一些瓷器,因为喜欢老建筑,喜欢收藏,这些年来,他已经收藏了数百件石刻、木刻和瓷器。如今他的愿望,是能把庄园办成一个博物馆。

周传山说,自己的孩子曾经想让他搬到城里去住,但他没同意,他觉得,一个人的守望,虽然有些孤独,却一定有价值。

# 宁家：

## 老人，古屋，村庄的故事

村名：宁家
位置：商河县沙河乡
关键词：宁家古屋

在商河寻访古村落，很不容易。

商河全境是黄河冲积平原，境内没有高山和丘陵，多为洼地、坡地和平地。独特的地势使得大部分的古遗迹都深埋于地下淤泥之中，在岁月的长河中，村庄消失又出现，真正的古村落，自然少之又少。

但我们还是找到了宁家村，找到了宁家古屋。在横贯商河县北部的大沙河畔，宁家古屋静静站立，和住在老屋里的两位老人一起，守望一个村落的故事。

### 宁家古屋岁月长

从济南城出发，一路往北，过黄河大桥，过济阳，到商河县城后再往东北方向走大约20公里，我们终于抵达这个叫宁家的村落。一个半小时的车程，日渐宽广而清瘦的原野，早已把我们因久居城市而积聚起的焦躁荡涤一空。有时候真的是这样，你身处的空间的宽度，左

宁家老院

右了你心灵的宽度。

　　宁家古屋很好找,就在村中心大街中段路北,我们刚到,就遇到了古屋的主人宁传相,老人骑着电动小三轮,刚从外边回来。进到院子里,天依然清冷,阳光却毫不吝啬地照进来,我们就在这古老的院子里聊了起来。

　　宁传相已经73岁,这宁家古屋正是他的祖上传下来的,按照他的说法,古屋建造的年代应该比专家鉴定的明末清初还要早。宁传相现在住着的这间三开间老屋,正是宁家古屋的主要建筑。老人说,早先,宁家古屋是地道的宁家大院,院子的大门是雕刻精美的垂花门,除了三开间的主屋,院子里还有东西厢房。而这只是宁家大院的第一个四合院，整个宁家大院有三个南北排列的四合院，大院的最北边，还有一幢两层小楼，"坐在小楼上往南望，看得见四里地外的杨家市村"。

老人记得很清楚，1958年，大炼钢铁，宁家大院两层小楼被拆了，砖头扒下来后被用来打井，铺井台子。到了"文革"，宁传相害怕自己住的老屋也受冲击，就偷偷把檐头高高翘起的两个龙头弄下来藏了起来。十分可惜的是，这两个精美的龙头，后来竟然不知所终。

宁传相已经不知道家族辉煌时期的那个祖上叫什么名字了，但他记得一些老辈人传下来的信息，"据说我的祖上是个武官，在村里有很多地，盖宁家大院的时候，在村子附近挖了三个河湾，到现在村子西南角还有一个宁家湾"。老人记得的另一个故事发生在一百多年前重修宁家大院时："祖上请了有名的工匠来修屋顶，工匠一天修三垄瓦，祖上为了加快进度，盛情招待工匠，好吃好喝，结果工匠一天反而只能

宁家老屋以北的老屋，已经荒废

砖雕

宁传相和他的老屋

修两垄瓦。祖上不解,怎么我提高招待规格了,你的维修进度反而降低了?工匠于是把一个轧麦子的大石碾子弄到屋顶,石碾子轧过以一天三垄进度维修的瓦时,瓦略有松动,轧过以一天两垄进度维修的瓦时,瓦纹丝不动。"

**有人住,老房子就有生命**

虽然时常需要自己花钱维修,但宁传相对这幢住了一辈子的老屋还是颇感骄傲,他甚至把早前报纸上刊登的有关宁家大院的介绍用镜框装起来挂在了墙上。而维修房子时替换下来的一些木窗构建,也被小心地保存在院子里。

如今的老屋,虽然经过数次维修,但典雅的气度依然还在,四根木柱撑起三开间的房子,梁柱、屋顶完好,从房子的内部看,墙壁是砖、土构成,房顶是木结构,设计得中规中矩。

有人住,老房子就有生命。在宁传相家北侧那个院子,原本同属宁家大院,如今却早已成为废墟。宁传相的老伴儿今年68岁,20岁嫁进宁家门,过了很长时间的苦日子,"中午吃面饼,晚上就没得吃了。用不起电灯,就点油灯,连纺线都是点一根香,就着香的那点光劳作"。宁传相也记得读小学时的辛苦,"在上学路上,看到茄子就摘了生吃"。如今日子总算好过了,两个女儿早已出嫁,儿子在县城做生意,家里总共四亩地,除了六分地用来种玉米,其他都租给了别人。

宁家村虽然只有大约468人,但乡里还是编了宁家村村志。按照村志的说法,宁氏祖先由河北枣强迁来,村名也便叫作宁家村。在村志的简单介绍中,我们看到了这样的介绍:"解放战争时期,全村有

宁家老屋北侧

10 人参加了孟良崮、解放西藏及抗美援朝，他们光荣负伤，被评定为伤残军人……1958 年成立人民公社，设立陈围子农业生产社，王佃元为社长，王召华、宁兴奎为副社长，下设 8 个生产小队。1960 年 9 月成立宁家大队革命委员会，宁兴奎为主任。1984 年 10 月，建立了宁家村民委员会，设委员 3 人，下设 4 个居民小组……1982 年以来，实行家庭联产承包责任制，村民经济收入逐步提高，大多村民住上砖石结构的瓦房，全村移动、程控电话、彩色电视、电脑实现普及，家庭车辆给居民交通出门带来便利。"

在简单的描述中，我们看不到一个个的人生，村志中单独列出的两位人物，也只有寥寥数语的介绍。这两人中，一位是南下干部，曾任杭州干部疗养院副院长，另一位是博士后。

# 后 记

这本书脱胎于我在《济南时报》开设的同名专栏。这个专栏的第一篇稿件刊发于 2013 年 7 月 23 日,最后一篇刊发于 2015 年 12 月 25 日,基本上保持每周一期,每期写一个村落,总共刊发了 85 期,寻访了 85 个村落。需要说明的是,虽然每个村落我都去了,但其中有 8 个村落的稿件,是由我的同事江丹所写。江丹的稿件十分精彩,但为了不掠人之美,故而本书所收的 70 个古村落,都是从我所写的 77 期稿件中选取。感谢江丹在专栏期间为我分担。

感谢所有接受我采访的人,原谅我不一一列出名单,他们中的大部分,都已出现在我的稿件中。走村串户,最令人感动的是那些淳朴的村民。回想两年多寻访古村的经历,脑海里时常会浮现那一张张淳朴的面孔。在涝坡村,热情的韩大娘领着我去看村里的龙神庙,打开庙门,韩大娘一边利索地掰着院子里高耸的杂草,一边跟我聊天,完了还扯了几把香椿,硬塞进我的双肩包里,说一句"回家炒个鸡蛋,可香呢"。在矿村,我跟着老村主任看了怀晋墓,拜访了怀晋的后人,然后又从村北穿山越岭,遍赏"林壑尤美"的佛峪风光,在佛峪半山腰的龙洞观里喝了一壶李道长亲自沏上的热茶,听这位白发道长传奇的人生故事。在斗母泉村,我和79岁的谢福祥老人坐在他家屋后山坡上的地里聊天。我们背靠着大青桐山,面前是一片群山幽壑。老人健朗而通达,虽历经种种苦难,却依然如松如柏,想"继续看看社会怎么变化"……我不知道该如何概括我的所有采访对象,有时候脑子里会浮现罗中立创作的那幅著名的油画《父亲》,有时候又会想起陀思妥耶夫斯基的《被侮辱与被损害的人》,更多的时候,心里只是一种交织着历史和时代、往昔与现实的莫名而复杂的感慨。

感谢在两年半的采访过程中所有帮助过我的人。感谢平阴县博物馆馆长翟建平先生,翟先生踏访过平阴境内所有村落,为我提供了极好的寻访指南;感谢我的同事汤启卫先生,作为当时的平阴县北毛峪村"第一书记",为我在平阴的采访提供了很多帮助;感谢章丘区宣传部曹长兴先生、袁致甲先生、厉晓伟先生、朱恒彬先生、曲晓明先生,他们为我在章丘的采访提供了大量帮助;感谢历城区西营镇文化站站长李勇先生、柳埠镇文化站站长刘善田先生、彩石镇文化站站长王升亮先生,他们多次陪同我采访,令我十分感动。

感谢我所供职的济南时报,用足够的耐心和宽容让我的这个选题得以完成。感谢专栏刊发期间的所有读者,他们的一个个热心鼓励我的电话,都成为我继续上路的动力。感谢同事们的理解和帮助,其实我不觉得辛苦,我很喜欢到村里采访。每次进村都觉得心旷神怡,心悦安康。我还喜欢偶尔骑着摩托车进村,找路、问路,随遇而安地看到一些古迹,遇到几个人,随遇而安地听到几个朴素的人生故事。

感谢我的老师谢锡文教授,邀我在山大文学生活馆介绍自己的采访经历,让我摆脱了在公众面前讲话声音都会发抖的窘迫。感谢方言先生,邀我做客著名的《方言客栈》,让更多人通过广播了解了济南古村落;感谢《中国之韵》杂志赵学美女士,应她之邀而写《乡愁,何处安放》,提醒我在行色匆匆的采访中不要忘记更为深入而宽广的理性思考,《乡愁,何处安放》也成为本书序言的雏形。

2016 年 6 月 4 日

图书在版编目（CIP）数据

古村落里的济南 / 钱欢青著、摄 .—济南：山东文艺出版社，2017.7

ISBN 978-7-5329-5455-1

Ⅰ.①古… Ⅱ.①钱… Ⅲ.①村落—介绍—济南 Ⅳ.① K925.21

中国版本图书馆 CIP 数据核字 (2017) 第 042237 号

## 古村落里的济南
钱欢青　著 / 摄影

| | |
|---|---|
| 主管单位 | 山东出版传媒股份有限公司 |
| 出版发行 | 山东文艺出版社 |
| 社　　址 | 山东省济南市英雄山路 189 号 |
| 邮　　编 | 250002 |
| 网　　址 | www.sdwypress.com |
| 读者服务 | 0531-82098776（总编室） |
| | 0531-82098775（市场营销部） |
| 电子邮箱 | sdwy@sdpress.com.cn |
| 印　　刷 | 山东德州新华印务有限责任公司 |
| 开　　本 | 720 毫米 × 1020 毫米　1/16 |
| 印　　张 | 26 |
| 字　　数 | 260 千 |
| 版　　次 | 2017 年 7 月第 1 版 |
| 印　　次 | 2017 年 7 月第 1 次印刷 |
| 书　　号 | ISBN 978-7-5329-5455-1 |
| 定　　价 | 69.00 元 |

版权专有，侵权必究。如有图书质量问题，请与出版社联系调换。